JN001012

みんなの日本語

初級II 第2版

Minna no Nihongo

အခြေခံ-၂
ဘာသာပြန်နှင့်သဒ္ဒါရှင်းလင်းချက် မြန်မာဘာသာ

翻訳・文法解説
ビルマ語版

スリーエーネットワーク

© 2020 by 3A Corporation

All rights reserved. No part of this publication may be reproduced, stored in a retrieval system or transmitted in any form or by any means, electronic, mechanical, photocopying, recording, or otherwise, without the prior written permission of the Publisher.

Published by 3A Corporation.
Trusty Kojimachi Bldg., 2F, 4, Kojimachi 3-Chome, Chiyoda-ku, Tokyo 102-0083, Japan

ISBN978-4-88319-852-8 C0081

First published 2020
Printed in Japan

အမှာ

ဤစာအုပ်သည် "လူတိုင်းအတွက်ဂျပန်ဘာသာစကား" ဟူသောအမည်နှင့်အညီ ပထမဆုံးအကြိမ်အဖြစ် ဂျပန်စာ လေ့လာသူများအနေဖြင့် မည်သူမဆိုပျော်ရွှင်စွာလေ့လာနိုင်ရန်နှင့် သင်ကြားပေးမည့်သူများအနေဖြင့်လည်း စိတ်ပါဝင်စားစွာ သင်ကြားပေးနိုင်ရန်ရည်ရွယ်၍ ၃နှစ်ကျော်ကြာမျှအချိန်ယူရေးသားပြုစုခဲ့သောစာအုပ်ဖြစ်ပြီး "ဂျပန်ဘာသာအခြေခံသစ်" စာအုပ်၏တွဲဖော်တွဲဖက်အဖြစ် မှတ်ယူထိုက်သည့်လက်တွေ့ကျသောဖတ်စာအုပ်ဖြစ်ပါသည်။

အများသိရှိထားပြီးဖြစ်သည့်အတိုင်း "ဂျပန်ဘာသာအခြေခံသစ်" သည်နည်းပညာသုတေသနသင်တန်းသားများ အတွက်ရည်ရွယ်ထုတ်ဝေထားသောဖတ်စာအုပ်ပင်ဖြစ်သော်ငြားလည်းအခြေအဆင့်ဂျပန်ဘာသာသင်ကြားရေးအထောက် အကူပြုစာအုပ်အဖြစ်ပြည့်စုံလုံလောက်သောအကြောင်းအရာတို့ဖြင့် ဖွဲ့စည်းထားခြင်း၊ အချိန်တိုအတွင်းဂျပန်စာစကားပြော ကို လေ့လာတတ်မြောက်လိုသူများအတွက်အကျိုးရလဒ်ကောင်းများစွာပေးစွမ်းနိုင်ခြင်းစသည့်ဂုဏ်သတင်းကောင်းတို့ဖြင့် ယခုအခါတွင်ပြည်တွင်း၌သာမကပြည်ပနိုင်ငံအသီးသီး၌လည်းတွင်တွင်ကျယ်ကျယ်အသုံးပြုလျက်ရှိနေပြီဖြစ်ပါသည်။

ဂျပန်ဘာသာသင်ကြားမှုနည်းလမ်းများအများအပြားရှိပါသည်။ ဂျပန်နိုင်ငံ၏စီးပွားရေးနှင့်စက်မှုလုပ်ငန်းများဖွံ့ဖြိုး တိုးတက်လာသည်နှင့်အမျှနိုင်ငံတကာဆက်ဆံရေးနယ်ပယ်ကျယ်ပြန့်လာကာအလုပ်မျိုးစုံ၊ ရာထူးမျိုးစုံမှနိုင်ငံခြားသား များသည်လည်းရည်ရွယ်ချက်မျိုးစုံဖြင့်ဂျပန်လူ့ဘောင်အဖွဲ့အစည်းများသို့ဝင်ရောက်လာခဲ့ကြသည်။ထိုကဲ့သို့နိုင်ငံခြား သားဦးရေတိုးပွားလာခြင်းကြောင့်ဂျပန်ဘာသာလေ့လာမှုနှင့်ဆက်စပ်လျက်ရှိသည့်လူမှုပတ်ဝန်းကျင်သည်လည်း ပြောင်းလဲလာခဲ့ရပါသည်။ ထိုမှတစ်ဆင့်ဂျပန်ဘာသာသင်ကြားရေးဆိုင်ရာကဏ္ဍအသီးသီးသို့ ဂယက်ရိုက်ခတ်လာပြီး ဂျပန် ဘာသာသင်ယူလေ့လာရေးဆိုင်ရာလိုအပ်ချက်များနှင့်ငှင်းလိုအပ်ချက်များကိုဖြည့်ဆည်းပေးနိုင်မည့်တစ်ဦးတစ်ယောက်ချင်းစီ ၏တို့ပြန်မှုသည်လည်းအရေးပါလာခဲ့ပါသည်။

ထိုစဉ် ၃-A ကော်ပိုရေးရှင်းသည် ဤကဲ့သို့သောလိုအပ်ချက်များကိုဖြည့်ဆည်းပေးနိုင်ရန်နှင့် နှစ်ရှည်လများစွာ ပြည်တွင်းပြည်ပ၌ ဂျပန်ဘာသာစကားကိုသင်ကြားပို့ချပေးလျက်ရှိသောမြောက်များစွာသောပုဂ္ဂိုလ်တို့၏အကြံပေးတောင်းဆို ချက်များအား ပြန်လည်တုံ့ပြန်သောအားဖြင့်"လူတိုင်းအတွက်ဂျပန်ဘာသာစကား"စာအုပ်ကို ထုတ်ဝေလိုက်ရပါသည်။ တစ် နည်းဆိုရသော်"လူတိုင်းအတွက်ဂျပန်ဘာသာစကား"သည် "ဂျပန်ဘာသာစကားအခြေခံသစ်"စာအုပ်မှဝိသေသလက္ခဏာများ၊ လေ့လာမှုအခန်းကဏ္ဍနှင့်လေ့လာမှုနည်းလမ်းတို့၏နားလည်ရလွယ်ကူမှုများကို နည်းယူအသုံးချ၍နယ်ပယ်အသီးသီးမှ လေ့လာသူများနှင့်ဆီလျော်စေရန်စကားပြောနောက်ခံနှင့်ဇာတ်ကောင်စသည်တို့ကိုဖြည့်စွက်စဉ်းစားကာသုံးစွဲမှုပိုမိုတွင်ကျယ် မြင့်မားလာစေရေးအတွက် အရည်အသွေးမြှင့်တင်ခြင်းစသည့် မည်သည့်ပြည်တွင်းပြည်ပမှလေ့လာသူမျိုးမဆိုရေးမြေဒေသ ကွဲပြားမှုနှင့်ပတ်သက်၍အခက်အခဲအတားအဆီးမရှိဂျပန်ဘာသာစကားကိုပျော်မွေ့စွာလေ့လာသင်ယူသွားနိုင်ရန်ရည်ရွယ် ၍ပါဝင်သောအကြောင်းအရာများ၏ပြီးပြည့်စုံမှုကိုကြီးစားဖြည့်ဆည်းပေးထားပါသည်။

"လူတိုင်းအတွက်ဂျပန်ဘာသာစကား" သည်လုပ်ငန်းခွင်၊ နေအိမ်၊ ကျောင်း၊ ဒေသအဖွဲ့အစည်းစသည့်တို့မှ ဂျပန်စာ ကိုလက်တတလောအသုံးပြုရန် လိုအပ်နေသောနိုင်ငံခြားသားများအတွက်ရည်ရွယ်ပါသည်။ အခြေခံသင်ကြားရေးသုံး ဖတ်စာအုပ်ဖြစ်သော်လည်း၊သင်ခန်းစာတွင်ပါဝင်သည့်နိုင်ငံခြားသားဇာတ်ကောင်များနှင့် ဂျပန်လူမျိုးတို့၏ဆက်ဆံရေးမြင်ကွင်း နောက်ခံတို့၌ အနီးစပ်ဆုံးဂျပန်ရေးရာနှင့်ဂျပန်လူမျိုးတို့၏လူမှုဘဝနှင့် နေ့စဉ်ဘဝတို့ကိုထင်ဟပ်စေရန်ပြုစုထားပါသည်။ အထူးသဖြင့်သာမန်လေ့လာသူများအတွက်ရည်ရွယ်ပြုစုထားသောစာအုပ်ဖြစ်သော်လည်း၊တက္ကသိုလ်ဝင်ခွင့်သင်တန်း၊ သို့မဟုတ်အသက်မွေးဝမ်းကျောင်းပညာရပ်ဆိုင်ရာတက္ကသိုလ်နှင့် ကျောင်းများ၏ကာလတိုအထူးသင်တန်းသုံးဖတ်စာအုပ် အဖြစ်ဖြင့်လည်းအသုံးပြုနိုင်ပါသည်။

ကျွန်တော်တို့၏ ၃-A ကော်ပိုရေးရှင်းတွင်နယ်ပယ်အသီးသီးမှလေ့လာသူအပေါင်းနှင့်လုပ်ငန်းခွင်အသီးသီးမှတစ်ဦး တစ်ယောက်ချင်းစီ၏လိုအပ်ချက်များကိုဖြည့်ဆည်းပေးနိုင်ရန်ရည်ရွယ်၍လေ့လာမှုပိုင်းဆိုင်ရာစာအုပ်စာတမ်းသစ်များကို ဆက်လက်ပြုစုလျက်ရှိပါကြောင်းနှင့်၊စာဖတ်သူများမှလည်း ထာဝစဉ်ဆက်လက်ပံ့ပိုးကူညီအားပေးကြပါရန်မေတ္တာရပ်ခံ

အပ်ပါသည်။

နောက်ဆုံးအနေဖြင့်ဤစာအုပ်ရေးသားပြုစုနိုင်ရေးအတွက်ရှုထောင့်မျိုးစုံမှအကြံဉာဏ်များနှင့်လက်တွေ့သင်ကြားရေးပိုင်း၌ရင်ဆိုင်ကြုံတွေ့ရသောအခြေအနေများကိုတင်ပြပေးခြင်းစသည့်အဖက်ဖက်မှကူညီပံ့ပိုးမှုများစွာကိုလက်ခံရရှိခဲ့ပါသည်။ယခုဤနေရာမှအထူးကျေးဇူးတင်ရှိပါကြောင်းပြောကြားလိုပါသည်။ 3-A ကော်ပိုရေးရှင်းမှလည်းဆက်လက်၍ဂျပန်စာသင်ကြားရေးအထောက်အကူပြုစာအုပ်စာတမ်းများထုတ်ဝေခြင်းဖြင့်လူသားတို့၏ဆက်ဆံရေးနယ်ပယ်အားကမ္ဘာအနှံ့သို့ဖြန့်ကျက်ပေးသွားလိုပါကြောင်းဆန္ဒပြုတင်ပြအပ်ပါသည်။

အားပေးကူညီမှုကိုအစဉ်လေးစားစွာစောင့်မျှော်လျက်ရှိပါသည်။

အိုဂဝအီဝအို
3-A ကော်ပိုရေးရှင်း(ဥက္ကဋ္ဌ)
၁၉၉၈ခုနှစ်၊ဇွန်လ

ဒုတိယအကြိမ်ပြုစုခြင်းစာအုပ်၏အမှာ

"လူတိုင်းအတွက်ဂျပန်ဘာသာစကားအခြေခံ၊ဒုတိယအကြိမ်ပြုစုခြင်း"စာအုပ်ထုတ်ဝေခြင်းနှင့်စပ်လျဉ်း၍

"လူတိုင်းအတွက်ဂျပန်ဘာသာစကားအခြေခံ၊ဒုတိယအကြိမ်ပြုစုခြင်း"စာအုပ်ကိုအောင်မြင်စွာထုတ်ဝေနိုင်ခဲ့ပါပြီ။ "လူတိုင်းအတွက်ဂျပန်ဘာသာစကားအခြေခံ"သည်ပထမအကြိမ်ပြုစုခြင်းစာအုပ်၏"အမှာ"၌ဖော်ပြထားသကဲ့သို့နည်းပညာ သုတေသနသင်တန်းသားများအတွက်ရည်ရွယ်ထုတ်ဝေခဲ့သော"ဂျပန်ဘာသာအခြေခံသစ်"စာအုပ်နှင့်တွဲဖော်တွဲဖက်အဖြစ် မှတ်ယူထိုက်သည့်ဖက်စာအုပ်ဖြစ်ပါသည်။

"လူတိုင်းအတွက်ဂျပန်ဘာသာစကားအခြေခံ-၁"စာအုပ်ကို၁၉၉၈ခုနှစ်မတ်လတွင်ပထမဆုံးအကြိမ်အဖြစ်စတင် ထုတ်ဝေခဲ့ပါသည်။ထိုစဉ်ကနိုင်ငံတကာဆက်ဆံရေးတိုးတက်ကောင်းမွန်လာခြင်းနှင့်အတူဂျပန်ဘာသာစကားသင်ကြားရေး ဆိုင်ရာလူမှုပတ်ဝန်းကျင်အနေအထားလည်းပြောင်းလဲလာခဲ့ရာတစ်ရှိန်ထိုးတိုးတွယ်ပွားလာသည့်ဂျပန်စကားလေ့လာသူများ၊ လေ့လာမှုရည်ရွယ်ချက်များနှင့်မြောက်မြားစွာသောလိုအပ်ချက်များမြင့်မားလာ၍ရင်တို့ကိုရင်ဆိုင်ရန်အတွက်တစ်ဦး တစ်ယောက်ချင်းစီစီ၏ဖြည့်ဆည်းပေးနိုင်မှုသည်အလွန်အရေးပါလာခဲ့ပါသည်။3-A ကော်ပိုရေးရှင်းသည်ပြည်တွင်းပြည်ပမှပေးပို့လာ သောအကြဉာဏ်များနှင့် တောင်းဆိုမှုများကိုပြန်လည်တုံ့ပြန်သောအားဖြင့် "လူတိုင်းအတွက်ဂျပန်ဘာသာစကားအခြေခံ" ကိုထုတ်ဝေခဲ့ပါသည်။"လူတိုင်းအတွက်ဂျပန်ဘာသာစကားအခြေခံ"တွင်ပါဝင်သောလေ့လာမှုအခန်းကဏ္ဍနှင့်လေ့လာမှု နည်းလမ်းတို့၏နားလည်ရလွယ်ကူခြင်း၊နယ်ပယ်အသီးသီးမှလေ့လာသူများအတွက်ထည့်သွင်းစဉ်းစားထားသည့်အများ အကျိုးပြုနိုင်စွမ်းမြင့်မားခြင်း၊သင်ကြားလေ့လာရေးလက်စွဲစာအုပ်အဖြစ်ပြည့်စုံလုံလောက်သောအကြောင်းအရာများပါဝင် ခြင်း၊ဂျပန်ဘာသာစကားပြောကိုအချိန်တို့တွင်းလျင်မြန်စွာသင်ကြားတတ်မြောက်လိုသူများအတွက်အကောင်းဆုံးသော အကျိုးရလဒ်များပေးစွမ်းနိုင်ခြင်းဟူသောဂုဏ်သတင်းကောင်းများကိုရရှိထား၍၁၀နှစ်ကျော်ကြာသုံးစွဲအားပေးခြင်းကိုခံခဲ့ရ ပါသည်။သို့သော်ဘာသာစကားဟူသည်ခေတ်နှင့်အညီအမြဲရှင်သန်လျက်ရှိရာမကြာမီကာလကပင်ဂျပန်အပါအဝင်ကမ္ဘာ နိုင်ငံအသီးသီး၌ကသောင်းကနင်းအနေအထားနှင့်ကြီးတွေ့နေရပါသည်။အထူးသဖြင့်ယခုနှစ်ပိုင်းတွင်ဂျပန်ဘာသာစကားနှင့် သင်ကြားလေ့လာသူတို့၏ ပတ်ဝန်းကျင်အနေအထားကြီးမားစွာပြောင်းလဲလာခဲ့ပါသည်။

ဤကဲ့သို့သောအခြေအနေများအရနိုင်ငံခြားသားများအတွက်ဂျပန်ဘာသာသင်ကြားရေးကိုပိုမိုထိရောက်စေနိုင်ရန် ရည်ရွယ်၍3-Aကော်ပိုရေးရှင်းသည်ထုတ်ဝေမှုသက်တမ်းနှင့်သင်တန်းအတွေ့အကြုံများ၊လေ့လာသူများနှင့်သင်ကြားရေး ဆိုင်ရာပုဂ္ဂိုလ်တို့မှပေးပို့လာသောအကြဉာဏ်နှင့်မေးခွန်းများအရရှိသည်တို့ကိုတစ်ပေါင်းတစည်းစုစည်းဖြေဆိုလိုခြင်းငှာ ၍"လူတိုင်းအတွက်ဂျပန်ဘာသာစကားအခြေခံ-၁နှင့်၂"ကိုပြန်လည်ပြင်ဆင်ထုတ်ဝေရခြင်းဖြစ်ပါသည်။

ပြန်လည်ပြင်ဆင်ရာတွင်လေ့လာအသုံးချမှုတိုးတက်မြင့်မားစေရေးနှင့်လက်ရှိကာလနှင့်ဆီလျော်မှုမရှိတော့သည့် စကားအသုံးအနှုန်းများနှင့်နောက်ခံအနေအထားတို့ကိုအဓိကထား၍ပြင်ဆင်ခဲ့ပါသည်။လေ့လာသူစာသင်သားများနှင့်သင်ကြား ရေးဆိုင်ရာမှဆရာများ၏အကြံပေးချက်များကိုဦးထိပ်ပန်လျက်မူလရည်ရွယ်ချက်ဖြစ်သည့် "လေ့လာရလွယ်ကူခြင်းနှင့် သင်ကြားရလွယ်ကူခြင်း"ဟူသောဖတ်စာအုပ်ဖွဲ့စည်းပုံစန်စ်ကိုလိုက်နာခြင်းဖြင့်လေ့ကျင့်ခန်းနှင့်မေးခွန်းကဏ္ဍကိုထပ်တိုး ဖြည့်စွက်ခဲ့ပါသည်။ညွှန်ကြားမှုများကိုတစ်ဖက်သတ်လိုက်နာ၍လေ့လာသင်ယူရသောနည်းလမ်းဖြင့်လေ့ကျင့်သင်ကြားခြင်းမျိုး မဟုတ်ဘဲ၊အခြေအနေအရပ်ရပ်ကိုကိုယ်တိုင်လက်တွေ့သုံးသပ်၍စဉ်းစားပြောဆိုခြင်းဟူသောထုတ်လုပ်မှုအပြုသဘော ဆောင်သောစွမ်းအားများကိုမွေးထုတ်ပေးနိုင်ရန်ရည်ရွယ်ပါသည်။ငင်းရည်ရွယ်ချက်ဖြင့်ရုပ်ပုံများကိုအမြောက်အများ အသုံးပြုထားပါသည်။

ဤစာအုပ်အောင်မြင်စွာထုတ်ဝေနိုင်ရေးအတွက် ရှုထောင့်မျိုးစုံပေးပို့လာသောအကြဉာဏ်များနှင့်လက်တွေ့သင်ကြား မှုပိုင်းတွင်ရင်ဆိုင်ရသောအခြေအနေများစသည့်အဖက်ဖက်မှပို့ကူညီမှုများစွာရရှိခဲ့ပါသည်။ဤနေရာမှလေးလေးနက် နက်ကျေးဇူးတင်စကားပြောကြားလိုပါသည်။3-Aကော်ပိုရေးရှင်းမှလည်းဂျပန်စာလေ့လာသင်ယူသူများအတွက် လိုအပ်သည့် လူမှုဆက်ဆံရေးများအတွက်သာမက၊လူသားတစ်ဦးနှင့်တစ်ဦးအကြားနိုင်ငံတကာဆက်ဆံမှုဖလှယ်ရေးကြိုးပမ်းမှုများ

v

အတွက်ပါအကျိုးပြုနိုင်မည့်စာအုပ်စာတမ်းများထုတ်ဝေခြင်းဖြင့်စာဖတ်သူများအားထားရာအထောက်အကူပြုအဖြစ်ထာဝစဉ် ရပ်တည်သွားမည်ဖြစ်ကြောင်းဆန္ဒပြုတင်ပြအပ်ပါသည်။ ဆက်လက်၍ဆထက်တိုးပံ့ပိုးကူညီအားပေးကြပါရန်မေတ္တာရပ်ခံ အပ်ပါသည်။

ခိုဘယရှိတခုဂို
3-A ကော်ပိုရေးရှင်း(ဥက္ကဋ္ဌ)
၂၀၁၃ခုနှစ်၊ဇန်နဝါရီလ

ၤၣစာအုပ်ကိုလေ့လာသုံးစွဲမည့်သူများသို့

၁. ဖွဲ့စည်းပုံ

"လူတိုင်းအတွက်ဂျပန်ဘာသာစကားအခြေခံ-၂ဒုတိယအကြိမ်ပြုစုခြင်း"စာအုပ်ကို"ပင်မစာအုပ်(+စီဒီ)နှင့်ဘာသာပြန်သဒ္ဒါရှင်းလင်းချက်"တို့ဖြင့်ဖွဲ့စည်းထားသည်။"ဘာသာပြန်နှင့်သဒ္ဒါရှင်းလင်းချက်"ကိုအင်္ဂလိပ်ဘာသာပြန်စာအုပ်အပြင်အခြား၁၂ဘာသာဖြင့်ပြန်ဆိုထုတ်ဝေရန်ရည်ရွယ်ထားပါသည်။

ၤၣဖတ်စာအုပ်သည်ဂျပန်ဘာသာ၏ အပြော၊ အရေး၊ အဖတ်၊ အကြား(/နားထောင်မှု)ဟူသောကျွမ်းကျင်မှု၄ရပ်လုံးကို သင်ယူတတ်မြောက်နိုင်ရန်ရည်ရွယ်၍ဖွဲ့စည်းထားပါသည်။ သို့ရာတွင်ဟီရဂန၊ခတခန၊ခန်းဂျီးစသည်စာလုံးတို့၏အရေးအဖတ်လမ်းညွှန်မှုကိုမူ"ပင်မဖတ်စာအုပ်"နှင့်"ဘာသာပြန်နှင့်သဒ္ဒါရှင်းလင်းချက်"တို့တွင်ထည့်သွင်းထားခြင်းမရှိပါ။

၂. ပါဝင်သောအကြောင်းအရာများ

၁. ပင်မစာအုပ်

၁) ပင်မသင်ခန်းစာ

"လူတိုင်းအတွက်ဂျပန်ဘာသာစကားအခြေခံ-၁ဒုတိယအကြိမ်ပြုစုခြင်း"စာအုပ် (သင်ခန်းစာပေါင်း၂၅ခု)၏ အဆက်အဖြစ်သင်ခန်းစာ-၂၆မှသင်ခန်းစာ-၅၀အထိ ဖွဲ့စည်းထားပြီး ပါဝင်သည့်အကြောင်းအရာများကိုအောက်ပါအတိုင်း ပိုင်းခြားနိုင်ပါသည်။

(၁) ဝါကျပုံစံ
ၚင်းသင်ခန်းစာတွင်လေ့လာမည့်အခြေခံဝါကျပုံစံကိုဖော်ပြထားသည်။

(၂) နမူနာဝါကျ
အခြေခံဝါကျပုံစံကိုလက်တွေ့တွင်မည်သို့အသုံးပြုနေသည်ကိုစကားတိုလေးများဖြင့်ဖော်ပြထားသည်။ တစ်ဖန်ကြိယာဝိသေသနနှင့်စကားဆက်(/သမ္ဗန္ဓ)စသည်စကားလုံးသစ်များ၏အသုံးပြုပုံနှင့်အခြေခံဝါကျပုံစံများအပြင်တခြားသောလေ့လာမှုအခန်းများကိုလည်းထည့်သွင်းထားပါသည်။

(၃) စကားပြော
စကားပြောကဏ္ဍကို ဂျပန်တွင်နေထိုင်သည့်နိုင်ငံခြားသားဇာတ်ကောင်များနှင့်နောက်ခံအနေအထားအစုံအလင်ဖြင့်ဖွဲ့စည်းထားပါသည်။ သင်ခန်းစာတစ်ခုချင်းစီ၏ လေ့လာရမည့်အကြောင်းအရာများအပြင် နေ့စဉ်သုံးနှုတ်ဆက်စကားစသည့်အခြားသုံးစွဲနေကျအသုံးအနှုန်းများကိုပါထည့်သွင်းထားသည်။အချိန်ပေးနိုင်မည်ဆိုပါက"ဘာသာပြန်နှင့်သဒ္ဒါရှင်းလင်းချက်"စာအုပ်မှ"ကိုးကားစကားလုံးများ"ကိုအသုံးပြု၍မိမိပြောဆိုလိုသောအရာကိုချဲ့ထွင်ဖြန့်ကားပြောဆိုနိုင်မည်ဖြစ်ပါသည်။

(၄) လေ့ကျင့်ခန်း
လေ့ကျင့်ခန်းကဏ္ဍကိုA၊B၊Cဟူ၍အဆင့်၃ဆင့်ဖြင့်ပိုင်းခြားထားပါသည်။ လေ့ကျင့်ခန်း-Aတွင်သဒ္ဒါဖွဲ့စည်းပုံကိုနားလည်ရလွယ်ကူစေရန် ရှင်းလင်းပြတ်သားစွာရေးသားဖော်ပြထားပြီး အခြေခံဝါကျပုံစံကို ပိုင်နိုင်စွာတတ်မြောက်စေရန်နှင့် သဒ္ဒါပြောင်းလဲခြင်း(/ဝိဘတ်သွယ်ခြင်း)၊ စာကြောင်းဆက်ခြင်းတို့ကိုလည်းလေ့လာရလွယ်ကူစေရန်အထူးအလေးပေးထားပါသည်။ လေ့ကျင့်ခန်း- B တွင်ပြန်လှန်လေ့ကျင့်မှုမျိုးစုံကိုပြုလုပ်ခြင်းအားဖြင့်အခြေခံဝါကျပုံစံများကိုစွဲမြဲစွာမှတ်မိစေမည်။
➡ သင်္ကေတပါသောနံပါတ်မှာရုပ်ပုံကိုအသုံးပြုထားသောလေ့ကျင့်ခန်းဖြစ်သည်။

လေ့ကျင့်ခန်း- C သည်ပြောဆိုဆက်ဆံရေးစွမ်းအားကိုပျိုးထောင်ပေးသည့်အခန်းကဏ္ဍဖြစ်သည်။ ဖော်ပြထား သောစကားပြောမျှဉ်းသားထားသောအပိုင်းကိုသင်လျှော်မည့်တခြားအရာနှင့်ပြောင်းလဲအစားထိုး၍ပြောဆို ရာတွင်လည်း၊ အစားထိုးမှုသက်သက်ချည်းမဖြစ်စေရန်၊ စပ်ပြဝါကျတွင် အစားထိုးရန်ပေးထားသောစကားလုံး များ အသုံးပြု၍ လေ့လာသူတို့၏ အခြေအနေနှင့် လိုက်ဖက်အောင် ပြောင်းလဲခြင်း၊ အကြောင်းအရာကို ချဲ့ထွင်ခြင်း၊ တစ်ဖန် အခြေအနေကို ချဲ့ကားခြင်းများ ပြုလုပ်ခြင်းဖြင့် လေ့ကျင့်ခန်းများကို လုပ်ဆောင်ကြည့်စေလို ပါသည်။

လေ့ကျင့်ခန်း- B နှင့်လေ့ကျင့်ခန်း- C ၏စံပြအဖြေများကိုသီးခြားစာအုပ်ဖြင့်စုစည်းတင်ပြထားပါသည်။

(၅) လေ့ကျင့်ခန်းမေးခွန်းများ

လေ့ကျင့်ခန်းမေးခွန်းများတွင် နားထောင်စွမ်းရည်မေးခွန်း၊ သဒ္ဒါမေးခွန်း၊ စာဖတ်စွမ်းရည်မေးခွန်းနှင့် စွမ်းရည် မြှင့်တင်လေ့ကျင့်ခန်းဟူ၍ ပါရှိသည်။ နားထောင်စွမ်းရည်တွင်မေးခွန်းတိုများကိုဖြေဆိုခြင်းနှင့်စကားပြော အတိုလေးများကိုနားထောင်ခြင်းဖြင့်အကြောင်းအရာ၏ဆိုလိုရင်းကိုသိရှိနိုင်ပါမည်။သဒ္ဒါမေးခွန်းတွင် လေ့လာ သူများ၏ဝေါဟာရကြွယ်ဝမှုနှင့်သဒ္ဒါပိုင်းဆိုင်ရာများနားလည်မှုကိုဆန်းစစ်မည်ဖြစ်သည်။ စာဖတ်စွမ်းရည် မေးခွန်းတွင်လေ့လာပြီးသောဝေါဟာရနှင့်သဒ္ဒါများကိုအသုံးပြုထားသည့်ဝါကျစုများကိုဖတ်ရှု၍ရင်းအကြောင်း အရာနှင့် ပတ်သက်သည့် လေ့ကျင့်ခန်းပုံစံအမျိုးမျိုးတို့ကို ပြုလုပ်မည်ဖြစ်ပါသည်။ တစ်ဖန် စွမ်းရည်မြှင့်တင် လေ့ကျင့်ခန်းတွင် ဖတ်စာများနှင့် ဆက်နွယ်သည့် အကြောင်းအရာများနှင့်ပတ်သက်၍ အရေးနှင့်အပြော များကို လုပ်ဆောင်မည်ဖြစ်ပါသည်။ ထို့အပြင်၊ ဤဖတ်စာအုပ်၌ သင်ကြားရေးအတွက် စဉ်းစားပေးသည့် အနေဖြင့် နားလည်ရလွယ်ကူသောရေးသားနည်း(/စကားစုများအကြားနေရာခြား၍ရေးသားခြင်း)ကို အသုံးပြု ထားရာ၊ အလယ်တန်းအဆင့်အတွက် ရည်ရွယ်၍ နေရာခြား၍ရေးသားခြင်းမရှိသော စာနှင့် တဖြည်းဖြည်း အသားကျလာစေရန် အခြေခံ-၂၏ ဖတ်စာများတွင် နေရာခြား၍ရေးသားခြင်းများကို မပြုလုပ်ထားပေ။

(၆) ပြန်လှန်လေ့ကျင့်ခန်း

သင်ခန်းစာအနည်းငယ်စီလေ့လာပြီးတိုင်း ရင်းသင်ခန်းစာတို့မှအဓိကဆိုလိုရင်းအချက်များကိုတစ်စုတစ်စည်း တည်း ပြန်လှန်လေ့ကျင့်နိုင်ရန်ပြုစုထားပါသည်။

(၇) ကြိယာဝိသေသန၊စကားဆက်(/သမ္ဗန္ဓ)၊စကားပြောအသုံးအနှုန်းများ၏အနှစ်ချုပ်

ဤဖတ်စာအုပ်တွင်ပါဝင်သောကြိယာဝိသေသန၊စကားဆက်(/သမ္ဗန္ဓ)၊ စကားပြောအသုံးအနှုန်းများကို ပြန်လည်စုစည်းမှတ်သားမည့်လေ့ကျင့်ခန်းမေးခွန်းများကိုစီစဉ်ထားပါသည်။

၂) ကြိယာပုံစံ

ဤဖတ်စာအုပ်("အခြေခံ-၁"အပါအဝင်)တွင်ပါဝင်သောကြိယာပုံသဏ္ဍာန်များ၏အနှစ်ချုပ်ကိုကြိယာ နောက်ဆက်တွဲပုံစံများနှင့်တကွဖော်ပြထားပါသည်။

၃) သင်ခန်းစာ၏အဓိကအချက်များ

ဤဖတ်စာအုပ်တွင်ပါဝင်သောသင်ခန်းစာများ၏ အဓိကအချက်များကိုလေ့ကျင့်ခန်း- A ၌စုစည်းတင်ပြထားသည်။ ရင်းလေ့ကျင့်ခန်း- A ၌ဖော်ပြထားသောအကြောင်းအရာများသည်ဝါကျပုံစံ၊နမူနာဝါကျ၊လေ့ကျင့်ခန်း- B၊ လေ့ကျင့်ခန်း- C တို့နှင့်မည်သို့ဆက်စပ်နေကြောင်ကိုဖော်ညွှန်းနေပါသည်။

၄) စာအုပ်အညွှန်း

သင်ခန်းစာ-၁မှ သင်ခန်းစာ-၅၀ထဲတွင် ပါဝင်သော သင်ခန်းစာအသီးသီးမှဝေါဟာရအသစ်များ၊အသုံးအနှုန်းများ ကို ရင်းတို့ပထမဆုံးပါဝင်သည့်သင်ခန်းစာနံပါတ်များနှင့်တကွစုစည်းဖော်ပြထားပါသည်။

၅) စီဒီ

ဤစာအုပ်နှင့်တွဲပါလျက်ရှိသောစီဒီတွင်သင်ခန်းစာတစ်ခုချင်းစီမှစကားပြော၊မေးခွန်းများ၏နားထောင်စွမ်းရည်
နှင့်သက်ဆိုင်သောအပိုင်းများကိုထည့်သွင်းထားပါသည်။

၂. ဘာသာပြန်နှင့်သဒ္ဒါရှင်းလင်းချက်

သင်ခန်းစာ-၂၆မှ သင်ခန်းစာ-၅၀

(၁) ဝေါဟာရသစ်များနှင့်ဘာသာပြန်

(၂) ဝါကျပုံစံ၊နမူနာဝါကျ၊စကားပြောတို့၏ဘာသာပြန်

(၃) သင်ခန်းစာတစ်ခုချင်း၏လေ့လာမှုအထောက်အကူပြုကိုးကားစကားလုံးများနှင့်ဂျပန်ရေးရာမိတ်ဆက်
အကျဉ်း

(၄) ဝါကျပုံစံနှင့်အသုံးအနှုန်းဆိုင်ရာသဒ္ဒါရှင်းလင်းချက်

၃. လေ့လာမှုအတွက်လိုအပ်သောကြာချိန်

သတ်မှတ်လေ့လာချိန်အဖြစ်သင်ခန်းစာတစ်ခုအတွက် ၄ နာရီမှ၆နာရီ၊ သင်ခန်းစာအားလုံးအတွက်စုစုပေါင်းနာရီ
၁၅၀ကြာလိုအပ်ပါသည်။

၄. ဝေါဟာရများ

နေ့စဉ်သုံးစကားများမှအသုံးအများဆုံးဝေါဟာရ ၁,၀၀၀ခန့်ကိုထည့်သွင်းအသုံးပြုထားပါသည်။

၅. ခန်းဂျီးအသုံး

ခန်းဂျီးကိုယေဘုယျအားဖြင့်၁၉၈၁ခုနှစ်၌ဂျပန်အစိုးရမှ့ထုတ်ပြန်ခဲ့သော "အသုံးများသောခန်းဂျီးစာရင်း(Joyo Kanji)"
ကိုအခြေခံထားသည်။

၁) 熟字訓(တစ်လုံးထက်ပိုသောခန်းဂျီးတွဲများနှင့်သီးခြားဖတ်နည်းဖြင့်ဖတ်ရသောအရာ)များအနက် "အသုံးများသော
ခန်းဂျီးစာရင်း" ၏ "နောက်ဆက်တွဲကဏ္ဍ" တွင်ဖော်ပြထားသောစကားလုံးများကိုခန်းဂျီးစာလုံးကိုအသုံးပြု၍
ရေးသားထားသည်။

　ဥပမာ　友達 သူငယ်ချင်း　果物 သစ်သီး　眼鏡 မျက်မှန်

၂) နိုင်ငံအမည်များနှင့်ဒေသအမည်များစသည့်ကိုယ်ပိုင်နာမ်၊ သို့မဟုတ် အနုပညာ၊ ယဉ်ကျေးမှုစသည့်ပညာရပ်ဆိုင်ရာ
နယ်ပယ်မှစကားလုံးများကိုမူ "အသုံးများသောခန်းဂျီးစာရင်း" ၌မပါဝင်သောခန်းဂျီးများနှင့်ခန်းဂျီးအသံထွက်
တို့ကိုအသုံးပြုထားသည်။

　ဥပမာ　大阪 အိုဆာကာ　奈良 နရ　歌舞伎 ခါဘုခိ

၃) "အသုံးများသောခန်းဂျီးစာရင်း" တွင်ပါဝင်သောတစ်ချို့ခန်းဂျီးစာလုံးများကိုဖတ်ရှုရလွယ်ကူစေရန် "ခန"
ဖြင့်ပြောင်းလဲအသုံးပြုထားသည်များလည်းရှိသည်။

　ဥပမာ　ある(有る・在る) ရှိသည်　たぶん(多分) ဖြစ်ကောင်းဖြစ်နိုင်ဖွယ်
　　　　きのう(昨日) မနေ့က

၄) ကိန်းဂဏန်းများကိုသချင်္ဂဏန်းဖြင့်သာသတ်မှတ်အသုံးပြုထားသည်။

ဥပမာ　9時　၉နာရီ　　4月1日　ဧပြီလ၁ရက်　　1つ　၁ခု

၆. အခြား

၁) ဝါကျအတွင်းချန်လှပ်၍ရနိုင်သောစကားလုံးကိုလေးထောင့်ကွင်း[　]ခတ်၍ဖော်ပြထားသည်။

ဥပမာ　父は 54[歳]です。　အဖေက၅၄[နှစ်]ပါ။

၂) အခေါ်အဝေါ်ကွဲရှိသောအခါမျိုးတွင်လက်သည်းကွင်း(　)ခတ်၍ဖော်ပြထားသည်။

ဥပမာ　だれ(どなた)　ဘယ်သူ(ဘယ်ပုဂ္ဂိုလ်)

အကျိုးရှိစွာအသုံးချနည်း

၁. စကားလုံးကျက်မှတ်ခြင်း

"ဘာသာပြန်သဒ္ဒါ ရှင်းလင်းချက်" တွင်ပါ ရှိသောသင်ခန်းစာ အသီးသီးမှစကားလုံးများနှင့် ရင်းတို့၏ ၏ဘာသာပြန်ကိုဖော် ပြထားသည်။ ဖော်ပြထားသောစကားလုံးသစ်များကိုအသုံး ပြု၍ ဝါ ကျ တို့ များ လေ့ ကျ င့် တ ည် ဆော က် ခြ င်း ဖြ င့် ကောင်းစွာလေ့လာကျက်မှတ်နိုင်ပါမည်။

၂. ဝါကျပုံစံလေ့ကျင့်ခြင်း

ဝါကျပုံစံ၏တိကျသေချာသောအဓိပ္ပာယ်ကိုသိ ရှိ ပြီး၊ ထို ဝါကျပုံစံကိုစွဲမြဲစွာမှတ်မိသည့်တိုင်အသံထွက်၍ ရွတ်ဆိုခြင်း အားဖြင့် "လေ့ကျင့်ခန်း- A" နှင့် "လေ့ကျင့်ခန်း-B" များကို လေ့ကျင့်ပါ။

၃. စကားပြောလေ့ကျင့်ခြင်း

"လေ့ကျင့်ခန်း-C" သည်စကားပြောတိုလေးများကိုအပြန် အလှန်လေ့ကျင့်ခြင်းဖြစ်ပြီးဝါကျပုံစံလေ့ကျင့်ခြင်းသာမက စကားပြောကိုဆက်လက်ခဲ့ဲ့ထွင်နိုင်သည်အထိလေ့ကျင့် ရမည်။ "စကားပြော" တွင်နေ့စဉ်ဘဝ၌လက်တွေ့ကြုံတွေ့ ရသည့်မြင်ကွင်းမျိုးကိုထည့်သွင်းဖော်ပြထားသည်။ စီဒီကို နားထောင်ရင်းအမူအရာများနှင့်တွဲဖက်၍လက်တွေ့သရုပ် ဆော င် ကြ ည့် ခြ င်း အား ဖြ င့် သ ဘာ ဝ ကျ သော စ ကား အပေးအယူကိုစည်းချက်ကျကျမှတ်သားနာယူနိုင်မည်ဖြစ်ပါ သည်။

၄. စိစစ်ခြင်း

သင်ခန်းစာတစ်ခုလုံးကိုခြုံငုံဖော်ပြသည့် "မေးခွန်း" များကို စီစဉ်ထားပါသည်။ မှန်ကန်စွာသင်ယူတတ်မြောက်ခြင်း ရှိမရှိကို ထို "မေးခွန်း" များဖြင့်ပြန်လည်စိစစ်ပါ။

၅. လက်တွေ့စကားပြောကြည့်ခြင်း

လေ့လာသင်ယူပြီးသောဂျပန်စကားကို အသုံးပြု၍ ဂျပန် လူမျိုးများနှင့် စကားပြောကြည့်ပါ။ သင်ယူပြီးသောအရာ များကိုချက်ချင်းပြန်လည်အသုံးပြုကြည့်ပါ။ ထိုကဲ့သို့ ပြုလုပ်ခြင်းသည်လျင်မြန်စွာတိုးတက်မှုအတွက်နည်းလမ်း ကောင်းတစ်ရပ်ဖြစ်ပါသည်။

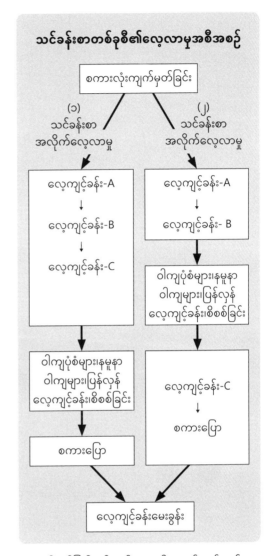

အထက်ဖော်ပြပါနည်းလမ်း (၁) သို့မဟုတ် နည်းလမ်း (၂) ဖြင့်လေ့လာပါ။ အဓိကထားလေ့လာရမည့်အချက်များကို ထိရောက်စွာခြုံငုံမိစေရန်အုပ်၏နောက်ဆက်တွဲ ကဏ္ဍတွင်ဖော်ပြထားသည့်ဇယားပါအဓိကသော့ချက်များ နှင့်တိုက်ဆိုင်စစ်ဆေး၍လေ့ကျင့်ပါ။

ပါဝင်သောဇာတ်ကောင်များ

မိုက် မီလာ

အမေရိကန်လူမျိုး၊ IMCမှဝန်ထမ်း

ဆူဇူကီး ယာစုအို

ဂျပန်လူမျိုး၊ IMCမှဝန်ထမ်း

နာကမုရ အခိကို

ဂျပန်လူမျိုး၊ IMCမှအရောင်းဌာနစိတ်မှူး

တာဝါပွန်

ထိုင်းလူမျိုး၊ ဆာကူရာတက္ကသိုလ်မှကျောင်းသား

ကရိန

အင်ဒိုနီးရှားလူမျိုး၊ ဖူဂျီတက္ကသိုလ်မှကျောင်းသူ

လီ ဂျင်ဟျုး

ကိုရီးယားလူမျိုး၊ AKCမှသုတေသနပညာရှင်

အိုဂါဝ ယောနဲ

ဂျပန်လူမျိုး၊ ဟိရိုရှိ၏မိခင်

အိုဂါဝ ဟိရိုရှိ

ဂျပန်လူမျိုး၊ မိုက် မီလာ၏အိမ်နီးချင်း

အိုဂါဝ ဆချိကို

ဂျပန်လူမျိုး၊ ကုမ္ပဏီဝန်ထမ်း

ခုလာလာ ရှုမစ်

ဂျာမန်လူမျိုး၊ ဂျာမန်ဘာသာဆရာမ

အိတိုး ချိဆဲ့ကို

ဂျပန်လူမျိုး၊ နေကြာပန်းမူလတန်းကျောင်းမှဆရာမ၊
ဟန်ဆု ရှုမစ်၏တာဝန်ခံဆရာမ

ကား ရှုမစ်

ဂျာမန်လူမျိုး၊ ပါဝါလျှပ်စစ်ကုမ္ပဏီမှအင်ဂျင်နီယာ

ဝါတနဘဲ အခဲမိ

ဂျပန်လူမျိုး၊ ပါဝါလျှပ်စစ်ကုမ္ပဏီမှဝန်ထမ်း

တကဟရှိ တိုးရု

ဂျပန်လူမျိုး၊ ပါဝါလျှပ်စစ်ကုမ္ပဏီမှဝန်ထမ်း

ဟယရှိ မဒီကို

ဂျပန်လူမျိုး၊ ပါဝါလျှပ်စစ်ကုမ္ပဏီမှဝန်ထမ်း

xiii

ဂျွန် ဝပ်

အင်္ဂလိပ်လူမျိုး၊ ဆာကူရာတက္ကသိုလ်မှအင်္ဂလိပ်စာဆရာ

မာဆုမိုတို တဒရှိ

ဂျပန်လူမျိုး၊ IMC(အိုဆာကာ)မှဌာနမှူး

မာဆုမိုတို ယောရှိကို

ဂျပန်လူမျိုး၊ အိမ်ရှင်မ

ဟန်ဆု

ဂျာမန်လူမျိုး၊ မူလတန်းကျောင်းသား ၁၂နှစ်၊
ကား နှင့် ခုလာလာ ရှုမစ် တို့၏သား

ဂုပုတ

အိန္ဒိယလူမျိုး၊ IMCမှဝန်ထမ်း

ခိမုရ အီဇုမိ

ဂျပန်လူမျိုး၊ သတင်းကြေညာသူ

※ **IMC** (ကွန်ပျူတာဆော့ဝဲကုမ္ပဏီ)
※ **AKC** (アジア研究センター : အာရှသုတေသနစင်တာ)

မာတိကာ

လူတိုင်းအတွက်ဂျပန်ဘာသာစကားအခြေခံ-၁ဒုတိယအကြိမ်ပြုစုခြင်းစာအုပ်မှ
သဒ္ဒါရှင်းလင်းချက်၊ကိုးကားစကားလုံးများနှင့်အချက်အလက်များ
みんなの日本語 初級Ⅰ 第2版 ……………………………………………………………… 2
သင်ကြားရေးသုံးဝေါဟာရအသုံးအနှုန်းများ ……………………………… 6
သင်္ကေတအညွှန်း ……………………………………………………………… 7

သင်ခန်းစာ-၂၆ ……………………………………………………………… 8

၁။ ဝေါဟာရများ

၂။ ဘာသာပြန်

    ဝါကျပုံစံများနှင့်နမူနာဝါကျများ

    စကားပြော

        အမှိုက်ကိုဘယ်မှာပစ်လို့ရသမလဲ

၃။ ကိုးကားစကားလုံးများနှင့်အချက်အလက်များ

        အမှိုက်ပစ်နည်း

၄။ သဒ္ဒါရှင်းလင်းချက်

  ၁. V / い-adj / な-adj / N ... ~だ→~な ... んです ... ရိုးရိုးပုံစံ

  ၂. Vて-ပုံစံ いただけませんか

  ၃. အမေးစကားလုံး Vた-ပုံစံ ら いいですか

  ၄. N(ကံပုဒ်)は 好きです／嫌いです 上手です／下手です あります စသည်

သင်ခန်းစာ-၂၇ ……………………………………………………………… 14

၁။ ဝေါဟာရများ

၂။ ဘာသာပြန်

    ဝါကျပုံစံများနှင့်နမူနာဝါကျများ

    စကားပြော

        ဘာမဆို လုပ်တတ်တယ်နော်

၃။ ကိုးကားစကားလုံးများနှင့်အချက်အလက်များ

        အနီးနားမှဆိုင်

၄။ သဒ္ဒါရှင်းလင်းချက်

  ၁. ဖြစ်နိုင်ခြင်း၊လုပ်နိုင်ခြင်းပြကြိယာ

  ၂. ဖြစ်နိုင်ခြင်း၊လုပ်နိုင်ခြင်းပြကြိယာအသုံးပြုဝါကျ

  ၃. 見えますနှင့်聞こえます

  ၄. できます

  ၅. しか

  ၆. Nは(နှိုင်းယှဉ်ခြင်း)

  ၇. ဝိဘတ်တွဲပါသော စကားလုံးကို ထုတ်နုတ်တင်ပြသောは

သင်ခန်းစာ-၂၈ ･････････････････････････････････ 20

၁။ ဝေါဟာရများ

၂။ ဘာသာပြန်

ဝါကျပုံစံများနှင့်နမူနာဝါကျများ

စကားပြော

တာဝန်နဲ့ထွက်ရတဲ့ခရီးကလည်းများပြီး၊

စာမေးပွဲကလည်းရှိတော့......

၃။ ကိုးကားစကားလုံးများနှင့်အချက်အလက်များ

အိမ်ငှားရမ်းခြင်း

၄။ သဒ္ဒါရှင်းလင်းချက်

၁. V₁ます-ပုံစံながら V₂

၂. Vて-ပုံစံ います

၃. ရိုးရိုးပုံစံし、ရိုးရိုးပုံစံし、〜

၄. それで

၅. 〜 とき+ဝိဘတ်

သင်ခန်းစာ-၂၉ ･････････････････････････････････ 26

၁။ ဝေါဟာရများ

၂။ ဘာသာပြန်

ဝါကျပုံစံများနှင့်နမူနာဝါကျများ

စကားပြော

မွေ့ကျန်ပစ္စည်း ရှိလို့

၃။ ကိုးကားစကားလုံးများနှင့်အချက်အလက်များ

အနေအထားနှင့်ပုံပန်းသဏ္ဍာန်

၄။ သဒ္ဒါရှင်းလင်းချက်

၁. Vて-ပုံစံ います

၂. Vて-ပုံစံ しまいました／しまいます

၃. N(နေရာ)に 行きます／来ます／帰ります

၄. それ／その／そう

၅. ありました

၆. どこかで／どこかに

သင်ခန်းစာ-၃၀ ･････････････････････････････････ 32

၁။ ဝေါဟာရများ

၂။ ဘာသာပြန်

ဝါကျပုံစံများနှင့်နမူနာဝါကျများ

စကားပြော

အရေးပေါ်အိတ်ကို မပြင်ဆင်ထားရင်တော့

(／ပြင်ဆင်ရမယ်)

၃။ ကိုးကားစကားလုံးများနှင့်အချက်အလက်များ

အရေးပေါ်အခြေအနေ

၄။ သဒ္ဒါရှင်းလင်းချက်

၁. Vて-ပုံစံ あります

၂. Vて-ပုံစံ おきます

၃. まだ +အဟုတ်(／အငြင်းမဟုတ်)

၄. とか

၅. ဝိဘတ်+ も

သင်ခန်းစာ-၃၁ ･････････････････････････････････ 38

၁။ ဝေါဟာရများ

၂။ ဘာသာပြန်

ဝါကျပုံစံများနှင့်နမူနာဝါကျများ

စကားပြော

ဟင်းချက်တာကို သင်ယူမယ်လို့ စိတ်ကူးထား

ပါတယ်

၃။ ကိုးကားစကားလုံးများနှင့်အချက်အလက်များ

ကျွမ်းကျင်ဘာသာရပ်

၄။ သဒ္ဒါရှင်းလင်းချက်

၁. စိတ်ဆန္ဒပြပုံစံ

၂. စိတ်ဆန္ဒပြပုံစံ၏အသုံးပြုပုံ

၃. V-အဘိဓာန်ပုံစံ ⎫

V ない-ပုံစံ ない ⎭ つもりです

၄. V-အဘိဓာန်ပုံစံ ⎫

N の ⎭ 予定です

၅. まだ Vて-ပုံစံ いません

၆. 帰ります ー 帰り

သင်ခန်းစာ-၃၂ ·· 44

၁။ ဝေါဟာရများ

၂။ ဘာသာပြန်

　　ဝါကျပုံစံများနှင့်နမူနာဝါကျများ

　　စကားပြော

　　　မနိုင်ဝန်မထမ်းတာ ကောင်းမယ်နော်

၃။ ကိုးကားစကားလုံးများနှင့်အချက်အလက်များ

　　　မိုးလေဝသခန့်မှန်းချက်သတင်း

၄။ သဒ္ဒါရှင်းလင်းချက်

၁. Vた-ပုံစံ
　 Vない-ပုံစံない ｝ ほうが いいです

၂. V
　 い-adj ｝ ရိုးရိုးပုံစံ
　 な-adj ｝ ရိုးရိုးပုံစံ ｝ でしょう
　 N ｝ ～だ

၃. V
　 い-adj ｝ ရိုးရိုးပုံစံ
　 な-adj ｝ ရိုးရိုးပုံစံ ｝ かも しれません
　 N ｝ ～だ

၄. Vます-ပုံစံましょう
၅. ပမာဏပြစကားလုံးで
၆. 何か 心配な こと

သင်ခန်းစာ-၃၃ ·· 50

၁။ ဝေါဟာရများ

၂။ ဘာသာပြန်

　　ဝါကျပုံစံများနှင့်နမူနာဝါကျများ

　　စကားပြော

　　　ဒါက ဘာအဓိပ္ပာယ်လဲ။

၃။ ကိုးကားစကားလုံးများနှင့်အချက်အလက်များ

　　　သင်္ကေတအမှတ်အသားများ

၄။ သဒ္ဒါရှင်းလင်းချက်

၁. အမိန့်ပေးပုံစံ၊ တားမြစ်ပုံစံ
၂. အမိန့်ပေးပုံစံနှင့်တားမြစ်ပုံစံအသုံးပြုပုံ
၃. ～と 書いて あります／～と 読みます
၄. XはYと いう 意味です
၅. "ဝါကျ"
　 ရိုးရိုးပုံစံ ｝ と 言って いました
၆. "ဝါကျ"
　 ရိုးရိုးပုံစံ ｝ と 伝えて いただけませんか

သင်ခန်းစာ-၃၄ ·· 56

၁။ ဝေါဟာရများ

၂။ ဘာသာပြန်

　　ဝါကျပုံစံများနှင့်နမူနာဝါကျများ

　　စကားပြော

　　　ကျွန်မလုပ်တဲ့အတိုင်း လုပ်ပါ

၃။ ကိုးကားစကားလုံးများနှင့်အချက်အလက်များ

　　　ချက်ပြုတ်ခြင်း/ဟင်းလျာ

၄။ သဒ္ဒါရှင်းလင်းချက်

၁. V_1た-ပုံစံ
　 Nの ｝ とおりに、V_2

၂. V_1た-ပုံစံ
　 Nの ｝ あとで、V_2

၃. V_1て-ပုံစံ
　 V_1ない-ပုံစံないで ｝ V_2

သင်ခန်းစာ-၃၅ ··· 62

၁။ ဝေါဟာရများ

၂။ ဘာသာပြန်

ဝါကျပုံစံများနှင့်နမူနာဝါကျများ

စကားပြော

ကောင်းတဲ့[နေရာလေးများ] တစ်နေရာရာ

[လောက်] မရှိဘူးလား။

၃။ ကိုးကားစကားလုံးများနှင့်အချက်အလက်များ

စကားပုံများ

၄။ သဒ္ဒါရှင်းလင်းချက်

၁. ယာယီစည်းကမ်းသတ်မှတ်သည့်ကန့်သတ်ပုံစံပြုလုပ်ပုံ

၂. ယာယီစည်းကမ်းသတ်မှတ်သည့်ကန့်သတ်ပုံစံ၊ ～

၃. အမေးစကားလုံး V-ယာယီစည်းကမ်းသတ်မှတ်သည့်
ကန့်သတ်ပုံစံ いいですか

၄. Nなら、～

၅. ～は ありませんか(အငြင်းအမေးဝါကျ)

သင်ခန်းစာ-၃၆ ··· 68

၁။ ဝေါဟာရများ

၂။ ဘာသာပြန်

ဝါကျပုံစံများနှင့်နမူနာဝါကျများ

စကားပြော

နေ့တိုင်း အားကစားလုပ်ဖြစ်အောင်

ကြိုးစားနေပါတယ်

၃။ ကိုးကားစကားလုံးများနှင့်အချက်အလက်များ

ကျန်းမာရေး

၄။ သဒ္ဒါရှင်းလင်းချက်

၁. V₁-အဘိဓာန်ပုံစံ $\left.\begin{array}{l}\text{V}_1\text{-အဘိဓာန်ပုံစံ}\\\text{V}_1ない\text{-ပုံစံ}ない\end{array}\right\}$ ように、V₂

၂. V-အဘိဓာန်ပုံစံ ように なります

၃. $\left.\begin{array}{l}\text{V-အဘိဓာန်ပုံစံ}\\\text{V}ない\text{-ပုံစံ}ない\end{array}\right\}$ ように します

၄. 早い→早く 上手な→上手に

သင်ခန်းစာ-၃၇ ··· 74

၁။ ဝေါဟာရများ

၂။ ဘာသာပြန်

ဝါကျပုံစံများနှင့်နမူနာဝါကျများ

စကားပြော

ခင်းကခုဘုရားကျောင်းကို ၁၄၇ရာစုနှစ်မှာ

တည်ဆောက်ခဲ့တယ်

၃။ ကိုးကားစကားလုံးများနှင့်အချက်အလက်များ

မတော်တဆဆုံးမှုရာဇဝတ်မှု(အမှုအခင်း)

၄။ သဒ္ဒါရှင်းလင်းချက်

၁. ခံရခြင်းပြကြိယာ

၂. N₁(လူ-၁)は N₂(လူ-၂)に ခံရခြင်းပြကြိယာ

၃. N₁(လူ-၁)は N₂(လူ-၂)に N₃(လူ-၃)を
ခံရခြင်းပြကြိယာ

၄. N(ပစ္စည်း/အကြောင်းအရာ)が／は ခံရခြင်းပြကြိယာ

၅. Nから／Nで つくります

၆. N₁の N₂

၇. この／その／あの N(တည်နေရာ)

သင်ခန်းစာ-၃၈ ······································· 80

၁။ ဝေါဟာရများ

၂။ ဘာသာပြန်

ဝါကျပုံစံများနှင့်နမူနာဝါကျများ

စကားပြော

ရှင်းလင်းရတာကို ကြိုက်တယ်

၃။ ကိုးကားစကားလုံးများနှင့်အချက်အလက်များ

တည်နေရာ

၄။ သဒ္ဒါရှင်းလင်းချက်

၁. နာမ်သို့ပြောင်းလဲစေသောの

၂. V-အဘိဓာန်ပုံစံのは adjです

၃. V-အဘိဓာန်ပုံစံのが adjです

၄. V-အဘိဓာန်ပုံစံの を 忘れました

၅. V-ရိုးရိုးပုံစံの を 知って いますか

၆. V ရိုးရိုးပုံစံ
い-adj ရိုးရိုးပုံစံ
な-adj ရိုးရိုးပုံစံ ～だ→～な のは N₂です
N₁ ～だ→～な

သင်ခန်းစာ-၃၉ ······································· 86

၁။ ဝေါဟာရများ

၂။ ဘာသာပြန်

ဝါကျပုံစံများနှင့်နမူနာဝါကျများ

စကားပြော

နောက်ကျသွားလို့၊ တောင်းပန်ပါတယ်

၃။ ကိုးကားစကားလုံးများနှင့်အချက်အလက်များ

ခံစားချက်

၄။ သဒ္ဒါရှင်းလင်းချက်

၁. ～て（で）、～

၂. V ရိုးရိုးပုံစံ
い-adj ရိုးရိုးပုံစံ
な-adj ရိုးရိုးပုံစံ ので、～
N ～だ→～な

၃. 途中 で

သင်ခန်းစာ-၄၀ ······································· 92

၁။ ဝေါဟာရများ

၂။ ဘာသာပြန်

ဝါကျပုံစံများနှင့်နမူနာဝါကျများ

စကားပြော

သူ့ယဉ်ချင်းရမရဆိုတာစိတ်ပူတယ်

၃။ ကိုးကားစကားလုံးများနှင့်အချက်အလက်များ

အတိုင်းအတာ၊မျဉ်းကြောင်း၊

ပုံသဏ္ဌာန်နှင့်အဆင်ဒီဇိုင်းများ

၄။ သဒ္ဒါရှင်းလင်းချက်

၁. V ရိုးရိုးပုံစံ
い-adj ရိုးရိုးပုံစံ
な-adj ရိုးရိုးပုံစံ か、～
N ～だ

၂. V ရိုးရိုးပုံစံ
い-adj ရိုးရိုးပုံစံ
な-adj ရိုးရိုးပုံစံ か どうか、～
N ～だ

၃. Vて-ပုံစံ みます

၄. い-adj（～い）→～さ

၅. ～でしょうか

သင်ခန်းစာ-၄၁ 98

၁။ ဝေါဟာရများ

၂။ ဘာသာပြန်

　　ဝါကျပုံစံများနှင့်နမူနာဝါကျများ

　　စကားပြော

　　　　လက်ထပ်တာကို ဂုဏ်ယူဝမ်းမြောက်ပါတယ်

၃။ ကိုးကားစကားလုံးများနှင့်အချက်အလက်များ

　　　အသုံးဝင်သောအချက်အလက်များ

၄။ သဒ္ဒါရှင်းလင်းချက်

　၁. အပေးအယူအသုံးအနှုန်း

　၂. အပြုအမူပေးယူခြင်း

　၃. V て-ပုံစံ　ください ませんか

　၄. N に　V

သင်ခန်းစာ-၄၂ 104

၁။ ဝေါဟာရများ

၂။ ဘာသာပြန်

　　ဝါကျပုံစံများနှင့်နမူနာဝါကျများ

　　စကားပြော

　　　　အပိုဆုကြေး(ဘောနပ်)ကို ဘာအတွက်(/ဘယ်မှာ)

　　　　သုံးမှာလဲ

၃။ ကိုးကားစကားလုံးများနှင့်အချက်အလက်များ

　　　ရုံးသုံးပစ္စည်းများ

၄။ သဒ္ဒါရှင်းလင်းချက်

　၁. V-အဘိဓာန်ပုံစံ ⎱
　　　　　　　　　⎰ ために、～
　　　N の

　၂. V-အဘိဓာန်ပုံစံ の ⎱
　　　　　　　　　⎰ に ～
　　　N

　၃. ပမာဏပြစကားလုံး は／も

　၄. ～に よって

သင်ခန်းစာ-၄၃ 110

၁။ ဝေါဟာရများ

၂။ ဘာသာပြန်

　　ဝါကျပုံစံများနှင့်နမူနာဝါကျများ

　　စကားပြော

　　　　နေ့တိုင်း ပျော်နေတဲ့ပုံပါပဲ

၃။ ကိုးကားစကားလုံးများနှင့်အချက်အလက်များ

　　　အမူအကျင့်နှင့် သဘာဝ

၄။ သဒ္ဒါရှင်းလင်းချက်

　၁. ～そうです

　၂. V て-ပုံစံ　来ます

　၃. V て-ပုံစံ　くれませんか

သင်ခန်းစာ-၄၄ 116

၁။ ဝေါဟာရများ

၂။ ဘာသာပြန်

　　ဝါကျပုံစံများနှင့်နမူနာဝါကျများ

　　စကားပြော

　　　　ဒီဇာတ်ပုံထဲကပုံစံလိုမျိုး လုပ်ပေးပါ

၃။ ကိုးကားစကားလုံးများနှင့်အချက်အလက်များ

　　　အလှပြင်ဆိုင်/ဆံသဆိုင်

၄။ သဒ္ဒါရှင်းလင်းချက်

　၁. V ます-ပုံစံ ⎫
　　　い-adj（～ゲ） ⎬ すぎます
　　　な-adj［ゲ］ ⎭

　၂. V ます-ပုံစံ ⎰ やすいです
　　　　　　　　 ⎱ にくいです

　၃.　　　　 ⎧ い-adj（～ゲ）→～く ⎫
　　　N₁ を ⎨ な-adj［ゲ］→～に ⎬ します
　　　　　　 ⎩ N₂に 　　　　　　 ⎭

　၄. N に　します

သင်ခန်းစာ-၄၅ 122

၁။ ဝေါဟာရများ

၂။ ဘာသာပြန်

ဝါကျပုံစံများနှင့်နမူနာဝါကျများ

စကားပြော

လမ်းကြောင်းကို မှားသွားတဲ့အခါမျိုးမှာ၊

ဘယ်လိုလုပ်ရမလဲ

၃။ ကိုးကားစကားလုံးများနှင့်အချက်အလက်များ

ဆေးရုံ

၄။ သဒ္ဒါရှင်းလင်းချက်

၁. V-အဘိဓာန်ပုံစံ

V ない-ပုံစံ ない

V た-ပုံစံ

い-adj (〜い)

な-adjな

Nの

場合は、〜

၂. V

い-adj

な-adj

N

ရိုးရိုးပုံစံ

ရိုးရိုးပုံစံ

〜だ→〜な

のに、〜

သင်ခန်းစာ-၄၆ 128

၁။ ဝေါဟာရများ

၂။ ဘာသာပြန်

ဝါကျပုံစံများနှင့်နမူနာဝါကျများ

စကားပြော

အရင်ပတ်ကမှ ပြင်ပေးထားတာကို၊ ထပ်ပြီး.......

၃။ ကိုးကားစကားလုံးများနှင့်အချက်အလက်များ

ခတခနစကားလုံးများ၏မူရင်း

၄။ သဒ္ဒါရှင်းလင်းချက်

၁. V-အဘိဓာန်ပုံစံ

V て-ပုံစံ いる

V た-ပုံစံ

ところです

၂. V た-ပုံစံ ばかりです

၃. V-အဘိဓာန်ပုံစံ

V ない-ပုံစံ ない

い-adj (〜い)

な-adjな

Nの

はずです

သင်ခန်းစာ-၄၇ 134

၁။ ဝေါဟာရများ

၂။ ဘာသာပြန်

ဝါကျပုံစံများနှင့်နမူနာဝါကျများ

စကားပြော

စေ့စပ်လိုက်တယ်ဆိုပဲ

၃။ ကိုးကားစကားလုံးများနှင့်အချက်အလက်များ

မြည်သံစွဲနှင့်သဏ္ဌာန်စွဲစကားလုံး

၄။ သဒ္ဒါရှင်းလင်းချက်

၁. ရိုးရိုးပုံစံ そうです

၂. V

い-adj

な-adj

N

ရိုးရိုးပုံစံ

ရိုးရိုးပုံစံ 〜だ→〜な

ရိုးရိုးပုံစံ 〜だ→〜の

ようです

၃. 声／音／におい／味が します

သင်ခန်းစာ-၄၈ ··· 140

၁။ ဝေါဟာရများ

၂။ ဘာသာပြန်

    ဝါကျပုံစံများနှင့်နမူနာဝါကျများ

    စကားပြော

       နားခွင့်ပေးလို့ရမလား

၃။ ကိုးကားစကားလုံးများနှင့်အချက်အလက်များ

    ထိန်းသိမ်းကြပ်မတ်သည်

၄။ သဒ္ဒါရှင်းလင်းချက်

    ၁. ခိုင်းစေခြင်းပြကြိယာ

    ၂. ခိုင်းစေခြင်းပြကြိယာဝါကျ

    ၃. ခိုင်းစေခြင်းပြကြိယာအသုံးပြုပုံ

    ၄. ခိုင်းစေခြင်းပြကြိယာて-ပုံစံ いただけませんか

သင်ခန်းစာ-၄၉ ··· 146

၁။ ဝေါဟာရများ

၂။ ဘာသာပြန်

    ဝါကျပုံစံများနှင့်နမူနာဝါကျများ

    စကားပြော

       ပြောပေးပါရှင်

၃။ ကိုးကားစကားလုံးများနှင့်အချက်အလက်များ

    ရာသီအလိုက်လုပ်ငန်းဆောင်တာများ

၄။ သဒ္ဒါရှင်းလင်းချက်

    ၁. 敬語(အရိုအသေပြစကား)

    ၂. 尊敬語(မြှင့်ပြောအရိုအသေပြစကား)

    ၃. အရိုအသေပြစကားနှင့်ဝါကျ(ရေး/ပြော)

       ဟန်အမျိုးအစား

    ၄. ～まして

    ၅. ～ますので

သင်ခန်းစာ-၅၀ ··· 152

၁။ ဝေါဟာရများ

၂။ ဘာသာပြန်

    ဝါကျပုံစံများနှင့်နမူနာဝါကျများ

    စကားပြော

       အထူး ကျေးဇူးတင်ပါတယ်

၃။ ကိုးကားစကားလုံးများနှင့်အချက်အလက်များ

    စာအိတ်နှင့်ပို့စကတ်စသည်တို့တွင်လိပ်စာရေး

    နည်း

၄။ သဒ္ဒါရှင်းလင်းချက်

    ၁. 謙讓語 I (နှိမ့်ချစကား-၁(ကြိယာ))

    ၂. 謙讓語 II (နှိမ့်ချစကား-၂(ကြိယာ))

လူတိုင်းအတွက်ဂျပန်ဘာသာစကားအခြေခံ-၁ဒုတိယအကြိမ်ပြုစုခြင်းစာအုပ်မှ သဒ္ဒါရှင်းလင်းချက်၊ကိုးကားစကားလုံးများနှင့်အချက်အလက်များ
みんなの日本語 初級Ⅰ 第２版

သင်ခန်းစာ-၁

၁. N_1は N_2です

၂. N_1は N_2じゃ(では) ありません

၃. N_1は N_2ですか (အမေးဝါကျ)

၄. Nも

၅. N_1の N_2

၆. ～さん

ကိုးကားစကားလုံးများနှင့်အချက်အလက်များ

နိုင်ငံ၊လူမျိုး၊ဘာသာစကား

သင်ခန်းစာ-၂

၁. これ／それ／あれ

၂. この N／その N／あの N

၃. そうです

၄. ～か、～か

၅. N_1の N_2

၆. နာမ်အစားအသုံးပြုသည့်の

၇. お～

၈. そうですか

ကိုးကားစကားလုံးများနှင့်အချက်အလက်များ

မိသားစုအမည်များ

သင်ခန်းစာ-၃

၁. ここ／そこ／あそこ／こちら／そちら／あちら

၂. Nは နေရာです

၃. どこ／どちら

၄. N_1の N_2

၅. こ／そ／あ／ど(အညွှန်းစကားလုံး) ဇယား

၆. お～

ကိုးကားစကားလုံးများနှင့်အချက်အလက်များ

ကုန်တိုက်

သင်ခန်းစာ-၄

၁. 今(いま) ー時(じ)ー分(ふん)です

၂. Vます／Vません／Vました／Vませんでした

၃. N(အချိန်)に V

၄. N_1から N_2まで

၅. N_1と N_2

၆. ～ね

ကိုးကားစကားလုံးများနှင့်အချက်အလက်များ

တယ်လီဖုန်း၊စာ

သင်ခန်းစာ-၅

၁. N(နေရာ)へ 行(い)きます／来(き)ます／帰(かえ)ります

၂. どこ[へ]も 行(い)きません／行(い)きませんでした

၃. N(ယာဉ်)で 行(い)きます／来(き)ます／帰(かえ)ります

၄. N(လူ/တိရစ္ဆာန်)と V

၅. いつ

၆. ～よ

၇. そうですね

ကိုးကားစကားလုံးများနှင့်အချက်အလက်များ

နေ့ထူးနေ့မြတ်ရုံးပိတ်ရက်

သင်ခန်းစာ-၆

၁. Nを V(အပြုခံကြိယာ)

၂. Nを します

၃. 何(なに)を しますか

၄. なん နှင့် なに

၅. N(နေရာ)で V

၆. Vませんか

၇. Vましょう

၈. ～か

ကိုးကားစကားလုံးများနှင့်အချက်အလက်များ

အစားအစာ

သင်ခန်းစာ-၇

၁. N(ကိရိယာ/အသုံးပြုနည်း)で V

၂. "စကားလုံး/ဝါကျ"は 〜語で 何ですか

၃. N₁(လူ)に N₂を あげます, စသည်

၄. N₁(လူ)に N₂を もらいます, စသည်

၅. もう Vました

၆. ဝိဘတ်ချုပ်လုပ်ခြင်း(/ဖြုပ်ခြင်း)

ကိုးကားစကားလုံးများနှင့်အချက်အလက်များ
　　မိသားစု

သင်ခန်းစာ-၈

၁. နာမဝိသေသန

၂. Nは な-adj[な] です
　 Nは い-adj(〜い) です

၃. な-adjな N
　 い-adj(〜い) N

၄. 〜が、〜

၅. とても／あまり

၆. Nは どうですか

၇. N₁は どんな N₂ですか

၈. そうですね

ကိုးကားစကားလုံးများနှင့်အချက်အလက်များ
　　အရောင်၊အရသာများ

သင်ခန်းစာ-၉

၁. Nが あります／わかります
　 Nが 好きです／嫌いです／
　 上手です／下手です

၂. どんな N

၃. よく／だいたい／たくさん／少し／あまり／
　 全然

၄. 〜から、〜

၅. どうして

ကိုးကားစကားလုံးများနှင့်အချက်အလက်များ
　　တေးဂီတ၊ အားကစား၊ ရုပ်ရှင်

သင်ခန်းစာ-၁၀

၁. Nが あります／います

၂. နေရာに Nが あります／います

၃. Nは နေရာに あります／います

၄. N₁(အရာဝတ္ထု/လူပုဂ္ဂိုလ်/နေရာ)の N₂(တည်နေရာ)

၅. N₁や N₂

၆. アジアストアですか

ကိုးကားစကားလုံးများနှင့်အချက်အလက်များ
　　အိမ်၏အတွင်းပိုင်း

သင်ခန်းစာ-၁၁

၁. အရေအတွက်အခေါ်အဝေါ်

၂. အရေအတွက်ပမာဏပြစကားလုံးအသုံးပြုပုံ

၃. အရေအတွက်ပမာဏပြစကားလုံး(ကာလ)に
　 一回 V

၄. အရေအတွက်ပမာဏပြစကားလုံးだけ／Nだけ

ကိုးကားစကားလုံးများနှင့်အချက်အလက်များ
　　မီနူး

သင်ခန်းစာ-၁၂

၁. နာမ်ဝါကျ/な-နာမဝိသေသနဝါကျ၏ကာလ၊
　 အဟုတ်/အငြင်း

၂. い-နာမဝိသေသနဝါကျ၏ကာလ၊ အဟုတ်/အငြင်း

၃. N₁は N₂より adjです

၄. N₁と N₂と どちらが adjですか
　 ……N₁／N₂の ほうが adjです

၅. N₁[の 中]で 何／どこ／だれ／いつが
　 いちばん adjですか
　 ……N₂が いちばん adjです

၆. Adjの (နာမ်၏အစားသုံးသောの)

ကိုးကားစကားလုံးများနှင့်အချက်အလက်များ
　　ပွဲတော်နှင့် ထင်ရှားသောနေရာများ

သင်ခန်းစာ-၁၃

၁. Nが 欲しいです

၂. Vます-ပုံစံたいです

၃. N(နေရာ)へ $\left\{ \begin{array}{l} Vます-ပုံစံ \\ N \end{array} \right\}$ に

行きます／来ます／帰ります

၄. どこか／何か

၅. ご〜

ကိုးကားစကားလုံးများနှင့်အချက်အလက်များ

　　　မြို့တွင်း

သင်ခန်းစာ-၁၄

၁. ကြိယာအုပ်စု

၂. Vて-ပုံစံ

၃. Vて-ပုံစံ ください

၄. Vて-ပုံစံ います

၅. Vます-ပုံစံましょうか

၆. Nが V

၇. すみませんが

ကိုးကားစကားလုံးများနှင့်အချက်အလက်များ

　　　ဘူတာရုံ

သင်ခန်းစာ-၁၅

၁. Vて-ပုံစံも いいですか

၂. Vて-ပုံစံは いけません

၃. Vて-ပုံစံ います

၄. Nに V

၅. N_1に N_2を V

ကိုးကားစကားလုံးများနှင့်အချက်အလက်များ

　　　အသက်မွေးဝမ်းကျောင်းလုပ်ငန်း

သင်ခန်းစာ-၁၆

၁. တစ်ကြောင်းထက်ပိုသောဝါကျများကိုချိတ်ဆက်နည်း

၂. V_1て-ပုံစံから、 V_2

၃. N_1は N_2が adj

၄. Nを V

၅. どうやって

၆. どれ／どの N

ကိုးကားစကားလုံးများနှင့်အချက်အလက်များ

　　　ATM အသုံးပြုနည်း

သင်ခန်းစာ-၁၇

၁. Vない-ပုံစံ

၂. Vない-ပုံစံないで ください

၃. Vない-ပုံစံなければ なりません

၄. Vない-ပုံစံなくても いいです

၅. ကံပုဒ်ကိုအဓိကအကြောင်းအရာအဖြစ်သို့
ပြောင်းလဲခြင်း

၆. N(နာရီ)までに V

ကိုးကားစကားလုံးများနှင့်အချက်အလက်များ

　　　ကိုယ်ခန္ဓာရောဂါဝေဒနာ

သင်ခန်းစာ-၁၈

၁. အဘိဓာန်ပုံစံကြိယာ

၂. $\left. \begin{array}{l} N \\ V\text{-အဘိဓာန်ပုံစံ } こと \end{array} \right\}$ が できます

၃. わたしの 趣味は $\left\{ \begin{array}{l} N \\ V\text{-အဘိဓာန်ပုံစံ } こと \end{array} \right\}$ です

၄. $\left. \begin{array}{l} V_1\text{-အဘိဓာန်ပုံစံ} \\ Nの \\ ပမာဏပြစကားလုံး(ကာလ) \end{array} \right\}$ まえに、V_2

၅. なかなか

၆. ぜひ

ကိုးကားစကားလုံးများနှင့်အချက်အလက်များ

　　　လှုပ်ရှားမှုများ

သင်ခန်းစာ-၁၉

၁. Vた-ပုံစံ

၂. Vた-ပုံစံ ことが あります

၃. V_1た-ပုံစံり、 V_2た-ပုံစံり します

၄. $\left. \begin{array}{l} い\text{-adj}(\sim い) \rightarrow \sim く \\ な\text{-adj}[な] \rightarrow \sim に \\ Nに \end{array} \right\}$ なります

ကိုးကားစကားလုံးများနှင့်အချက်အလက်များ

　　　ရိုးရာယဉ်ကျေးမှုအနုပညာ

4

သင်ခန်းစာ-၂၀

၁. ယဉ်ကျေးသောပုံစံနှင့်ရိုးရိုးပုံစံ

၂. ယဉ်ကျေးသောပုံစံနှင့် ရိုးရိုးပုံစံ၏ အသုံးကွဲပြားပုံ

၃. ရိုးရိုးပုံစံစကားပြော

ကိုးကားစကားလုံးများနှင့်အချက်အလက်များ

လူမှုအခေါ်အဝေါ်များ

သင်ခန်းစာ-၂၁

၁. ရိုးရိုးပုံစံと 思います

၂. "ဝါကျ" ရိုးရိုးပုံစံ } と 言います

၃. V / い-adj / な-adj / N
ရိုးရိုးပုံစံ / ရိုးရိုးပုံစံ / ～だ } でしょう?

၄. N₁(နေရာ)で N₂が あります

၅. N(နေရာ)で

၆. Nでも V

၇. Vない-ပုံစံないと……

ကိုးကားစကားလုံးများနှင့်အချက်အလက်များ

ရာထူးဆိုင်ရာအမည်များ

သင်ခန်းစာ-၂၂

၁. နာမ်ကိုအထူးပြုခြင်း

၂. V-အဘိဓာန်ပုံစံ 時間／約束／用事

၃. Vます-ပုံစံましょうか

ကိုးကားစကားလုံးများနှင့်အချက်အလက်များ

အဝတ်အစားများ

သင်ခန်းစာ-၂၃

၁. V-အဘိဓာန်ပုံစံ / Vない-ပုံစံない / い-adj(～い) / な-adjな / Nの } とき、～(အမှီခံအဆစ်အပိုင်း)

၂. V-အဘိဓာန်ပုံစံ / Vた-ပုံစံ } とき、～(အမှီခံအဆစ်အပိုင်း)

၃. V-အဘိဓာန်ပုံစံと、～(အမှီခံအဆစ်အပိုင်း)

၄. Nが adj

၅. N を ရွှေ့လျားခြင်းပြ V

ကိုးကားစကားလုံးများနှင့်အချက်အလက်များ

လမ်းနှင့် လမ်းပန်းဆက်သွယ်ရေး

သင်ခန်းစာ-၂၄

၁. くれます

၂. Vて-ပုံစံ { あげます / もらいます / くれます

၃. N₁は N₂が V

ကိုးကားစကားလုံးများနှင့်အချက်အလက်များ

လက်ဆောင်ပေးခြင်းဓလေ့

သင်ခန်းစာ-၂၅

၁. ရိုးရိုးပုံစံအတိတ်ら、～(အမှီခံအဆစ်အပိုင်း)

၂. Vた-ပုံစံら、～(အမှီခံအဆစ်အပိုင်း)

၃. Vて-ပုံစံ / Vない-ပုံစံなくて / い-adj(～ﾒ)→～くて / な-adj[な]→～で / Nで } も、～ (အမှီခံအဆစ်အပိုင်း)

၄. もし

၅. အမှီခံအဆစ်အပိုင်းအတွင်းရှိကတ္တားပုဒ်

ကိုးကားစကားလုံးများနှင့်အချက်အလက်များ

လူ့ဘဝတစ်သက်တာ

5

သင်ကြားရေးသုံးဝေါဟာရအသုံးအနှုန်းများ

第一課 　　　သင်ခန်းစာ－

文型 　　　ဝါကျပုံစံ

例文 　　　နမူနာဝါကျ

会話 　　　စကားပြော

練習 　　　လေ့ကျင့်ခန်း

問題 　　　မေးခွန်း/အမေး/ပုစ္ဆာ

答え 　　　အဖြေ

読み物 　　　ဖတ်စရာ

復習 　　　ပြန်လှန်လေ့ကျင့်ခန်း

目次 　　　မာတိကာ

索引 　　　အညွှန်း

文法 　　　သဒ္ဒါ

文 　　　ဝါကျ/စာကြောင်း

単語(語) 　　　စကားလုံး

句 　　　ပုဒ်

節 　　　အဆစ်အပိုင်း

発音 　　　အသံထွက်

母音 　　　သရ

子音 　　　ဗျည်း

拍 　　　လက်ခုပ်သံတစ်ချက်စာ
　　　နှင့်ညီမျှသောအသံ
　　　(မတြာ/မိုရာ)

アクセント 　　　လေယူလေသိမ်း

イントネーション 　　　အသံအတက်အကျ

[か] 行 　　　[か]လိုင်း

[い] 列 　　　[い]အတန်း

丁寧体 　　　ယဉ်ကျေးသောပုံစံ

普通体 　　　ရိုးရိုးပုံစံ

活用 　　　သဒ္ဒါပြောင်းလဲခြင်း/
　　　ဝိဘတ်သွယ်ခြင်း

フォーム 　　　ပုံစံ

～形 　　　～ပုံစံ

修飾 　　　အထူးပြုခြင်း

例外 　　　ခြွင်းချက်

名詞 　　　နာမ်

動詞 　　　ကြိယာ

自動詞 　　　ဖြစ်ခြင်းပြကြိယာ(ကံပုဒ်မဲ့ကြိယာ)

他動詞 　　　ပြုခြင်းပြကြိယာ(ကံပုဒ်ရှိကြိယာ)

形容詞 　　　နာမဝိသေသန

い形容詞 　　　い-နာမဝိသေသန

な形容詞 　　　な-နာမဝိသေသန

助詞 　　　ဝိဘတ်/ပစ္စည်း

副詞 　　　ကြိယာဝိသေသန

接続詞 　　　စကားဆက်/သမုစ္စ

数詞 　　　ကိန်း

助数詞 　　　မျိုးပြစကားလုံး

疑問詞 　　　အမေးစကားလုံး

名詞文 　　　နာမ်(ဖြင့်ဆုံးသော) ဝါကျ

動詞文 　　　ကြိယာ(ဖြင့်ဆုံးသော) ဝါကျ

形容詞文 　　　နာမဝိသေသန(ဖြင့်ဆုံးသော) ဝါကျ

主語 　　　ကတ္တားပုဒ်

述語 　　　ဝါစက

目的語 　　　ကံပုဒ်

主題 　　　အဓိကအကြောင်းအရာ
　　　(Topic)

肯定 　　　အငြင်းမဟုတ်/အဟုတ်

否定 　　　အငြင်း/မဟုတ်

完了 　　　ပြီးဆုံးခြင်း

未完了 　　　မပြီးဆုံးသေးခြင်း

過去 　　　အတိတ်

非過去 　　　အတိတ်မဟုတ်ခြင်း

可能 　　　ဖြစ်နိုင်ခြင်း/လုပ်နိုင်ခြင်း

意向 　　　စိတ်ဆန္ဒ

命令 　　　အမိန့်

禁止 　　　တားမြစ်ခြင်း

条件 　　　ယာယီစည်းကမ်းသတ်မှတ်မှု

受身 　　　ခံရခြင်း

使役 　　　ခိုင်းစေခြင်း

尊敬 　　　ရိုသေလေးစားမှု

謙譲 　　　နှိမ့်ချမှု

6

သင်္ကေတအညွှန်း

၁. "ဝေါဟာရ"တွင်အသုံးပြုထားသည့်သင်္ကေတများ

(၁) ～မှာစကားလုံး၊စကားစုတို့ကိုရည်ညွှန်းသည်။
ဥပမာ　～から 来ました。 ～မှလာပါတယ်။

(၂) －မှာကိန်းဂဏန်းကိုရည်ညွှန်းသည်။
ဥပမာ　－歳　－နှစ်

(၃) ချန်လှပ်၍ရနိုင်သောစကားစုများကို[　]လေးထောင့်ကွင်းခတ်၍ဖော်ပြထားသည်။
ဥပမာ　どうぞ よろしく [お願いします]。 ရင်းရင်းနှီးနှီးဆက်ဆံပါလို့[တောင်းဆိုပါရစေ]။

(၄) အခြားအခေါ်အဝေါ်ကွဲရှိသောအခါမျိုးတွင်(　)လက်သည်းကွင်း/ဝိုက်ကွင်းခတ်၍ ဖော်ပြထားသည်။
ဥပမာ　だれ(どなた)　ဘယ်သူ(ဘယ်ပုဂ္ဂိုလ်)

(၅) ＊ဖြင့်ဖော်ပြထားသောစကားလုံးမှာထိုသင်ခန်းစာတွင်အသုံးပြုမထားသော်လည်းအဆက်အစပ်
စကားလုံးအဖြစ်ထည့်သွင်းထားသောစကားလုံးဖြစ်သည်။

(၆) **〈会話〉**〈စကားပြော〉တွင်စကားပြော၌ပါဝင်သောဝေါဟာရများ၊အခေါ်အဝေါ်များကိုထည့်သွင်းထားသည်။

(၇) **〈読み物〉**〈ဖတ်စာ〉တွင်ဖတ်စာ၌ပါဝင်သောဝေါဟာရများ၊အခေါ်အဝေါ်များကိုထည့်သွင်းထားသည်။

(၈) ※သည်တစ်ဦးဆိုင်နာမ်ဖြစ်ကြောင်းကိုဖော်ပြသည်။

၂. "IV. သဒ္ဒါရှင်းလင်းချက်"တွင်အသုံးပြုထားသောအတိုကောက်သင်္ကေတများ

N	နာမ်(名詞)	ဥပမာ- がくせい(ကျောင်းသား/သူ)　つくえ(စာရေးခုံ)
い-adj	い-နာမဝိသေသန(い形容詞)	ဥပမာ- おいしい(အရသာရှိသော)　たかい(မြင့်သော)
な-adj	な-နာမဝိသေသန(な形容詞)	ဥပမာ- きれい[な](လှပသော)　しずか[な](တိတ်ဆိတ်သော)
V	ကြိယာ(動詞)	ဥပမာ- かきます(ရေးသည်)　たべます(စားသည်)
S	ဝါကျ(文)	ဥပမာ- これは 本です。(ဒါ စာအုပ် ပါ။) わたしは あした 東京へ 行きます。 (ကျွန်တော်/ကျွန်မ မနက်ဖြန် တိုကျိုကို သွားပါမယ်။)

သင်ခန်းစာ-၂၆

၁။ ဝေါဟာရများ

みますⅡ	見ます、診ます	ကြည့်သည်၊ကြည့်ရှုစစ်ဆေးသည်၊စမ်းသပ်ကြည့်ရှုသည်
さがしますⅠ	探します、捜します	ရှာသည်၊ရှာဖွေသည်
おくれますⅡ ［じかんに～］	遅れます ［時間に～］	နောက်ကျသည် [အချိန်(ကို)～]
まに あいますⅠ ［じかんに～］	間に 合います ［時間に～］	အချိန်မီသည် [အချိန်(ကို)～]
やりますⅠ		လုပ်သည်၊လုပ်ကိုင်သည်(「します」နှင့်အဓိပ္ပာယ်တူညီ၍ အပြောစကားတွင်သုံးလေ့ရှိသည်။)
ひろいますⅠ	拾います	ကောက်ယူသည်
れんらくしますⅢ	連絡します	ဆက်သွယ်သည်
きぶんが いい*	気分が いい	စိတ်ကြည်လင်သည်၊စိတ်ကောင်းဝင်သည်
きぶんが わるい	気分が 悪い	စိတ်မကြည်မလင်ဖြစ်သည်၊စိတ်ဆိုးသည်
うんどうかい	運動会	အားကစားပွဲ
ぼんおどり	盆踊り	ဘွန်း အက
フリーマーケット		အဟောင်းဈေး၊ဖရီးမားကတ်
ばしょ	場所	နေရာ
ボランティア		လုပ်အားပေး၊ပရဟိတ
さいふ	財布	ပိုက်ဆံအိတ်
ごみ		အမှိုက်
こっかいぎじどう	国会議事堂	လွှတ်တော်အဆောက်အဦ
へいじつ	平日	ကြားရက် (စနေတနင်္ဂနွေမှအပတနင်္လာနေ့မှသောကြာနေ့အထိ)
～べん	～弁	～လေသံ
こんど	今度	နောက်တစ်ကြိမ်၊နောက်တစ်ခါ
ずいぶん		အပြတ်အသတ် (မှန်းထားသည့်အနေအထားထက်သာလွန်ခြင်း)
ちょくせつ	直接	တိုက်ရိုက်
いつでも		အချိန်မရွေး၊ဘယ်အချိန်မဆို၊ဘယ်အချိန်ပဲဖြစ်ဖြစ်
どこでも*		နေရာမရွေး၊ဘယ်နေရာမဆို၊ဘယ်နေရာပဲဖြစ်ဖြစ်
だれでも*		ဘယ်သူမဆို၊ဘယ်သူပဲဖြစ်ဖြစ်
なんでも*	何でも	ဘာမဆို၊ဘာပဲဖြစ်ဖြစ်
こんな ～*		ဒီလောက်～
そんな ～		အဲဒီလောက်～ (နာသူ၏အနီးကိုညွှန်းရာတွင်သုံးသည်)

あんな ～*

アェディーလောက်～ (ပြောသူနာသူ့ဦးစလုံးမှပေးကွာရာကို ညွှန်းရာတွင်သုံးသည်)

※エドヤストア

စိတ်ကူးသက်သက်ဖြင့်အမည်တပ်ထားသောဆိုင်

〈会話〉

片づきます I ［荷物が～〕

ရှင်းလင်းသည်၊သိမ်းဆည်းရှင်းလင်းသည် ［အထုပ်အပိုးကို～〕

出します I ［ごみを～〕

ထုတ်သည်၊စွန့်ပစ်သည် ［အမှိုက်ကို～〕

燃える ごみ

ပျော်ဝင်အမှိုက်၊အမှိုက်စို

置き場

ထားရာနေရာ

横

ဘေး၊နံဘေး

瓶

ပုလင်း

缶

သံဘူး၊သတ္တုဘူး၊အလူမီနီယမ်ဘူး

ガス

ဂက်စ်၊ဓာတ်ငွေ့

～会社

～ကုမ္ပဏီ

〈読み物〉

宇宙

အာကာသ၊စကြဝဠာ

～様

ဦး～၊ဒေါ်～၊မောင်～၊မ～

(～さん၏ ရိုသေလေးစားသောအသုံး)

宇宙船

အာကာသယာဉ်

怖い

ကြောက်သော၊ကြောက်စရာကောင်းသော

宇宙 ステーション

အာကာသစခန်း

違います I

လွဲသည်၊မှားသည်

宇宙 飛行士

အာကာသယာဉ်မှူး

※星出彰彦

ဟိုရှိဒဲအခိဟိကို (ဂျပန်မှအာကာသယာဉ်မှူး (၁၉၆၈-))

9

၂။ ဘာသာပြန်

ဝါကျပုံစံများ

၁. မနက်ဖြန်ကစပြီး ခရီးထွက်ရမယ်။

၂. ဂျပန်ရိုးရာပန်းအလှဆင်တာကို သင်ချင်လို့၊ ကောင်းတဲ့ဆရာကို(/နဲ့) မိတ်ဆက်ပေးလို့ရမလား။

နမူနာဝါကျများ

၁. မစ္စဝါတနဘဲက တစ်ခါတလေ အိုဆာကာလေသံကို သုံးတယ်နော်။ အိုဆာကာမှာ နေခဲ့တာလား။
.....အင်း၊ အသက်၁၅နှစ်အထိ အိုဆာကာမှာ နေခဲ့တယ်။

၂. ဒီဇိုင်းဆန်းတဲ့ ဖိနပ်လေးပဲ။ ဘယ်က ဝယ်တာလဲ။
.....အဲဒီယစတိုးဆိုင်က ဝယ်တာပါ။ စပိန်က ဖိနပ်ပါ။

၃. ဘာဖြစ်လို့ နောက်ကျတာလဲ။
.....ဘတ်စ်ကား မလာလို့ပါ။

၄. ခဏခဏ ကာရာအိုကေကို သွားသလား။
.....ဟင့်အင်း၊ သိပ် မသွားပါဘူး။ ကာရာအိုကေကို မကြိုက်လို့ပါ။

၅. ဂျပန်စာနဲ့(/ဂျပန်လို) ရီပို့ရေးထားတာ၊ ခဏလောက် ကြည့်ပေးလို့ရမလား။
.....ရပါတယ်။

၆. လွှတ်တော်အဆောက်အဦကို လေ့လာချင်လို့၊ ဘယ်လို လုပ်ရင် ကောင်းမလဲ။
.....တိုက်ရိုက် သွားရင် ရပါတယ်။ ကြားရက်ကတော့ ဘယ်အချိန်မဆို သွားကြည့်လို့ရပါတယ်။

စကားပြော

အမှိုက်ကိုဘယ်မှာပစ်လို့ရမလဲ

လုံခြုံရေး	-	မစ္စတာမီလာ၊ အိမ်ပြောင်းလာတဲ့ အထုပ်အပိုးတွေ ရှင်းပြီးပြီလား။
မီလာ	-	ဟုတ်ကဲ့၊ အကြမ်းဖျင်းတော့ ရှင်းပြီးပါပြီ။
		ဟို၊ အမှိုက်ပစ်ချင်လို့ ဘယ်မှာပစ်လို့ရမလဲ။
လုံခြုံရေး	-	ပျော့ဝင်အမှိုက်(/အမှိုက်စို)ကို တနင်္လာနေ့နဲ့ ကြာသပတေးနေ့ မနက်မှာ ပစ်ပါ။
		အမှိုက်ထားတဲ့နေရာက ကားပါကင်ရဲ့ ဘေးမှာပါ။
မီလာ	-	ပုလင်းနဲ့ သံဘူးတွေက ဘယ်နေ့လဲ။
လုံခြုံရေး	-	စနေနေ့ပါ။
မီလာ	-	နားလည်ပါပြီ။ ပြီးတော့၊ ရေပူ မထွက်လို့......။
လုံခြုံရေး	-	ဂတ်စ်ကုမ္ပဏီကို ဆက်သွယ်လိုက်ရင်၊ ချက်ချင်း လာ(လုပ်)ပေးပါတယ်။
မီလာ	-	ကျေးဇူးပြုပြီး၊ ဖုန်းနံပါတ်ကို ပြောပြပေးလို့ရမလား။
လုံခြုံရေး	-	အင်း၊ ရပါတယ်။

၃။ ကိုးကားစကားလုံးများနှင့်အချက်အလက်များ

ごみの出し方 အမှိုက်ပစ်နည်း

စွန့်ပစ်အမှိုက်လျှော့ပါးရေးနှင့်ပြန်လည်အသုံးပြုနိုင်ရေးအတွက်အိမ်ထွက်အမှိုက်များကိုအမျိုးအစားအလိုက်ခွဲ ခြား၍သတ်မှတ်ထားသောရက်အသီးသီး၌လာရောက်သိမ်းဆည်းပေးသည်။အမှိုက်စွန့်ပစ်ရန်သတ်မှတ်နေရာနှင့် အမှိုက်လာရောက်သိမ်းဆည်းသည့်ရက်မှာဒေသအလိုက်ကွဲပြားမှုရှိသော်လည်းသာမန်အားဖြင့်အောက်ပါအတိုင်း ခွဲခြားထားသည်။

ごみ収集日のお知らせ
အမှိုက်သိမ်းရက်အသိပေးခြင်း

可燃ごみ（燃えるごみ）
ပျော်ဝင်အမှိုက်

生ごみ、紙くずなど
အမှိုက်စို၊စက္ကူ။စတ်စသည်

収集日：月曜日・木曜日
အမှိုက်သိမ်းရက်-တနင်္လာနေ့၊ကြာသပတေးနေ့

不燃ごみ（燃えないごみ）
မပျော်ဝင်နိုင်သောအမှိုက်

収集日：水曜日
အမှိုက်သိမ်းရက်-ဗုဒ္ဓဟူးနေ့

ガラス製品、瀬戸物、金属製台所用品など
ဖန်ထည်ပစ္စည်း၊ကြွေထည်ပစ္စည်း၊သံထည်ပစ္စည်းနှင့်မီးဖိုချောင်
သုံးပစ္စည်းစသည်

資源ごみ
ပြန်လည်အရည်ကျိုနိုင်သောအမှိုက်

缶、瓶、ペットボトルなど
သံဘူး၊ပုလင်း၊ပလတ်စတစ်ဘူးစသည်

収集日：第2、第4火曜日
အမှိုက်သိမ်းရက်-ဒုတိယအပတ်နှင့်စတုတ္ထအပတ်အင်္ဂါနေ့

粗大ごみ
ထုထည်ကြီးမားသောအမှိုက်

家具、自転車など
အိမ်ထောင်ပရိဘောဂ၊စက်ဘီးစသည်

事前申し込み
ကြိုတင်လျှောက်ထားရန်

၄။ သဒ္ဒါရှင်းလင်းချက်

၁.

V	ရိုးရိုးပုံစံ	
い-adj	ရိုးရိုးပုံစံ	んです
な-adj	ရိုးရိုးပုံစံ	
N	~だ→~な	

「～んです」ကို အပြောစကားတွင် အသုံးပြုပြီး အရေးစကားတွင်မူ ～のです ကို အသုံးပြုသည်။
～んです ကို အောက်ပါအတိုင်း အသုံးပြုသည်။

၁) ～んですか

(၁) ပြောသူသည် မိမိမြင်ခဲ့ ကြားခဲ့သောအရာနှင့်ပတ်သက်ပြီး အတည်ပြုချက် သို့မဟုတ် ရှင်းလင်းချက်ကို
တောင်းဆိုသောအခါ

① （ぬれた 傘を 持って いる 人を 見て）雨が 降って いるんですか。
(စိုနေသောထီးကို ကိုင်ဆောင်ထားသူအား မြင်၍) မိုးရွာနေတာလား။

(၂) ပြောသူသည် မိမိမြင်ခဲ့ကြားခဲ့သောအရာနှင့်ပတ်သက်ပြီး ထပ်မံ၍ အသေးစိတ်ရှင်းလင်းချက်ကို
တောင်းဆိုသောအခါ။

② おもしろい デザインの 靴ですね。どこで 買ったんですか。
ဖိနပ်ဒီဇိုင်းဆန်းလေးပဲ။ ဘယ်က ဝယ်တာလဲ။

(၃) ပြောသူသည် မိမိမြင်ခဲ့ကြားခဲ့သောအရာနှင့်ပတ်သက်သည့် အကြောင်းပြချက်နှင့်စပ်လျဉ်း၍ ရှင်းလင်းချက်ကို
တောင်းဆိုသောအခါ။

③ どうして 遅れたんですか。   ဘာဖြစ်လို့ နောက်ကျတာလဲ။

(၄) အကြောင်းအရာနှင့်ပတ်သက်၍ရှင်းလင်းချက်ကိုတောင်းဆိုသောအခါ

④ どう したんですか。   ဘာဖြစ်တာလဲ။

[မှတ်ချက်] ～んですか ကို မလိုအပ်သောနေရာ၌ အသုံးပြုပါက ကြားနာသူအား
စိတ်ကသိကအောက်ဖြစ်စေတတ်သဖြင့် သတိပြုရန်လိုအပ်သည်။

၂) ～んです

(၁) အထက်ပါ ၁) ရှိ (၃)နှင့်(၄) မှ～んですか ဝါကျအတွက် အကြောင်းပြချက်ကို ဖြေကြားဖော်ပြသောအခါ။

⑤ どうして 遅れたんですか。   ဘာဖြစ်လို့နောက်ကျတာလဲ။
……バスが 来なかったんです。   ……ဘတ်စ်ကား မလာလို့ပါ။

⑥ どう したんですか。   ဘာဖြစ်တာလဲ။
……ちょっと 気分が 悪いんです。   ……နည်းနည်း စိတ်လက်မအီမသာ ဖြစ်လို့ပါ။

(၂) ပြောသူက မိမိပြောဆိုသောအကြောင်းနှင့်ပတ်သက်၍ အကြောင်းပြချက် ပေးသောအခါ။

⑦ よく カラオケに 行きますか。   ခဏခဏ ကာရာအိုကေကို သွားသလား။
……いいえ、あまり 行きません。   ……ဟင့်အင်း၊ သိပ် မသွားပါဘူး။
    カラオケは 好きじゃ ないんです。   ကာရာအိုကေကို မကြိုက်လို့ပါ။

[မှတ်ချက်] အကြောင်းပြချက်ပေးခြင်းမျိုးမဟုတ်ဘဲ အဖြစ်မှန်ကိုပြောပြရုံသာဖြစ်ပါက「～んです」ကို အသုံးမပြုပေ။
×わたしは マイク・ミラーなんです。

၃) ～んですが、～

～んですが ၌ စကားအကြောင်းအရာအသစ်တစ်ခုကို အစပျိုးပေးသော တာဝန်ကို ထမ်းဆောင်နိုင်စွမ်း ရှိသည်။ ၎င်း၏နောက်တွင် တောင်းဆိုမှုနှင့်ကမ်းလှမ်းမှုခွင့်ပြုချက်တောင်းဆိုခြင်းစသည့် အသုံးအနှုန်းလိုက်သည်။ ဤ が ကို ပေါ့ပေါ့ပါးပါးသုံးသော စကားရှေ့ခံအဖြစ် အသုံးပြုသည်(သင်ခန်းစာ-၁၄ကိုမှီငြမ်းရန်)။ ⑩ကဲ့သို့ ～んですが ၏ နောက်တွင်လိုက်မည့် အကြောင်းအရာသည် သိသာထင်ရှားပါက ချန်လှပ်ထားတတ်သည်။

⑧ 頭が 痛いんですが、帰っても いいですか。
ခေါင်းကိုက်လို့ ပြန်လို့ရမလား။

⑨ 来週 友達と スキーに 行くんですが、ミラーさんも いっしょに 行きませんか。
နောက်အပတ် သူငယ်ချင်းနဲ့ စကီးသွားစီးမလို့၊ မစ္စတာမီလာရော အတူတူ လိုက်မလား။

⑩ お湯が 出ないんですが……。　　ရေပူ မထွက်လို့......။

၂. Vて-ပုံစံ いただけませんか　V ပေးလို့ရမလား။

～て ください ထက်ပို၍ ယဉ်ကျေးသော တောင်းဆိုမှုအသုံးအနှုန်း ဖြစ်သည်။

⑪ いい 先生を 紹介して いただけませんか。
ကောင်းတဲ့ ဆရာနဲ့ မိတ်ဆက်ပေးလို့ ရမလား။

၃. အမေးစကားလုံး Vた-ပုံစံら いいですか　အမေးစကားလုံး V ရင်ကောင်းမလဲ။

အကြံဉာဏ်သို့မဟုတ် ညွှန်ကြားမှုများကို တောင်းဆိုသည့်အသုံးအနှုန်းဖြစ်သည်။

⑫ どこで カメラを 買ったら いいですか。　ဘယ်မှာ ကင်မရာ[ကို] ဝယ်ရင် ကောင်းမလဲ။
……ABCストアが 安いですよ。　......ABCစတိုးက ဈေးသက်သာတယ်လေ။

⑬ 国会議事堂を 見学したいんですが、どう したら いいですか。
……直接 行ったら いいですよ。
လွှတ်တော်အဆောက်အဦကို လေ့လာချင်လို့၊ ဘယ်လို လုပ်ရင် ကောင်းမလဲ။
......တိုက်ရိုက် သွားရင် ရပါတယ်။

⑬၏အဖြေကဲ့သို့ Vた-ပုံစံら いいですよ ဟူသည့် ပြောနည်းဖြင့် တစ်ဖက်လူအား အကြံဉာဏ်ပေးခြင်း၊ တိုက်တွန်းခြင်းများ ပြုလုပ်နိုင်သည်။

၄. N(ကံပုဒ်)は {好きです／嫌いです, 上手です／下手です, あります} စသည်　N[က/ကို] {ကြိုက်တယ်/မုန်းတယ်, တော်တယ်/ညံ့တယ်, ရှိတယ်}

⑭ よく カラオケに 行きますか。　ခဏခဏ ကာရာအိုကေကို သွားသလား။
……いいえ、あまり 行きません。　......ဟင့်အင်း၊ သိပ် မသွားပါဘူး။
カラオケは 好きじゃ ないんです。　ကာရာအိုကေကို မကြိုက်လို့ပါ။

အခြေခံ-၁စာအုပ်၌ တိုက်ရိုက်ကံပုဒ်ဖြစ်သော をကို အဓိကအကြောင်းအရာအဖြစ် ထုတ်နုတ်တင်ပြခြင်းကို လေ့လာခဲ့ပြီးဖြစ်သည်(သင်ခန်းစာ-၁၇)။ ⑭ကဲ့သို့ すきです စသည်တို့နှင့်တိုက်ရိုက်သက်ဆိုင်သည့်ကံပုဒ်(object) ဖြစ်သော が ဖြင့် ဖော်ပြထားသည့် နာမ်ကိုလည်း အဓိကအကြောင်းအရာအဖြစ် ထုတ်နုတ်တင်ပြနိုင်သည်။

သင်ခန်းစာ-၂၇

27

၁။ ဝေါဟာရများ

かいます I	飼います	မွေးမြူသည်
はしります I	走ります	ပြေးသည်၊ပြေးဆွဲသည် [လမ်းတွင်~]
[みちを～]	[道を～]	(လူ၊ကားစသည်တို့ လမ်းပေါ်တွင်သွားလာခြင်း)
みえます II	見えます	မြင်သည်၊မြင်ရသည် [တောင်ကို~]
[やまが～]	[山が～]	
きこえます II	聞こえます	ကြားသည်၊ကြားရသည် [အသံကို~]
[おとが～]	[音が～]	
できます II		ပြီးမြောက်သည်၊ပြီးစီးသည်၊ဖြစ်ပေါ်သည်၊ပေါ်ပေါက်သည်၊
[みちが～]	[道が～]	ရသည် [လမ်း (က)~]
		(အဆောက်အဦ၊ပန်းခြံစရှက်စာတမ်း၊စားသောက်
		ခြင်း၊သူငယ်ချင်း (က)~)
ひらきます I	開きます	ဖွင့်သည်၊ဖွင့်လှစ်သည် [သင်တန်းကို~]
[きょうしつを～]	[教室を～]	
しんぱい[な]	心配[な]	စိတ်ပူသော၊ ပူပန်သော
ペット		အိမ်မွေးတိရစ္ဆာန်
とり	鳥	ငှက်
こえ	声	အသံ (သက်ရှိသတ္တဝါတို့၏အသံ)
なみ	波	လှိုင်း
はなび	花火	မီးပန်း
どうぐ	道具	ပစ္စည်းကိရိယာ၊ကိရိယာတန်ဆာပလာ
クリーニング		အခပေးအဝတ်လျှော်ဆိုင်၊ပင်းမင်းဒိုဘီ
いえ	家	အိမ်
マンション		အဆင့်မြင့်တိုက်ခန်း၊မန်းရှင်း၊ကွန်ဒို(မီနီယမ်)
キッチン		မီးဖိုချောင်၊ထမင်းချက်ခန်း
～きょうしつ	～教室	～သင်တန်း (ဟင်းချက်သင်တန်း၊ကွန်ပျူတာသင်တန်း
		စသည်)
パーティールーム		ပါတီခန်း
かた	方	ပုဂ္ဂိုလ် (ひと ၏ ရိုသေလေးစားသောအသုံး)
～ご	～後	～နောက်၊နောက်ပိုင်း (အချိန်အတိုင်းအတာအရ)
～しか		～ကလွဲပြီး～မှလွဲ၍ (အငြင်းနှင့်တွဲ၍သာအသုံးပြုသည်။)
ほかの		တခြားဟာ၊တခြားသော
はっきり		ပြတ်ပြတ်သားသား၊ထင်ထင်ရှားရှား

14

〈会話〉

家具 　　　　　　　　　　　　　　アိမ်ထောင်ပရိဘောဂ
本棚 　　　　　　　　　　　　　　စာအုပ်စင်
いつか 　　　　　　　　　　　　　တစ်ချိန်ချိန်၊တစ်နေ့နေ့
建てますⅡ 　　　　　　　　　　ဆောက်လုပ်သည်
すばらしい 　　　　　　　　　　ထူးခြားပြောင်မြောက်သော

〈読み物〉

子どもたち 　　　　　　　　　　ကလေးတွေ၊ကလေးများ
大好き[な] 　　　　　　　　　　အရမ်းကြိုက်သော၊အလွန်နှစ်သက်သော
主人公 　　　　　　　　　　　　　အဓိကဇာတ်ကောင်
形 　　　　　　　　　　　　　　　　ပုံသဏ္ဌာန်
不思議[な] 　　　　　　　　　　ထူးဆန်းသော၊ဆန်းကြယ်သော၊အံ့ဩစရာကောင်းသော
ポケット 　　　　　　　　　　　　အိတ်ကပ်
例えば 　　　　　　　　　　　　　ဥပမာ၊ဥပမာအားဖြင့်၊သာဓကအနေဖြင့်
付けますⅡ 　　　　　　　　　　ပူးတွဲသည်၊တွဲကပ်သည်၊တပ်ဆင်သည်(မီး)ထွန်းညှိသည်
自由に 　　　　　　　　　　　　　လွတ်လပ်စွာ
空 　　　　　　　　　　　　　　　　မိုးကောင်းကင်
飛びますⅠ 　　　　　　　　　　ပျံသည်၊ပျံသန်းသည်
昔 　　　　　　　　　　　　　　　　ဟိုးရှေးရှေး၊ လွန်လေပြီးသောအခါ
自分 　　　　　　　　　　　　　　　မိမိကိုယ်
将来 　　　　　　　　　　　　　　　အနာဂတ်၊နောင်ရေး

※ドラえもん 　　　　　　　　　　ဒိုရာအဲမွန်း(ကာတွန်းဇာတ်ကောင်အမည်)

27

၂။ ဘာသာပြန်

ဝါကျပုံစံများ

၁။ ကျွန်တော်[က] ဂျပန်စကားကို နည်းနည်း ပြောတတ်ပါတယ်။

၂။ တောင်ကို ထင်ထင်ရှားရှား မြင်ရပါတယ်။

၃။ ဘူတာ[ရဲ့]ရှေ့မှာ ကြီးမားတဲ့ စူပါမားကက်ကြီး ဖွင့်လိုက်ပြီ။

နမူနာဝါကျများ

၁။ ဂျပန်စာသတင်းစာကို ဖတ်နိုင်လား။

......ဟင့်အင်း၊ မဖတ်နိုင်ပါဘူး။

၂။ ငှက်အသံကို ကြားရတယ်နော်။

......အင်း၊ နွေဦးရောက်နေပြီပဲနော်။

၃။ ဟိုးလျှူးဂျိုကို ဘယ်တုန်းက ဆောက်ထားတာလဲ။

......၁၆၀၇ခုနှစ်မှာ ဆောက်ထားတာပါ။

၄။ ပါဝါလျှပ်စစ်(ကုမ္ပဏီ)မှာ ဘယ်နှရက်လောက် နွေရာသီပိတ်ရက် ရလဲ။

......ဘယ်လိုပြောရမလဲ။ သုံးပတ်လောက်ပါ။

ကောင်းလိုက်တာနော်။ ကျွန်တော်တို့ကုမ္ပဏီက တစ်ပတ်ပဲ ပိတ်တယ်။

၅။ ဒီကွန်ဒိုမီနီယမ်မှာ အိမ်မွေးတိရစ္ဆာန်ကို မွေးလို့ရလား။

......သေးငယ်တဲ့ငှက်တွေနဲ့ ငါးတွေကို မွေးလို့ရပေမယ့်၊ ခွေးတွေ ကြောင်တွေ ကိုတော့ မွေးလို့မရပါဘူး။

စကားပြော

ဘာမဆို လုပ်တတ်တယ်နော်

မီလာ	-	လင်ထိန်ပြီး၊ အခန်းလေးက ကောင်းတယ်နော်။
ဆူဇူကီး	-	အင်း။ ရာသီဥတုကောင်းတဲ့နေ့မှာ(ဆို) ပင်လယ်ကို မြင်ရတယ်။
မီလာ	-	ဒီစားပွဲက ဒီဇိုင်းဆန်းတယ်နော်။
		ဘယ်က ဝယ်တာလဲ။
ဆူဇူကီး	-	ဒါက ကျွန်တော် လုပ်ထားတာလေ။
မီလာ	-	အယ်၊ တကယ်လား။
ဆူဇူကီး	-	အင်း။ (ကျွန်တော့်)ဝါသနာက ကိုယ်တိုင် ပရိဘောဂတွေကို လုပ်တာပါ။
မီလာ	-	ဩော်။ ဒါဆို ဟိုစာအုပ်စင်ကိုလည်း (ကိုယ်တိုင်)လုပ်ထားတာလား။
ဆူဇူကီး	-	အင်း။
မီလာ	-	တော်လိုက်တာ။ မစ္စတာဆူဇူကီးက ဘာမဆို လုပ်တတ်တာပဲနော်။
ဆူဇူကီး	-	ကျွန်တော့်စိတ်ကူးက တစ်နေ့ (ကိုယ့်)အိမ်ကို ကိုယ်တိုင် ဆောက်ဖို့ပါ။
မီလာ	-	ကောင်းတဲ့ စိတ်ကူးပဲ။

၃။ ကိုးကားစကားလုံးများနှင့်အချက်အလက်များ

近くの店　အနီးနားမှဆိုင်

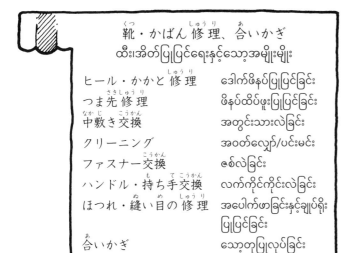

靴・かばん修理、合いかぎ
ထီး၊အိတ်ပြုပြင်ရေးနှင့်သော့အမျိုးမျိုး

ヒール・かかと修理	ဒေါက်ဖိနပ်ပြုပြင်ခြင်း
つま先修理	ဖိနပ်ထိပ်ဖူးပြုပြင်ခြင်း
中敷き交換	အတွင်းသားလဲခြင်း
クリーニング	အဝတ်လျှော်/ပင်းမင်း
ファスナー交換	ဇစ်လဲခြင်း
ハンドル・持ち手交換	လက်ကိုင်ကိုင်လဲခြင်း
ほつれ・縫い目の修理	အပေါက်ဟခြင်းနှင့်ချုပ်ရိုး ပြုပြင်ခြင်း
合いかぎ	သော့တုပြုလုပ်ခြင်း

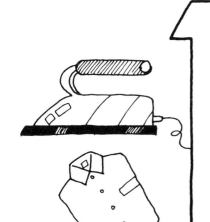

クリーニング屋　အဝတ်လျှော်ဆိုင်/ပင်းမင်းဆိုင်

ドライクリーニング	အခြောက်လျှော်
水洗い	လက်လျှော်
染み抜き	အစွန်းချွတ်
はっ水加工	ရေစိုခံအောင်လုပ်သည်
サイズ直し	အရွယ်အစားပြုပြင်ခြင်း
縮む	ကျုံ့သည်
伸びる	လျှော့ရဲသည်

コンビニ　၂၄နာရီအရောင်းဆိုင်

宅配便の受け付け	အိမ်အရောက်ပို့ဝန်ဆောင်မှု
ATM	အေတီအမ်/အလိုအလျောက်ငွေသွင်း ငွေထုတ်စက်
公共料金等の支払い	အခွန်အခများပေးဆောင်ခြင်း
コピー、ファクス	မိတ္တူ၊ဖက်စ်
はがき・切手の販売	ပို့စကတ်နှင့်တံဆိပ်ခေါင်း ရောင်းပေးခြင်း
コンサートチケットの販売	ပွဲလက်မှတ်များရောင်းပေးခြင်း

27

17

၄။ သဒ္ဒါရှင်းလင်းချက်

၁။ ဖြစ်နိုင်ခြင်းလုပ်နိုင်ခြင်းပြကြိယာ

ဖြစ်နိုင်ခြေကိုဖော်ပြသောပုံစံအဖြစ် အခြေခံ-၁စာအုပ်၏ သင်ခန်းစာ-၁၈တွင် N／V-အဘိဓာန်ပုံစံ＋ことが できます ကို လေ့လာခဲ့ပြီးဖြစ်သည်။ ဤကဏ္ဍတွင် နောက်ထပ်ပုံစံတစ်မျိုးအဖြစ် ဖြစ်နိုင်ခြင်းလုပ်နိုင်ခြင်းပြကြိယာကို လေ့လာသွားမည်။

		ဖြစ်နိုင်ခြင်းလုပ်နိုင်ခြင်းပြကြိယာ	
		ယဉ်ကျေးသောပုံစံ	ရိုးရိုးပုံစံ
I	かきます	かけます	かける
	かいます	かえます	かえる
II	たべます	たべられます	たべられる
III	きます	こられます	こられる
	します	できます	できる

(ပင်မဖတ်စာအုပ်၏သင်ခန်းစာ-၂၇မှလေ့ကျင့်ခန်းA1ကိုမှီငြမ်းရန်)

ဖြစ်နိုင်ခြင်းလုပ်နိုင်ခြင်းပြကြိယာကို ကြိယာအုပ်စု-၂အနေဖြင့် သဒ္ဒါပြောင်းလဲမှု ပြုသည်။

ဥပမာ : かえます　　かえる　　かえ（ない）　　かえて

သို့သော်わかります တွင် ဖြစ်နိုင်ခြင်းလုပ်နိုင်ခြင်းပြသည့် အဓိပ္ပာယ်ပါရှိသောကြောင့်わかれます ဟူသော ပုံစံအဖြစ်သို့ မပြောင်းလဲပါ။

၂။ ဖြစ်နိုင်ခြင်းလုပ်နိုင်ခြင်းပြကြိယာအသုံးပြုပါက

၁) ဖြစ်နိုင်ခြင်းလုပ်နိုင်ခြင်းပြကြိယာသည် ပြုမူလုပ်ဆောင်မှုမဟုတ်ဘဲ အခြေအနေကို ဖော်ပြသည်။ ပြုခြင်းပြကြိယာ၏ ကံပုဒ်(object)ကို ဝိဘတ်"を"ဖြင့် ဖော်ပြသော်လည်း ဖြစ်နိုင်ခြင်းလုပ်နိုင်ခြင်းပြကြိယာ၏ ကံပုဒ်(object)ကို အခြေခံအားဖြင့် が ဖြင့်ဖော်ပြသည်။

① わたしは 日本語を 話します。　　　　ကျွန်တော် ဂျပန်စကား[ကို] ပြောပါတယ်။

② わたしは 日本語が 話せます。　　　　ကျွန်တော် ဂျပန်စကား[ကို] ပြောတတ်ပါတယ်။

を မှလွဲ၍ အခြား ဝိဘတ်များမှာမူ ပြောင်းလဲခြင်းမရှိပါ။

③ 一人で 病院へ 行けますか。　　　　တစ်ယောက်တည်း ဆေးရုံကို သွားနိုင်လား။

④ 田中さんに 会えませんでした。　　　　မစ္စတာတနကကို မတွေ့ခဲ့ရဘူး။

၂) ဖြစ်နိုင်ခြင်းလုပ်နိုင်ခြင်းပြကြိယာတွင် ပြုမူလုပ်ဆောင်သူ၏ စွမ်းရည်ကို ဖော်ပြသည့် အသုံးအနှုန်း(⑤) နှင့် အခြေအနေတစ်ရပ်အပေါ်မူတည်၍ လုပ်ဆောင်မှုပြုလုပ်နိုင်ခြင်းကို ဖော်ပြသည့်အသုံးအနှုန်း(⑥) ဟူ၍ ရှိသည်။

⑤ ミラーさんは 漢字が 読めます。　　　　မစ္စတာမီလာက ခန်းဂျီးကို ဖတ်တတ်တယ်။

⑥ この 銀行で ドルが 換えられます。　　　　ဒီ ဘဏ်မှာ ဒေါ်လာ လဲနိုင်တယ်။

၃။ ┃ 見えます နှင့် 聞こえます ┃

みえます、きこえますသည် စိတ်ဆန္ဒအလျောက်မဟုတ်ဘဲ၊ အညှုန်းခံဝတ္ထုတစ်ခု သဘာဝအလျောက် မြင်ကွင်း၌ ပေါ်လာခြင်း သို့မဟုတ် အသံတစ်ခု သဘာဝအလျောက် နားထဲသို့ဝင်လာခြင်းကို ဖော်ပြသည်။ ထို အညှုန်းခံဝတ္ထုကို が ဖြင့် ဖော်ပြသည်။ みえます、きこえます ကို စိတ်ဆန္ဒအရ သတိပြု၍ ကြည့်ရှု သို့မဟုတ် နားထောင်သောအခါမျိုး တွင် အသုံးမပြုနိုင်ပေ။ ထိုသို့သော အခါမျိုးတွင် ဖြစ်နိုင်ခြင်းလုပ်နိုင်ခြင်းပြကြိယာကို အသုံးပြုသည်။

⑦ 新幹線から 富士山が 見えます。

ကျည်ဆန်ရထားပေါ်ကနေ ဖူဂျီတောင်ကို မြင်ရတယ်။

⑧ ラジオの 音が 聞こえます。　　　　ရေဒီယို[ရဲ့] အသံကို ကြားရတယ်။

⑨ 新宿で 今 黒沢の 映画が 見られます。

ရှင်းဂျခမှာ အခု ခုရောဆာဝါရဲ့ ရုပ်ရှင်ကား[ကို] ကြည့်လို့ရတယ်။

⑩ 電話で 天気予報が 聞けます。

ဖုန်းနဲ့ မိုးလေဝသသတင်းကို နားထောင်လို့ရတယ်။

၄. できます

ငြ၂ကဏ္ဍတွင် လေ့လာမည့် V-できます တွင် "ပေါ်ပေါက်(လာ)သည်" "ပြီးမြောက်သည်" "ပြီးဆုံးသည်" "ပြုလုပ်သည်" စသည့် အဓိပ္ပာယ်များ ရှိသည်။

⑪ 駅の 前に 大きい スーパーが できました。

ဘူတာ[ရဲ့]ရှေ့မှာ ကြီးမားတဲ့ စူပါးမားကက်ကြီး ဖွင့်လိုက်ပြီ။

⑫ 時計の 修理は いつ できますか。　　　နာရီ ပြင်တာ ဘယ်တော့ ပြီးမလဲ။

၅. しか

しかကို နာမ်နှင့်ပမာဏပြစကားလုံးများ၏ နောက်တွင်ထား၍ အငြင်းစကားလုံးနှင့် အစပ်တွဲ၍ အသုံးပြုသည်။ しか ပါသောစကားလုံးကို ထုတ်နုတ်တင်ပြ၍ ၎င်းမှအပ ကျန်သောအပိုင်းအားလုံးကို ငြင်းဆိုသည်။ が နှင့် を ပါသောနာမ် နောက်တွင်တွဲသည့်အခါ が နှင့် を ကိုဖြုတ်ပစ်ရသည်။ အခြားဝိဘတ်များဖြစ်လျှင်မူ ၎င်းဝိဘတ်၏နောက်တွင် တွဲရသည်။ しか တွင် ပြည့်စုံလုံလောက်မှု မရှိခြင်းဟူသော အဓိပ္ပာယ်သက်ရောက်မှုမျိုး ရှိသည်။

⑬ ローマ字しか 書けません。　　　ရောမစာလုံးကလွဲ၍ပြီး မရေးတတ်ဘူး။

⑭ ローマ字だけ 書けます。　　　ရောမစာလုံးပဲ ရေးတတ်တယ်။

၆. Nは (နှိုင်းယှဉ်ခြင်း)

はသည် အဓိကအကြောင်းအရာကို ဖော်ပြသည့်အပြင် နှိုင်းယှဉ်ခြင်းကို ဖော်ပြသည့် လုပ်ဆောင်မှုလည်းရှိသည်။

⑮ ワインは 飲みますが、ビールは 飲みません。

ဝိုင်ကို သောက်ပေမယ့် ဘီယာကိုတော့ မသောက်ဘူး။

⑯ きのうは 山が 見えましたが、きょうは 見えません。

မနေ့က တောင်ကို မြင်ရပေမယ့် ဒီနေ့တော့ မမြင်ရဘူး။

၇. ဝိဘတ်တွဲပါသော စကားလုံးကို ထုတ်နုတ်တင်ပြသော は

အခြေခံ-၁စာအုပ်၏ ကော်လံ-၁(စာ-၁၆၀)၌ ရှင်းလင်းထားသည့်အတိုင်း は ကို が နှင့် を တွဲပါသော နာမ်၏နောက်တွင် တွဲသည့်အခါ が နှင့် を ကို ဖြုတ်၍တွဲရမည်ဖြစ်သော်လည်း အခြား ဝိဘတ်များ ဖြစ်ပါက ၎င်းဝိဘတ်များ၏နောက် တွင်တွဲရသည်။

⑰ 日本では 馬を 見る ことが できません。

ဂျပန်မှာ မြင်းကို မတွေ့ရဘူး။(သင်ခန်းစာ-၁၈)

⑱ 天気の いい 日には 海が 見えるんです。

ရာသီဥတု သာယာတဲ့နေ့မှာ ပင်လယ်ကို မြင်ရပါတယ်။

⑲ ここからは 東京スカイツリーが 見えません。

ဒီကနေ တိုကျိုစကိုင်းထရီးကို မမြင်ရဘူး။

သင်ခန်းစာ-၂၈

၁။ ဝေါဟာရများ

うれますⅡ ［パンが～］	売れます	ရောင်းရသည်၊ရောင်းကောင်းသည် [ပေါင်မုန့်က～]
おどりますⅠ	踊ります	ကသည်၊ကခုန်သည်
かみますⅠ		ဝါးသည်၊ကိုက်သည် (ပီကေဝါးသည်။ ခွေးက လူ့ကို ကိုက်သည်)
えらびますⅠ	選びます	ရွေးချယ်သည်
かよいますⅠ ［だいがくに～］	通います ［大学に～］	အသွားအပြန်လုပ်သည်၊တက်သည်[တက္ကသိုလ်ကို～]
メモしますⅢ		ရေးမှတ်သည်၊မှတ်သားသည်
まじめ［な］		တည်ကြည်သောရိုးသားဖြောင့်မတ်သော
ねっしん［な］	熱心［な］	စိတ်အားထက်သန်သောလုံ့လဝီရိယရှိသော၊ အားသွန် ခွန်စိုက်ကြိုးပမ်းသော
えらい	偉い	မြင့်မြတ်သောကြီးမြတ်သော၊ရာထူးကြီးသော
ちょうど いい		အနေတော်ဖြစ်သော၊အလောတော်ဖြစ်သော
けしき	景色	ရှုခင်း၊ရှုမျှော်ခင်း
びょういん	美容院	လှရိပ်မြူ၊အလှပြင်ဆိုင်
だいどころ	台所	မီးဖိုချောင်၊မီးဖိုခန်း
けいけん	経験	အတွေ့အကြု (～が あります: ～က ရှိသည်၊ ～を します: ～ကို ရယူသည်)
ちから	力	အား၊အားအင်၊အင်အား
にんき	人気	လူကြိုက်များသော၊ရေပန်းစားသော ([がくせいに] ～が あります: [ကျောင်းသားများကြားတွင်] အကြိုက်များသည်)
かたち	形	ပုံသဏ္ဌာန်
いろ	色	အရောင်၊အရောင်အဆင်း
あじ	味	အရသာ
ガム		ပီကေ
しなもの	品物	ပစ္စည်း၊ပစ္စည်းယာ၊ကုန်ပစ္စည်း
ねだん	値段	ဈေးနှုန်း
きゅうりょう	給料	လခ၊လစာ
ボーナス		အပိုဆု၊ဘောနပ်၊ဘောက်ဆူး
ゲーム		ဂိမ်း (ကွန်ပျူတာဂိမ်း၊ရိုးရိုးဂိမ်း)
ばんぐみ	番組	အစီအစဉ် (ရေဒီယိုအစီအစဉ်၊ရုပ်မြင်သံကြားအစီအစဉ်)
ドラマ		ဇာတ်လမ်း

かしゅ	歌手	အဆိုတော်
しょうせつ	小説	ဝတ္ထု
しょうせつか	小説家	ဝတ္ထုရေးသူ၊ဝတ္ထုရေးဆရာ
～か	～家	～ပညာရှင် (တစ်ခုသောပညာရပ်၊အနုပညာ၌ကျွမ်းကျင်လည် သူကိုရည်ညွှန်းသည့်နောက်ဆက်စကားလုံး)
～き	～機	～စက် (စက်၊စက်ကိရိယာကိုရည်ညွှန်းသည့်နောက်ဆက် စကားလုံး)
むすこ	息子	(မိမိ၏)သား
むすこさん*	息子さん	(သူတစ်ပါး၏)သား
むすめ	娘	(မိမိ၏)သမီး
むすめさん*	娘さん	(သူတစ်ပါး၏)သမီး
じぶん	自分	မိမိ၊ကိုယ်
しょうらい	将来	အနာဂတ်၊နောင်ရေး
しばらく		ခဏလောက်၊အတော်ကြာ
たいてい		များသောအားဖြင့်၊ယေဘုယျအားဖြင့်
それに		ဒါအပြင်၊နောက်ပြီးတော့
それで		အဲဒါကြောင့်၊အဲဒါနဲ့ပဲ

〈会話〉

[ちょっと] お願いが あるんですが。	[တစ်ဆိတ်လောက်] တောင်းဆိုစရာလေးရှိလို့။
実は	တကယ်တော့
会話	စကားပြော
うーん	အင်း၊အေး

〈読み物〉

お知らせ	အကြောင်းကြားခြင်း၊အသိပေးခြင်း (အားကစားသင်တန်းအတွက်အကြောင်းကြားခြင်း)
参加します Ⅲ	ပါဝင်ဆင်နွှဲသည်၊တက်ရောက်သည်
日にち	နေ့ရက်
土	စနေ (နေ့)
体育館	အားကစားရုံ
無料	အခမဲ့၊အလကား
誘います Ⅰ	အဖော်စပ်သည်၊ဖိတ်သည်
イベント	ပွဲစဉ်၊ဖျော်ဖြေပွဲ၊ပျော်ပွဲရွှင်ပွဲ

၂။ ဘာသာပြန်

ဝါကျပုံစံများ

၁. တေးဂီတကို နားထောင်ရင်း ထမင်းစားတယ်။
၂. မနက်တိုင်း ဂျော့ဂင်း(ဖြည်းဖြည်းမှန်မှန်ပြေးခြင်း)[ကို] လုပ်နေတယ်။
၃. မြေအောက်ရထားက မြန်လည်းမြန်၊ ဈေးလည်းသက်သာတယ်၊ မြေအောက်ရထားနဲ့ သွားကြရအောင်။

နမူနာဝါကျများ

၁. အိပ်ချင်တဲ့အခါ ပီကေ[ကို] ဝါးရင်း ကားမောင်းတယ်။
......ဟုတ်လား။ ကျွန်တော်က ကားရပ်ပြီး၊ ခဏလောက် အိပ်တယ်။
၂. တေးဂီတကို နားထောင်ရင်း စာကြည့်သလား။
......ဟင့်အင်း။ စာကြည့်တဲ့အခါ တေးဂီတကို နားမထောင်ပါဘူး။
၃. သူက အလုပ်လုပ်ရင်း တက္ကသိုလ်မှာ ပညာဆည်းပူးနေတယ်။
......ဟုတ်လား။ လေးစားစရာပဲနော်။
၄. ပိတ်ရက်မှာ အမြဲတမ်း ဘာကို လုပ်လေ့ရှိသလဲ။
......ဘယ်လိုပြောရမလဲ။ များသောအားဖြင့်တော့ ပုံဆွဲလေ့ရှိပါတယ်။
၅. ဆရာဝပ်က စိတ်အားလည်းထက်သန်၊ စိတ်ဝင်စားဖို့လည်းကောင်း၊ ဒါ့အပြင် အတွေ့အကြုံလည်းရှိတယ်။
......ကောင်းတဲ့ ဆရာပဲနော်။
၆. ခဏခဏ ဒီ ဆူရှီဆိုင်ကို လာသလား။
......အင်း။ ဒီက ဈေးလည်းသက်သာပြီး ၊ ငါးလည်း လတ်လို့ ခဏခဏ လာစားပါတယ်။
၇. ဘာဖြစ်လို့ ဖူဂျီတက္ကသိုလ်ကို ရွေးချယ်ခဲ့တာလဲ။
......ဖူဂျီတက္ကသိုလ်က နာမည်လည်းကြီး၊ ကောင်းတဲ့ဆရာလည်းများပြီးတော့၊ အဆောင်လည်းရှိလို့ပါ။

စကားပြော

တာဝန်နဲ့ထွက်ရတဲ့ခရီးကလည်းများပြီး၊ စာမေးပွဲကလည်းရှိတော့......

အိုဂါဝဆချိကို - မစ္စတာမီလာ၊ တစ်ဆိတ်လောက် တောင်းဆိုစရာလေးရှိလို့။
မီလာ - ဘာများပါလဲ။
အိုဂါဝဆချိကို - တကယ်တော့ ရှစ်လပိုင်းမှာ သြစတြေးလျကို ဟုမ်းစတေးနေဖို့ သွားမလို့။
မီလာ - ဟုမ်းစတေးလား။ ကောင်းတာပေါ့။
အိုဂါဝဆချိကို - အင်း။
အဲဒါ[နဲ့] အခု သူငယ်ချင်းနဲ့ အင်္ဂလိပ်စကားလေ့လာနေတာ......။
မီလာ - အင်း။
အိုဂါဝဆချိကို - တော်တော်နဲ့ တော်မလာပါဘူး။
ဆရာလည်း မရှိတော့၊ အင်္ဂလိပ်စကားနဲ့ ပြောဖို့ အခွင့်အလမ်းလည်း မရှိ......
မစ္စတာမီလာ၊ စကားပြောသင်ပေးတဲ့ဆရာ အဖြစ် လုပ်ပေးလို့ရမလား။
မီလာ - ဗျာ။ ဆရာအဖြစ်လား။ အင်း၊ နည်းနည်းတော့ အလုပ်က......။
အိုဂါဝဆချိကို - အားတဲ့အခါ လက်ဖက်ရည်လေးဘာလေး သောက်ရင်းနဲ့ပေါ့......။
မီလာ - အင်း၊ တာဝန်နဲ့ထွက်ရတဲ့ခရီးကလည်းများပြီး၊ မကြာခင် ဂျပန်စာ စာမေးပွဲကလည်း ရှိတော့......။
အိုဂါဝဆချိကို - ဟုတ်လား။
မီလာ - တောင်းပန်ပါတယ်။

၃။ ကိုးကားစကားလုံးများနှင့်အချက်အလက်များ

うちを借りる　**အိမ်ငှားရမ်းခြင်း**

အိမ်ရာအကြောင်းအရာအချက်အလက်ကြည့်နည်း

① ရထားလိုင်းအမည်

② အနီးဆုံးဘူတာအမည်

③ ဘူတာမှခြေကျင်၅မိနစ်

④ အဆင့်မြင့်တိုက်ခန်းကျယ်/ကွန်ဒိုမီနီယမ်

　※アパート　　　　စုပေါင်းတိုက်ခန်း
　　一戸建て　　　　လုံးချင်းအိမ်

⑤ လွန်ခဲ့သော(၃)နှစ်ကဆောက်ထားသောအဆောက်အဦ

⑥ အိမ်လခ၁၉သောင်း၈ထောင်ယန်း

⑦ စပေါ်ငွေ(၂)လစာ

　※အာမခံငွေအဖြစ်အိမ်ရှင်အပ်နှံထားသောငွေ။အိမ်ပြောင်းသည့်အခါစစ်ချို့တစ်၀က်ကိုပြန်ပေးသည်။

⑧ အသုံးဝန်ဆောင်ခ(၁)လစာ

　※အခန်းငှားသည့်အခါငှားအခန်းကိုအသုံးပြုမည့်အတွက်အိမ်ရှင်ထံပေးဆောင်ရသောဝန်ဆောင်ခငွေ။

⑨ ထိန်းသိမ်းစောင့်ရှောက်ခ၁သောင်း၂ထောင်ယန်း

⑩ တောင်ဘက်မျက်နှာပြုသောအခန်း

⑪ ၁၀ထပ်အဆောက်အဦ၏၈ထပ်

⑫ ဧည့်ခန်း၊ထမင်းစားခန်း၊မီးဖိုခန်းတွဲလျက်(၁)ခန်းနှင့်အိပ်ခန်း(၂)ခန်း

⑬ ဖျာ၆ချပ်စာ (=6 畳)

　※ '畳 'သည် အခန်း၏အကျယ်အဝန်းအခန်းကိုဖော်ပြသောအညွှန်းသင်္ကေတဖြစ်သည်။1 畳 သည်ဖျာတစ်ချပ်စာ
　　အကျယ်နှင့်ညီမျှသည်။

⑭ ရာစုအိ အိမ်ခြံမြေဝန်ဆောင်မှု

၄။ သဒ္ဒါရှင်းလင်းချက်

၁. | V₁ ます-**ပုံစံ** ながら V₂ |

ကျွါဝါကျပုံစံသည် ပြုမူလုပ်ဆောင်သူတစ်ဦးတည်းက ပြုမူလုပ်ဆောင်မှု-၂ ကိုလုပ်ဆောင်နေစဉ် အခြားပြုမူလုပ်
ဆောင်မှု-၁ကို တစ်ပြိုင်တည်း လုပ်ဆောင်ခြင်းကို ဖော်ပြသည်။ V₂သည် အဓိကပြုမူလုပ်ဆောင်မှု ဖြစ်သည်။

① 音楽を 聞きながら 食事します。　　　　တေးဂီတကို နားထောင်ရင်း ထမင်းစားတယ်။

②ကဲ့သို့ အချိန်ကာလတစ်ခုအတွင်း အလုပ်နှစ်ခုကို အချိန်အတော်ကြာ ပြုမူလုပ်ဆောင်သည့်အခါမျိုး၌လည်း
အသုံးပြုသည်။

② 働きながら 日本語を 勉強して います。

အလုပ်လုပ်ရင်း ဂျပန်စာကို လေ့လာနေတယ်။

၂. | Vて-**ပုံစံ** います |

ကျွါဝါကျပုံစံကို အလေ့အကျင့်အရ အကြိမ်ကြိမ်လုပ်ဆောင်သည့် အပြုအမူကို ဖော်ပြရာတွင်လည်း အသုံးပြုသည်။
ထိုအပြုအမူသည် စကားပြောဖြစ်ပေါ်သောအချိန်ထက် စောသည့် အတိတ်ကာလ၌ လုပ်ဆောင်ခဲ့သည့်အရာဖြစ်ပါက
V-て-**ပုံစံ** いました ကို အသုံးပြုသည်။

③ 毎朝 ジョギングを して います。

မနက်တိုင်း ဂျော့ဂင်း(ဖြည်းဖြည်းမှန်မှန်ပြေးခြင်း)[ကို] လုပ်နေတယ်။

④ 子どもの とき、毎晩 8時に 寝て いました。

ကလေးအရွယ်တုန်းက ညတိုင်း ၈နာရီမှာ အိပ်လေ့ရှိတယ်။

၃. | **ရိုးရိုးပုံစံ** し、**ရိုးရိုးပုံစံ** し、〜 |

၁) ကျွါဝါကျပုံစံကို အဓိကအကြောင်းအရာနှင့်ပတ်သက်ပြီး နှစ်ခုထက်ပိုသော ဆင်တူအကြောင်းအရာကို ယှဉ်တွဲဖော်
ပြသည့်အခါတွင် အသုံးပြုသည်။ ဆင်တူသည်ဟုဆိုရာတွင် ဥပမာ ဆိုသော ⑤ကဲ့သို့ ဖော်ပြထားသော အကြောင်း
အရာ အားလုံးသည် အားသာသည့် အခြေအနေမျိုးအဖြစ် ရှိနေခြင်းကို ဆိုလိုသည်။

⑤ 鈴木さんは ピアノも 弾けるし、歌も 歌えるし、ダンスも できます。

မစ္စတာဆူဇူကီးက စန္ဒရားလည်း တီးတတ်ပြီး၊ သီချင်းလည်း ဆိုတတ်ပြီး၊ အကလည်း တတ်တတ်။

ထိုပြင်၊ ကျွါဝါကျပုံစံသည် အကြောင်းအရာတစ်ခုတည်းမဟုတ်၊ ထပ်မံ၍နောက်ထပ်အကြောင်းအရာတစ်ခုကို
ပေါင်းထည့်သည်သည်ဟူသော ပြောသူ၏စိတ်သဘောလည်းပါဝင်သည့်အတွက်၊ တစ်ခါတစ်ရံ も ကိုအသုံးပြုသည်။
ကျွအဓိပ္ပါယ်ကို သိသာထင်ရှားစေရန် ⑥ကဲ့သို့ それに ကို အသုံးပြုသည့်အခါလည်း ရှိသည်။

⑥ 田中さんは まじめだし、中国語も 上手だし、それに 経験も あります。

မစ္စတာတနကက တည်ကြည်ပြီး၊ တရုတ်စာလည်းတော်ပြီး၊ ဒါအပြင် အတွေ့အကြုံလည်းရှိတယ်။

၂) ကျွါဝါကျပုံစံမှ 〜 し、〜 し အစိတ်အပိုင်းဖြင့် ရင်းနောက်တွင်လာမည့်အစိတ်အပိုင်း၏ အကြောင်းအရင်း
ကိုဖော်ပြသည် အသုံးအနှုန်းလည်းရှိသည်။

⑦ ここは 値段も 安いし、魚も 新しいし、よく 食べに 来ます。

ဒီက ဈေးလည်းသက်သာပြီး၊ ငါးလည်း လတ်လို့ ခဏခဏ လာစားပါတယ်။

ကျွကဲ့သို့သောအခြေအနေတွင် အဆုံးသတ်ရလာဒ်ဝါကျသည် ပေါ်လွင်ထင်ရှားနေပါက ရင်းအပိုင်းကို ချန်လှပ်၍
အကြောင်းအရင်းကိုသာ ဖော်ပြသည့်အခါမျိုး ရှိသည်။

⑧ どうして この 店へ 来るんですか。

……ここは 値段も 安いし、魚も 新しいし……。

ဘာဖြစ်လို့ ဒီဆိုင်ကို လာတာလဲ။

……ဒီက ဈေးလည်းသက်သာပြီး၊ ငါးလည်းလတ်လို့……

နောက်ဆုံးခွဲ့ရှိသော し ကိုအကြောင်းပြချက်ပြ から ဖြင့်ဖော်ပြသည့်အခါလည်း ရှိသည်။

⑨ どうして 日本の アニメが 好きなんですか。

…… 話も おもしろいし、音楽も すてきですから。

ဘာဖြစ်လို့ ဂျပန်က အန်နီမေးရှင်းကို ကြိုက်တာလဲ။

......ဇာတ်လမ်းလည်း စိတ်ဝင်စားဖွဲ့ကောင်းပြီး၊ တေးဂီတ(ဇာတ်ဝင်တေး)တွေလည်း နားထောင်လို့ကောင်းလို့ပါ။

၄. それで

それで ကို ၎င်း၏ရှေ့တွင်ဖော်ပြထားသည့် အကြောင်းအရာကို အကြောင်းပြချက်အဖြစ်သတ်မှတ်ပြီး ထိုမှထွက် ပေါ်လာသောအဆုံးသတ်ရလဒ်ကို ဖော်ပြသည့်အချိန်တွင် အသုံးပြုသည်။

⑩ 将来 小説家に なりたいです。それで 今は アルバイトを しながら

小説を 書いて います。

အနာဂတ်မှာ ဝတ္ထုရေးဆရာဖြစ်ချင်ပါတယ်။

......အဲဒါကြောင့် အခု အချိန်ပိုင်းအလုပ်ကို လုပ်ရင်း ဝတ္ထုရေးနေပါတယ်။

⑪ ここは コーヒーも おいしいし、食事も できるし……。

……それで 人気が あるんですね。

ဒီက ကော်ဖီလည်း ကောင်းပြီး၊ ထမင်းလည်းစားလို့ရတော့......

......အဲဒါကြောင့် လူကြိုက်များတာပေါ့နော်။

၅. ～ とき +ဝိဘတ်

သင်ခန်းစာ-၂၃တွင် လေ့လာခဲ့ပြီးဖြစ်သော とき သည် နာမ်ဖြစ်သည့်အတွက် ၎င်း၏နောက်တွင် ဝိဘတ်ကိုတွဲ၍ အသုံးပြုနိုင်သည်။

⑫ 勉強する ときは、音楽を 聞きません。

စာကြည့်တဲ့အခါ တေးဂီတကို နားမထောင်ပါဘူး။

⑬ 疲れた ときや 寂しい とき、よく 田舎の 青い 空を 思い出す。

ပင်ပန်းတဲ့အခါတွေ အထီးကျန်တဲ့အခါတွေမှာ ရွာက ကောင်းကင်ပြာ[ကြီး]ကို သတိရတတ်တယ်။(သင်ခန်းစာ-၃၁)

သင်ခန်းစာ-၂၉

၁။ ဝေါဟာရများ

あきます I [ドアが〜]	開きます	ပွင့်သည် [တံခါး(က)〜]
しまります I [ドアが〜]	閉まります	ပိတ်သည် [တံခါး(က)〜]
つきます I [でんきが〜]	[電気が〜]	ပွင့်သည်၊(မီး)လင်းသည် [(လျှပ်စစ်)မီး(က)〜]
きえます II * [でんきが〜]	消えます [電気が〜]	ငြိမ်းသည်၊ပျက်သည်၊ပျောက်ကွယ်သည် [(လျှပ်စစ်)မီး(က)〜]
こわれます II [いすが〜]	壊れます	ပျက်စီးသည်၊ကျိုးပဲ့သည် [ထိုင်ခုံ(က)〜]
われます II [コップが〜]	割れます	ကွဲသည် [ခွက်(က)〜]
おれます II [きが〜]	折れます [木が〜]	ကျိုးသည် [သစ်ပင်(က)〜]
やぶれます II [かみが〜]	破れます [紙が〜]	စုတ်ပြဲသည် [စက္ကူ(က)〜]
よごれます II [ふくが〜]	汚れます [服が〜]	ညစ်ပေသည်၊ညစ်ပတ်သည် [အကျႌ(က)〜]
つきます I [ポケットが〜]	付きます	တွဲပါသည်၊ကပ်ပါသည် [အိတ်ကပ်(က)〜]
はずれます II [ボタンが〜]	外れます	လွဲသည် [ကြယ်သီး(က)〜]
とまります I [くるまが〜]	止まります [車が〜]	ရပ်တန့်သည်၊ရပ်နားသည် [ကား(က)〜]
まちがえます II		လွဲမှားသည်၊အထင်လွဲသည်
おとします I	落とします	ပြုတ်ကျသည်၊ကျပျောက်သည်
かかります I [かぎが〜]	掛かります	ခတ်သည်၊ပိတ်နေသည် [သော့(က)〜]
ふきます I		သုတ်သည် (စာရေးခုံစသည်တို့ကို သုတ်သည်။)
とりかえます II	取り替えます	လဲလှယ်သည်၊ဖလှယ်သည်
かたづけます II	片づけます	ရှင်းလင်းဖယ်ရှားသည်
[お]さら	[お]皿	ပန်းကန်ပြား
[お]ちゃわん *		ထမင်းပန်းကန်လုံး
コップ		(ဖန်)ခွက်
ガラス		ဖန်မှန်
ふくろ	袋	အိတ်
しょるい	書類	စာရွက်စာတမ်း
えだ	枝	သစ်ကိုင်း၊အကိုင်း၊ကိုင်း

えきいん	駅員	ဘူတာဝန်ထမ်း
こうばん	交番	ရဲကင်း၊ရဲစခန်းငယ်
スピーチ		ဟောပြောမှု (～を します: ～を ပြုလုပ်သည်၊ဟောပြောသည်)
へんじ	返事	ပြန်ဖြေခြင်း၊ပြန်ထူးခြင်း၊အကြောင်းပြန်ခြင်း (～を します: ပြန်ဖြေသည်)
おさきに どうぞ。	お先に どうぞ。	အရင် လုပ်နှင့်ပါ။
※源氏物語		ဂန်းဂျိမိုနိုဂတရိ(ဟေးအမ်းခေတ်၌မုရဆခိရှိချိုဘုမှရေး သားခဲ့ သောဝတ္ထု)

29

〈会話〉

今の 電車		အခုထွက်တဲ့ရထား
忘れ物		မေ့ကျန်ပစ္စည်း
このくらい		ဒီလောက်လောက်၊ဟောဒီလောက်
～側		～ဘက် (အပြင်ဘက် စသည်)
ポケット		အိတ်ကပ်
～辺		～အနားတဝိုက်
覚えて いません。		မမှတ်မိဘူး။
網棚		(ပိုက်)စင်၊ယာဉ်များရှိပစ္စည်းတင်ရန်စင်
確か		တကယ်၊အမှန်၊အဟုတ်
[ああ、] よかった。		[အမလေး] တော်ပါသေးရဲ့။ (စိတ်အေးသွားသည့်အခါတွင်သုံး သည်)
※新宿		ရှင်းဂျူခု (တိုကျိုရှိဘူတာ/နေရာအမည်)

27

〈読み物〉

地震		မြေလျှင်၊လျှင်
壁		နံရံ
針		လက်တံ၊အပ်ချောင်း
指しますⅠ		ညွှန်သည်၊ညွှန်ပြသည်
駅前		ဘူတာရှေ့(ဘူတာရှေ့နားတဝိုက်ကိုညွှန်းသည်။)
倒れますⅡ		လဲသည်၊လဲကျသည်၊ပြိုကျသည်
西		အနောက်
～の方		～(ရဲ့) ဘက်
燃えますⅡ		လောင်ကျွမ်းသည်
レポーター		သတင်းပေးပို့သူ၊သတင်းတင်ဆက်သူ

၂။ ဘာသာပြန်

ဝါကျပုံစံများ

၁. ပြတင်းပေါက်က ပိတ်ထားတယ်။
၂. ရထားပေါ်မှာ ထီး[ကို] မေ့ကျန်ခဲ့တယ်။

နမူနာဝါကျများ

၁. အစည်းအဝေးခန်းကို သော့ခတ်ထားတယ်နော်။
......ဒါဆို၊ မစ္စဝါတနဘဲ့ကို ပြောပြီး၊ ဖွင့်ခိုင်းရအောင်။
၂. ဒီကွန်ပျူတာ၊ သုံးလို့ရလား။
......အဲဒါက ပျက်နေလို့၊ ဟိုဘက်ကဟာကို သုံးပါ။
၃. မစ္စတာရှုမစ်[က] ယူလာတဲ့ ဝိုင်အရက်က ဘယ်မှာလဲ။
......အားလုံးနဲ့အတူ သောက်လိုက်ကြတယ်။
၄. အတူတူ ပြန်ကြမလား။
......တောင်းပန်ပါတယ်။ ဒီမေးလ်ကို ပြီးအောင် ရေးဦးမှာမို့၊ အရင် ပြန်နှင့်ပါ။
၅. ချိန်းထားတဲ့အချိန်ကို မီခဲ့လား။
......ဟင့်အင်း၊ နောက်ကျခဲ့တယ်။ လမ်းမှားသွားလို့။
၆. ဘာဖြစ်တာလဲ။
......တက္ကစီပေါ်မှာ အထုပ်ကို မေ့ကျန်ခဲ့လို့ပါ။

စကားပြော

မေ့ကျန်ပစ္စည်း ရှိလို့

လီ   -   တစ်ဆိတ်လောက်။ အခုထွက်သွားတဲ့ ရထားပေါ်မှာ မေ့ကျန်ပစ္စည်းရှိလို့......။
ဘူတာဝန်ထမ်း -   ဘာကို မေ့ကျန်ခဲ့တာလဲ။
လီ   -   အပြာရောင် အိတ်ပါ။ ဒီလောက်လောက်ရှိတဲ့......။
              အပြင်ဘက်ခြမ်းမှာ အိတ်ကပ်အကြီးကြီး ပါပါတယ်။
ဘူတာဝန်ထမ်း -   ဘယ်နားတစ်ဝိုက်မှာ ထားခဲ့တာလဲ။
လီ   -   သေချာ မမှတ်မိတော့ဘူး။ ဒါပေမဲ့၊ စင်ပေါ်မှာ ထားခဲ့တယ်။
ဘူတာဝန်ထမ်း -   အထဲမှာ ဘာပါလဲ။
လီ   -   အင်း၊ စာအုပ်နဲ့ ထီးတော့ ပါတယ်ထင်တယ်။
ဘူတာဝန်ထမ်း -   ဒါဆို၊ စုံစမ်းလိုက်မှာမို့၊ ခဏလောက် စောင့်နေပေးပါ။
              ....
ဘူတာဝန်ထမ်း -   တွေ့ပါပြီ။
လီ   -   အမလေး၊ တော်ပါသေးရဲ့။
ဘူတာဝန်ထမ်း -   အခု ရှင်းဂျုခုဘူတာမှာ ရှိတာ၊ ဘယ်လိုလုပ်မလဲ။
လီ   -   ချက်ချင်းပဲ သွားယူပါ့မယ်။
ဘူတာဝန်ထမ်း -   ဒါဆို၊ ရှင်းဂျုခုဘူတာရဲ့ ရုံးခန်းကို သွားပါ။
လီ   -   ဟုတ်ကဲ့ပါ။ ကျေးဇူးတင်ပါတယ်။

၃။ ကိုးကားစကားလုံးများနှင့်အချက်အလက်များ

状態・様子 အနေအထားနှင့်ပုံပန်းသဏ္ဍာန်

太っている
ဝသည်

やせている
ပိန်သည်

膨らんでいる
ဖောင်းနေသည်

穴が開いている
အပေါက်ပေါက်နေသည်

曲がっている
ကွေးနေသည်

ゆがんでいる
ရွဲ့စောင်းနေသည်

へこんでいる
ချိုင့်နေသည်/ပိန်နေသည်

ねじれている
လိမ်နေသည်

欠けている
ပဲ့နေသည်

ひびが入っている
အက်နေသည်

腐っている
ပုပ်သိုးနေသည်

乾いている
ခြောက်နေသည်

ぬれている
စိုနေသည်

凍っている
ခဲနေသည်

၄။ သဒ္ဒါရှင်းလင်းချက်

၁. | **V て-ပုံစံ います** |

V て-ပုံစံ いますတွင် ၎င်းပြုမူလုပ်ဆောင်မှု၏ရလဒ်အခြေအနေသည် ဆက်၍ဖြစ်ပေါ်နေဆဲ ဖြစ်ကြောင်းကို
ဖော်ပြသည့်အသုံးအနှုန်းရှိသည်။

① 窓 が 割れて います။ ပြတင်းပေါက်က ကွဲနေတယ်။

② 電気 が ついて います။ [လျှပ်စစ်]မီးက ပွင့်နေတယ်။

ဥပမာဆိုရသော် ①သည် တစ်ခုသောအတိတ်ကာလ၌ ပြတင်းပေါက်ကွဲ၍၊ ယခု၌လည်း ထိုရလဒ်သည်
ကျန်ရှိနေကြောင်း(=ပြတင်းပေါက်ကွဲသည့်အခြေအနေ)ကို ဖော်ပြသည်။

窓 が 割れました　　　　　　　　　　窓 が 割れて います

⑤အသုံးအနှုန်းတွင် အသုံးပြုနိုင်သည့်ကြိယာသည် あきます｜しまります｜つきます｜きえます｜こわれます｜
われますကဲ့သို့ ပြုမူလုပ်ဆောင်မှုတစ်ခုကြောင့် ၎င်းပြုမူလုပ်ဆောင်မှု မလုပ်မီနှင့် လုပ်ပြီးနောက် ပြောင်းလဲသွားသော
ဖြစ်ပေါ်မှုရလဒ်ကို ဖော်ပြသည့် ကြိယာဖြစ်သည်။

ထို့ပြင်၊ မျက်စိရှေ့၌ရှိသည့်အခြေအနေကို အရှိအတိုင်း ဖော်ပြသည့်အခါ၌ ①နှင့်②ကဲ့သို့ အဓိကပုဒ်ကိုが ဖြင့်ဖော်ပြ
သည်။ အဓိကပုဒ်ကို အဓိကအကြောင်းအရာအဖြစ် ထုတ်နုတ်တင်ပြသည့်အခါမျိုးတွင်မူ ③ကဲ့သို့ ဝိဘတ်はကို
အသုံးပြုသည်။

③ この いすは 壊れて います။ ဒီထိုင်ခုံက ပျက်နေတယ်။

၂. | **V て-ပုံစံ しまいました／しまいます** |

～て しまいましたသည် ပြုမူလုပ်ဆောင်မှုပြီးမြောက်ခဲ့သည်ကို ဖော်ပြသည်။ ～て しまいますသည်
တစ်ခုသောအနာဂတ်ကာလ၌ ပြုမူလုပ်ဆောင်မှုပြီးမြောက်မည်ကို ဖော်ပြသည်။

④ シュミットさんが 持って 来た ワインは みんなで 飲んで しまいました။
မစ္စတာရှုမစ်[က] ယူလာတဲ့ဝိုင်အရက်ကို အားလုံးနဲ့အတူ သောက်လိုက်ကြတယ်။

⑤ 漢字の 宿題は もう やって しまいました။
ခန်းဂျီးအိမ်စာကို လုပ်ပြီးသွားပါပြီ။

⑥ 昼ごはんまでに レポートを 書いて しまいます။
နေ့လယ်စာစားချိန်နောက်ဆုံးထားပြီး အစီရင်ခံစာ(ရီပို့)ကို အပြီး ရေးလိုက်ပါမယ်။

～て しまいましたတွင် ⑦နှင့်⑧ကဲ့သို့ ပြောသူ၏နောင်တစိတ်နှင့် စိတ်မကောင်းခြင်းကို ဖော်ပြသည့်အခါလည်း
ရှိသည်။

⑦ パスポートを なくして しまいました။
နိုင်ငံကူးလက်မှတ်ကို ဖျောက်လိုက်မိတယ်။(/နိုင်ငံကူးလက်မှတ်က ပျောက်သွားတယ်။)

⑧ パソコンが 故障して しまいました။ ကွန်ပျူတာ[က] ပျက်သွားတယ်။

၃. | **N(နေရာ)に 行きます／来ます／帰ります** |

⑨ (လေ့ကျင့်ခန်းC၃ကိုမှီငြမ်းရန်)တွင် ရှေ့ရှုရာကို ဖော်ပြသည့်ဝိဘတ်へ၏အစား ဆိုက်ရောက်ရာကိုဖော်ပြသည့်
ဝိဘတ်にကို အသုံးပြုထားသည်။ ထို့ကြောင့် いきます／きます／かえりますစသည့်ကြိယာများတွင် နေရာへနှင့်
နေရာに နှစ်မျိုးစလုံးကို အသုံးပြုနိုင်သည်။

⑨　どこかで　財布を　落として　しまったんです。　　တစ်နေရာရာမှာ ပိုက်ဆံအိတ် ကျခဲ့ပြီ။
　　……それは　大変ですね。すぐ　交番に　行かないと。
　　……အဲဒါ ဒုက္ခရောက်နေမှာပေါ့။ အခုချက်ချင်း ရဲကင်းကို သွားမှရမယ်။

၄.　それ／その／そう

သင်ခန်းစာ-၂၀တွင် အညွှန်းစကားလုံးသည် မျက်စိရှေ့တွင်ရှိသောအရာဝတ္ထုကို ညွှန်ပြသည်ဟူသော အသုံးအနှုန်း နှင့်ပတ်သက်ပြီး လေ့လာခဲ့ပြီးဖြစ်သည်။ ဤကဏ္ဍတွင်၊ တစ်ဖက်လူ ပြောသောစကား သို့မဟုတ် ရေးသောဝါကျများ၌ ပါဝင်သည့် အရာများကို ညွှန်ပြသည် それ၊ その၊ そう နှင့်ပတ်သက်ပြီး မိတ်ဆက်ပေးသွားမည်။

၁）　အပြန်အလှန်စကားပြော

⑩⑪မှ それ၊ ⑫မှ その၊ ⑬မှ そう တို့သည် တစ်ဖက်လူ၏ ရှေ့ကပ်လျက်တွင်ပြောသော စကား၌ ဖော်ပြခဲ့သည့် အကြောင်းအရာကို ညွှန်ပြသည်။

⑩　どこかで　財布を　落として　しまったんです。　　တစ်နေရာရာမှာ ပိုက်ဆံအိတ် ကျခဲ့ပြီ။
　　……それは　大変ですね。すぐ　交番に　行かないと。
　　……အဲဒါ ဒုက္ခရောက်နေမှာပေါ့။ အခုချက်ချင်း ရဲကင်းကို သွားမှရမယ်။

⑪　来月から　大阪の　本社に　転勤なんです。
　　……それは　おめでとう　ございます。
　　နောက်လကျရင် အိုဆာကာက ရုံးချုပ်ကို အလုပ်ပြောင်းရမယ်။
　　……အဲဒါ (ကြားရတာ) ဝမ်းသာပါတယ်၊ ဂုဏ်ယူပါတယ်။ (သင်ခန်းစာ-၃၁)

⑫　あのう、途中で　やめたい　場合は？
　　……その　場合は、近くの　係員に　名前を　言って、帰って　ください。
　　ဟိုလေ၊ တစ်ဝက်တစ်ပျက်နဲ့ ရပ်ချင်တဲ့အခါ(ဆိုရင်)ကော။
　　……အဲဒီအခါမျိုးမှာ၊ အနီးနားက တာဝန်ရှိသူကို နာမည်ပြောပြီး ပြန်ပါ။ (သင်ခန်းစာ-၄၅)

⑬　うちへ　帰って、休んだ　ほうが　いいですよ。　　အိမ်ပြန်ပြီး၊ နားတာကောင်းမယ်။
　　……ええ、そう　します。　　　　　　　　　　　　……အင်း၊ အဲဒီလိုလုပ်လိုက်မယ်။ (သင်ခန်းစာ-၃၂)

၂）　ဝါကျစု

⑭၏そのသည် ရှေ့ဝါကျတွင် ပါရှိသည့် အကြောင်းအရာကို ညွှန်ပြသည်။

⑭　一人で　コンサートや　展覧会に　出かけると、いいでしょう。その　とき　会った　人が 将来の　恋人に　なるかも　しれません。
　　တစ်ယောက်တည်း ဖျော်ဖြေပွဲနဲ့ (အနုပညာ)ပြပွဲတွေကို သွားရင် ကောင်းမယ်။ အဲဒီမှာ နောင်တစ်ချိန် ရည်းစားဖြစ်မယ့်သူနဲ့ တွေ့ချင်တွေ့မှာ။ (သင်ခန်းစာ-၃၂)

၅.　ありました

⑮　[かばんが]　ありましたよ。　　　　　　　　[အိတ်ကို] တွေ့ပြီ။
　　ဤ ありましたသည် အိတ်၏ရှိခြင်းကို ပြောသူက ရှာတွေ့သည်ကို ဖော်ပြသည်။ ယခင်က ထိုနေရာ၌ အိတ်ရှိခဲ့သည်ဟူသော အဓိပ္ပာယ်မဟုတ်ပေ။

၆.　どこかで／どこかに

どこか၊ なにか၏နောက်တွင်ရှိသည့် ဝိဘတ် で၊ を ကို ချန်လှပ်ထားနိုင်သော်လည်း၊ どこか(で・から)နှင့်どこか (に・から)၏ နောက်တွင်ရှိသည့် ဝိဘတ် で၊ に ကိုမူ ချန်လှပ်၍မရပေ။

⑯　どこかで　財布を　なくして　しまいました。　　တစ်နေရာရာမှာ ပိုက်ဆံအိတ် ကျပျောက်ခဲ့တယ်။
⑰　どこかに　電話が　ありますか。　　　　　　　　တစ်နေရာရာမှာ ဖုန်းရှိပါသလား။

သင်ခန်းစာ-၃၀

၁။ ဝေါဟာရများ

はります I		ကပ်သည် (နံရံတွင်ပိုစတာကပ်သည်။စာအိတ်တွင်တံဆိပ် ခေါင်းကပ်သည်။)
かけます II	掛けます	ချိတ်သည်၊ချိတ်ဆက်သည်
かざります I	飾ります	တန်ဆာဆင်သည်၊အလှဆင်သည်
ならべます II	並べます	စီသည်၊တန်းစီသည်
うえます II	植えます	စိုက်ပျိုးသည်
もどします I	戻します	(မူလအနေအထားသို့)ပြန်ထားသည်၊ပြန်ပို့သည်၊ပြန်ဖြစ် အောင်လုပ်သည်
まとめます II		စုစည်းသည်၊နိဂုံးချုပ်သည်
しまいます I		သိမ်းသည်၊သိမ်းဆည်းသည်
きめます II	決めます	ဆုံးဖြတ်သည်
よしゅうします III	予習します	ကြိုတင်လေ့လာသည်
ふくしゅうします III	復習します	ပြန်လှန်လေ့ကျင့်သည်
そのままに します III		အဲဒီအတိုင်းထားသည်
じゅぎょう	授業	အတန်း၊သင်တန်း၊စာသင်ကြားမှု
こうぎ	講義	ပို့ချမှုလက်ချာ
ミーティング		အစည်းဝေး၊မီတင်
よてい	予定	ကြိုတင်စီစဉ်မှု၊အစီအစဉ်
おしらせ	お知らせ	အကြောင်းကြားခြင်း၊အသိပေးခြင်း၊အသိပေးချက်
ガイドブック		လမ်းညွှန်စာအုပ်
カレンダー		ပြက္ခဒိန်၊ကလန်ဒါ
ポスター		နံရံကပ်စာစောင်၊ပိုစတာ
よていひょう	予定表	အစီအစဉ်ဇယား၊အချိန်ဇယား
ごみばこ	ごみ箱	အမှိုက်ပုံး
にんぎょう	人形	(လူ)အရုပ်
かびん	花瓶	ပန်းအိုး
かがみ	鏡	မှန်၊ကြည့်မှန်၊ကြေးမုံ
ひきだし	引き出し	အံဆွဲ
げんかん	玄関	အိမ်အဝင်ဝ၊ဖိနပ်ချွတ်နေရာ
ろうか	廊下	လျှောက်လမ်း၊လူသွားစကြံ၊ကော်ရစ်ဒါ
かべ	壁	နံရံ
いけ	池	ရေကန်၊ရေအိုင်
もとの ところ	元の 所	မူလနေရာ
まわり	周り	ဘေးပတ်လည်၊ပတ်လည်၊တစ်ဝိုက်၊ပတ်ဝန်းကျင်
まんなか*	真ん中	အလယ်ခေါင်
すみ	隅	ထောင့်စွန်း

まだ | သေးတုန်း

〈会話〉

リュック | ကျောပိုးအိတ်
非常袋 | အရေးပေါ်အိတ်
非常時 | အရေးပေါ်အချိန်
生活しますⅢ | နေ့ထိုင်အသက်မွေးသည်
懐中電灯 | လက်နှိပ်ဓာတ်မီး
～とか、～とか | ～တို့၊ ～တို့

〈読み物〉

丸い | လုံးသော၊ဝိုင်းသော
ある ～ | တစ်ခုသော～
夢を 見ますⅡ | အိပ်မက်(ကို) မက်သည်၊စိတ်ကူး(ကို) ယဉ်သည်
うれしい | ဝမ်းသာသော
嫌[な] | မနှစ်မြို့သော၊မကြိုက်သော၊မကြည်ဖြူသော
すると | ဆိုရင်ပဲ၊လုပ်လိုက်တော့၊လုပ်လိုက်လျှင်ပဲ၊ အဲဒီအခါမှာတော့
目が 覚めますⅡ | မျက်လုံး(က) ပွင့်သည်၊နိုးသည်

30

၂။ ဘာသာပြန်

ဝါကျပုံစံများ

၁. ရဲကင်းမှာ မြို့ ရဲ့မြေပုံကို ကပ်ထားပါတယ်။

၂. ခရီးမသွားခင်၊ အင်တာနက်ကနေ အမျိုးမျိုး စုံစမ်းထားပါမယ်။

နမူနာဝါကျများ

၁. ဘူတာရဲ့ အိမ်သာသစ်က၊ စိတ်ဝင်စားဖို့ကောင်းတယ်နော်။

......ဟယ်၊ ဟုတ်လား။

နံရံမှာ ပန်းတွေ တိရစ္ဆာန်တွေရဲ့ပုံကို ဆွဲထားတာ။

၂. ကပ်တိပ်(/ဆယ်လိုတိပ်)က ဘယ်မှာလဲ။

......ဟိုအံဆွဲထဲမှာ သိမ်းထားတယ်လေ။

၃. နောက်လရဲ့ တာဝန်နဲ့ခရီးထွက်တာ၊ ဟိုတယ်ကို ဘိုကင်လုပ်ထားရမလား။

......အင်း၊ လုပ်ပေးပါ။

၄. ကတ်ကြေးကို သုံးပြီးရင်၊ မူလနေရာမှာ ပြန်ထားပါ။

......ဟုတ်ကဲ့၊ နားလည်ပါပြီ။

၅. စာရွက်စာတမ်းတွေကို သိမ်းလို့ရလား။

......ဟင့်အင်း၊ အဲဒီအတိုင်း ထားထားပါ။

သုံးနေသေးလို့ပါ။

စကားပြော

အရေးပေါ်အိတ်ကို မပြင်ဆင်ထားရင်တော့(/ပြင်ဆင်ရမယ်)

မီလာ - မင်္ဂလာပါ။

ဆူဇူကီး - ကြိုဆိုပါတယ်။ ဝင်ပါ။

မီလာ - ကျောပိုးအိတ်အကြီးကြီး ထားထားတာပဲ။

တောင်ပေါ်သွားမလို့လား။

ဆူဇူကီး - ဟင့်အင်း။ အရေးပေါ်အိတ်လေ။

မီလာ - အရေးပေါ်အိတ်။ ဘာများလဲ။

ဆူဇူကီး - အရေးပေါ်ချိန်မှာ သုံးဖို့ပစ္စည်းတွေကို ထည့်ထားတဲ့ အိတ်ပါ။

လျှပ်စစ်တွေ ဂတ်စ်တွေ ရပ်သွားလည်း၊ သုံးရက်လောက်တော့ နေနိုင်လောက်တဲ့ ပစ္စည်းတွေ ထည့်ထားတာပါ။

မီလာ - ရေတို့ စားစရာတို့လား။

ဆူဇူကီး - အင်း၊ တခြားလည်း အမျိုးမျိုးရှိတယ်လေ။ လက်နှိပ်ဓာတ်မီးတို့၊ ရေဒီယိုတို့......။

မီလာ - ကျွန်တော်လည်း မပြင်ဆင်ထားရင်တော့(/ပြင်ဆင်ရမယ်)။

ဆူဇူကီး - အရေးပေါ်အိတ်က စူပါမှာလည်း ရောင်းတယ်လေ။

မီလာ - ဟုတ်လား။ ဒါဆို၊ ဝယ်ထားပါမယ်။

၃။ ကိုးကားစကားလုံးများနှင့်အချက်အလက်များ

<ruby>非<rt>ひ</rt></ruby><ruby>常<rt>じょう</rt></ruby>の<ruby>場<rt>ば</rt></ruby><ruby>合<rt>あい</rt></ruby>　အရေးပေါ်အခြေအနေ

〔1〕<ruby>地<rt>じ</rt></ruby><ruby>震<rt>しん</rt></ruby>の<ruby>場<rt>ば</rt></ruby><ruby>合<rt>あい</rt></ruby>　ငလျင်လှုပ်စဉ်

　1)<ruby>備<rt>そな</rt></ruby>えが<ruby>大<rt>たい</rt></ruby><ruby>切<rt>せつ</rt></ruby>　ပြင်ဆင်ထားရှိမှုသည်ပထမ

　　① <ruby>家<rt>か</rt></ruby><ruby>具<rt>ぐ</rt></ruby>が<ruby>倒<rt>たお</rt></ruby>れないようにしておく
　　　ပရိဘောဂများကို ပြိုမလဲအောင်ထားရှိရန်

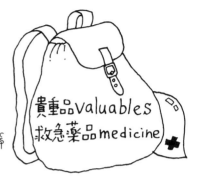

　　② <ruby>消<rt>しょう</rt></ruby><ruby>火<rt>か</rt></ruby><ruby>器<rt>き</rt></ruby>を<ruby>備<rt>そな</rt></ruby>える・<ruby>水<rt>みず</rt></ruby>を<ruby>貯<rt>たくわ</rt></ruby>えておく
　　　မီးသတ်ဆေးဘူးထားရှိရန်နှင့်ရေလိုလျှောင်ထားရန်

　　③ <ruby>非<rt>ひ</rt></ruby><ruby>常<rt>じょう</rt></ruby><ruby>袋<rt>ぶくろ</rt></ruby>を<ruby>用<rt>よう</rt></ruby><ruby>意<rt>い</rt></ruby>しておく
　　　အရေးပေါ်အသုံးအဆောင်များထည့်ထားသောအိတ်ကိုဆောင်ထားရန်

　　④ <ruby>地<rt>ち</rt></ruby><ruby>域<rt>いき</rt></ruby>の<ruby>避<rt>ひ</rt></ruby><ruby>難<rt>なん</rt></ruby><ruby>場<rt>ば</rt></ruby><ruby>所<rt>しょ</rt></ruby>を<ruby>確<rt>かく</rt></ruby><ruby>認<rt>にん</rt></ruby>しておく
　　　ဒေသတွင်းဘေးအန္တရာယ်ရှောင်စခန်းများကို ကြိုတင်သိရှိထားရန်

　　⑤ <ruby>家<rt>か</rt></ruby><ruby>族<rt>ぞく</rt></ruby>、<ruby>知<rt>ち</rt></ruby><ruby>人<rt>じん</rt></ruby>、<ruby>友<rt>ゆう</rt></ruby><ruby>人<rt>じん</rt></ruby>と、もしもの<ruby>場<rt>ば</rt></ruby><ruby>合<rt>あい</rt></ruby>の<ruby>連<rt>れん</rt></ruby><ruby>絡<rt>らく</rt></ruby><ruby>先<rt>さき</rt></ruby>を<ruby>決<rt>き</rt></ruby>めておく
　　　မိသားစု၊ အသိများနှင့်မိတ်ဆွေများကို အရေးကြုံပါက စုဝေးရန် နေရာကို
　　　သတ်မှတ်ထားရှိရန်

　2)<ruby>万<rt>まん</rt></ruby><ruby>一<rt>いち</rt></ruby><ruby>地<rt>じ</rt></ruby><ruby>震<rt>しん</rt></ruby>が<ruby>起<rt>お</rt></ruby>きた<ruby>場<rt>ば</rt></ruby><ruby>合<rt>あい</rt></ruby>　အကယ်၍ငလျင်လှုပ်ခဲ့သော်

　　① <ruby>丈<rt>じょう</rt></ruby><ruby>夫<rt>ぶ</rt></ruby>なテーブルの<ruby>下<rt>した</rt></ruby>にもぐる
　　　ခိုင်ခဲ့သောစားပွဲအောက်၌ပုန်းနေရန်

　　② <ruby>落<rt>お</rt></ruby>ち<ruby>着<rt>つ</rt></ruby>いて<ruby>火<rt>ひ</rt></ruby>の<ruby>始<rt>し</rt></ruby><ruby>末<rt>まつ</rt></ruby>
　　　စိတ်ကိုတည်ငြိမ်စွာထားရှ၍မီးဖိုတွင်မီးရှိပါက ငြိမ်းသတ်ရန်

　　③ <ruby>戸<rt>と</rt></ruby>を<ruby>開<rt>あ</rt></ruby>けて<ruby>出<rt>で</rt></ruby><ruby>口<rt>ぐち</rt></ruby>の<ruby>確<rt>かく</rt></ruby><ruby>保<rt>ほ</rt></ruby>
　　　တံခါးဖွင့်၍ထွက်ပေါက်ရှာထားရန်

　　④ <ruby>慌<rt>あわ</rt></ruby>てて<ruby>外<rt>そと</rt></ruby>に<ruby>飛<rt>と</rt></ruby>び<ruby>出<rt>だ</rt></ruby>さない
　　　အလျင်စလို အပြင်သို့ ထွက်မပြေးရန်

　3)<ruby>地<rt>じ</rt></ruby><ruby>震<rt>しん</rt></ruby>が<ruby>収<rt>おさ</rt></ruby>まったら　ငလျင်လှုပ်ပြီးသော်
　　　<ruby>正<rt>ただ</rt></ruby>しい<ruby>情<rt>じょう</rt></ruby><ruby>報<rt>ほう</rt></ruby>を<ruby>聞<rt>き</rt></ruby>く（<ruby>山<rt>やま</rt></ruby><ruby>崩<rt>くず</rt></ruby>れ、<ruby>崖<rt>がけ</rt></ruby><ruby>崩<rt>くず</rt></ruby>れ、<ruby>津<rt>つ</rt></ruby><ruby>波<rt>なみ</rt></ruby>に<ruby>注<rt>ちゅう</rt></ruby><ruby>意<rt>い</rt></ruby>）
　　　မှန်ကန်သောသတင်းကို ရယူရန်(တောင်ပြိုခြင်း၊ ချောက်ကမ်းပါး

　　　ပြိုခြင်းနှင့် ဆူနာမီ(အန္တရာယ်)ကို သတိပြုရန်)

　4)<ruby>避<rt>ひ</rt></ruby><ruby>難<rt>なん</rt></ruby>する<ruby>場<rt>ば</rt></ruby><ruby>合<rt>あい</rt></ruby>は　တိမ်းရှောင်စဉ်
　　　<ruby>車<rt>くるま</rt></ruby>を<ruby>使<rt>つか</rt></ruby>わず、<ruby>必<rt>かなら</rt></ruby>ず<ruby>歩<rt>ある</rt></ruby>いて
　　　ကားအသုံးမပြု�’ လမ်းလျှောက်ရန်

〔2〕<ruby>台<rt>たい</rt></ruby><ruby>風<rt>ふう</rt></ruby>の<ruby>場<rt>ば</rt></ruby><ruby>合<rt>あい</rt></ruby>　မုန်တိုင်းတိုက်ခဲ့သော်
　　① <ruby>気<rt>き</rt></ruby><ruby>象<rt>しょう</rt></ruby><ruby>情<rt>じょう</rt></ruby><ruby>報<rt>ほう</rt></ruby>を<ruby>聞<rt>き</rt></ruby>く　မိုးလေဝသသတင်းကိုနားထောင်ရန်
　　② <ruby>家<rt>いえ</rt></ruby>の<ruby>周<rt>まわ</rt></ruby>りの<ruby>点<rt>てん</rt></ruby><ruby>検<rt>けん</rt></ruby>　နေအိမ်ပတ်လည်ကို စစ်ဆေးရန်

　　③ ラジオの<ruby>電<rt>でん</rt></ruby><ruby>池<rt>ち</rt></ruby>の<ruby>備<rt>そな</rt></ruby>えを　ရေဒီယို ဓာတ်ခဲကို ပြင်ဆင်ထားရှိရန်
　　④ <ruby>水<rt>みず</rt></ruby>、<ruby>緊<rt>きん</rt></ruby><ruby>急<rt>きゅう</rt></ruby><ruby>食<rt>しょく</rt></ruby><ruby>品<rt>ひん</rt></ruby>の<ruby>準<rt>じゅん</rt></ruby><ruby>備<rt>び</rt></ruby>　သောက်ရေနှင့် အရေးပေါ်စားနပ်
　　　ရိက္ခာများ ပြင်ဆင်ထားရှိရန်

၄။ သဒ္ဒါရှင်းလင်းချက်

၁. Vて-ပုံစံ あります

Vて-ပုံစံ ありますသည် တစ်ဦးတစ်ယောက်မှ ရည်ရွက်ချက်တစ်ခုအတွက်လုပ်ဆောင်ခဲ့သည့် အပြုအမူတစ်ခုမှ ပေါ်ထွက်လာသောရလဒ်၏ ဆက်လက်ကျန်ရှိနေသည့်အခြေအနေကို ဖော်ပြသည်။ ကြိယာအဖြစ် ပြုခြင်းပြကြိယာ (ကံပုဒ်ရှိကြိယာ)ကိုအသုံးပြုသည်။

၁) N_1に N_2が Vてပုံစံ あります

① 机(つくえ)の 上(うえ)に メモが 置(お)いて あります。
စာရေးခုံပေါ်မှာ မှတ်စုကို ထားထားပါတယ်။

② カレンダーに 今月(こんげつ)の 予定(よてい)が 書(か)いて あります。
ပြက္ခဒိန်မှာ ဒီလရဲ့အစီအစဉ်တွေ(ကို) ရေးထားပါတယ်။

၂) N_2は N_1に Vて-ပုံစံ あります

N_2ကို အဓိကအကြောင်းအရာအဖြစ် ထုတ်နုတ်ဖော်ပြရာတွင် ဝိဘတ်はကိုအသုံးပြုသည်။

③ メモは どこですか。
…… ［メモは］ 机(つくえ)の 上(うえ)に 置(お)いて あります。
မှတ်စုက ဘယ်မှာလဲ။
......[မှတ်စုကို] စာရေးခုံပေါ်မှာ ထားထားပါတယ်။

④ 今月(こんげつ)の 予定(よてい)は カレンダーに 書(か)いて あります。
ဒီလရဲ့အစီအစဉ်တွေကို ပြက္ခဒိန်မှာ ရေးထားပါတယ်။

[မှတ်ချက်] Vて-ပုံစံ いますနှင့် Vて-ပုံစံ あります၏ကွာခြားမှု

⑤ 窓(まど)が 閉(し)まって います。 ပြတင်းပေါက်က ပိတ်နေပါတယ်။

⑥ 窓(まど)が 閉(し)めて あります。 ပြတင်းပေါက်ကို ပိတ်ထားပါတယ်။

⑤⑥ကဲ့သို့ Vて-ပုံစံ いますနှင့် Vて-ပုံစံ ありますတွင် အတွဲဖြစ်နေသည့် ဖြစ်ခြင်းပြကြိယာ(ကံပုဒ်မဲ့ကြိယာ)(しまります)နှင့် ပြုခြင်းပြကြိယာ(ကံပုဒ်ရှိကြိယာ)(しめます)ကို အသုံးပြုသည့်အခါ၊ ⑤သည် ပြတင်းပေါက်ပိတ်နေသည့်အခြေအနေကို သာမန်ဖော်ပြနေခြင်းမျှသာဖြစ်သော်လည်း၊ ⑥မှာမူ တစ်ဦးတစ်ယောက်၏အပြုအမူကြောင့် ထိုကဲ့သို့သောအခြေအနေသို့ရောက်ရှိသွားသည်ကို ဖော်ပြသည်။

၂. Vて-ပုံစံ おきます

၁) အချိန်အတိုင်းအတာတစ်ခုအထိ လိုအပ်သည့် ပြုမူလုပ်ဆောင်မှုနှင့် အပြုအမူတို့ကို အပြီးလုပ်ဆောင်ထားခြင်းကို ဖော်ပြသည်။

⑦ 旅行(りょこう)の まえに、切符(きっぷ)を 買(か)って おきます。
ခရီးမထွက်ခင် လက်မှတ်ကို ဝယ်ထားပါမယ်။

⑧ 次(つぎ)の 会議(かいぎ)までに 何(なに)を して おいたら いいですか。
……この 資料(しりょう)を 読(よ)んで おいて ください。
နောက်အစည်းအဝေးမတိုင်ခင် ဘာလုပ်ထားရမလဲ။
......ဒီစာရွက်စာတမ်းတွေကို ဖတ်ထားပါ။

၂) နောက်တစ်ကြိမ်တွင် အသုံးပြုရန်အတွက် လိုအပ်သည့်ပြုမူလုပ်ဆောင်မှုကို ကြိုတင်၍ ပြီးမြောက်စေခြင်းနှင့် ယာယီတွက်ချက်လုပ်ဆောင်ခြင်းကို ဖော်ပြသည်။

⑨ はさみを 使(つか)ったら、元(もと)の 所(ところ)に 戻(もど)して おいて ください。
ကတ်ကြေးကို သုံးပြီးရင်၊ မူလနေရာမှာ ပြန်ထားပါ။

၃) ရလဒ်၏အခြေအနေကို ဆက်လက်တည်တံ့စေခြင်းကို ဖော်ပြသည်။

⑩ あした 会議(かいぎ)が ありますから、いすは この ままに して おいて ください。

မနက်ဖြန် အစည်းအဝေး ရှိတဲ့အတွက် ထိုင်ခုံကို ဒီအတိုင်း ထားထားပါ။

[မှတ်ချက်] အပြောစကားတွင်～て おきます သည် ～ときます ဟု၍ဖြစ်သွားသည်က များသည်။

⑪ そこに 置(お)いといて (置(お)いて おいて) ください。

အဲဒီမှာ ထားထားပါ။ (သင်ခန်းစာ-၃၈)

၃. | まだ +အဟုတ်(/အငြင်းမဟုတ်) | V နေသေးတယ်။

⑫ まだ 雨(あめ)が 降(ふ)って います。　　　　မိုးရွာနေသေးတယ်။

⑬ 道具(どうぐ)を 片(かた)づけましょうか。

……まだ 使(つか)って いますから、その ままに して おいて ください。

ကိရိယာတန်ဆာပလာတွေကို သိမ်း[လိုက်]ရမလား။

......သုံးနေသေးလို့အဲဒီအတိုင်း[ပဲ] ထားထားပါ။

⑤ まだ သည် (မပြီးသေးကြောင်းသို့မဟုတ်လုပ်ဆောင်ဆဲဖြစ်ကြောင်းကိုဖော်ပြသည် "-သေး"သို့မဟုတ်"-တုန်း") ဟုအဓိပ္ပာယ်ရပြီး၊ ပြုမှုလုပ်ဆောင်မှုသို့မဟုတ်အခြေအနေ၏ ဆက်လက်ဖြစ်ပေါ်နေခြင်းကို ဖော်ပြသည်။

၄. | とか

とか သည် や နှင့်တူ၍ညီပြီး ဥပမာပေးသည့်အခါမျိုးတွင် အသုံးပြုသည်။ とか သည် や နှင့်ခိုင်းယှဉ်လျှင် အပြောဆန်ပြီး၊ ဥပမာပေးသည့်နောက်ဆုံးနာမ်၏နောက်၌ထား၍လည်း အသုံးပြုနိုင်သည်။

⑭ どんな スポーツを して いますか。

……そうですね。テニスとか 水泳(すいえい)とか……。

ဘယ်လိုအားကစားမျိုးကို လုပ်နေလဲ။

......ဘယ်လိုပြောရမလဲ။ တင်းနစ်တို့ရေကူးတာတို့......

၅. | ဝိဘတ်+ も

も ကို が နှင့် を တွဲပါသည့် နာမ်၏နောက်၌တွဲ၍အသုံးပြုရသည့်အခါမျိုးတွင်၊ が နှင့် を ကို ဖြုတ်ပစ်ရသည်။ အခြားဝိဘတ်များ(ဥပမာ: に၊ で၊ から၊ まで၊ と)၏နောက်တွင်မူ တွဲ၍အသုံးပြုနိုင်သည်။ へ ကိုမူ ဖြုတ်၍အသုံးပြုနိုင်သကဲ့သို့ တွဲ၍လည်းအသုံးပြုနိုင်သည်။

⑮ ほかにも いろいろ あります。　　　　တခြားဟာလည်း အမျိုးမျိုး ရှိတယ်။

⑯ どこ[へ]も 行(い)きません。　　　　ဘယ်[ကို]မှ မသွားဘူး။

သင်ခန်းစာ-၃၁

၁။ ဝေါဟာရများ

つづけますⅡ	続けます	ဆက်လုပ်သည်
みつけますⅡ	見つけます	ရှာသည်၊ရှာဖွေသည်၊ရှာတွေ့သည်
とりますⅠ	取ります	ယူသည် [အနား(ကို)～၊ခွင့်(ကို)～]
［やすみを～］	［休みを～］	
うけますⅡ	受けます	ဖြေဆိုသည် [စာမေးပွဲကို～]
［しけんを～］	［試験を～］	
もうしこみますⅠ	申し込みます	လျှောက်ထားသည်
きゅうけいしますⅢ	休憩します	ခဏနားသည်
れんきゅう	連休	ဆက်တိုက်ပိတ်ရက်၊ပိတ်ရက်ရှည်
さくぶん	作文	စာစီစာကုံး
はっぴょう	発表	တင်ပြခြင်း၊စာတမ်းဖတ်ခြင်း၊ထုတ်ပြန်ကြေငြာခြင်း
		（～します：တင်ပြသည်）
てんらんかい	展覧会	ပြပွဲ၊အနုပညာပြပွဲ
けっこんしき	結婚式	မင်္ဂလာပွဲအခမ်းအနား
［お］そうしき*	［お］葬式	နာရေးအခမ်းအနား၊အသုဘအခမ်းအနား
しき*	式	အခမ်းအနား၊သဘင်
ほんしゃ	本社	ပင်မရုံး၊ရုံးချုပ်
してん	支店	ဆိုင်ခွဲ၊ရုံးခွဲ
きょうかい	教会	ဘုရားရှိခိုးကျောင်း
だいがくいん	大学院	ဘွဲ့လွန်
どうぶつえん	動物園	တိရစ္ဆာန်ဥယျာဉ်၊တိရစ္ဆာန်ရုံ
おんせん	温泉	ရေပူစမ်း
かえり	帰り	အပြန်
おこさん	お子さん	(သူတစ်ပါး၏)ကလေး
ーごう	ー号	နံပါတ် ー၊ အမှတ် ー
～の ほう	～の 方	～(ရဲ့) ဘက်
ずっと		တောက်လျှောက်
※バリ		ဘာလီကျွန်း (အင်ဒိုနီးရှားရှိကျွန်း)
※ピカソ		ပီကာဆို (ဘာဘာလိုပီကာဆို၊စပိန်လူမျိုး၊ပန်းချီပညာရှင်
		(၁၈၈၁-၁၉၇၃)

※のぞみ　　　　　　　　　　　　　　　နော်ဇီးမိ (ကျည်ဆန်ရထားအမည်) (〜42号 ：နော်ဇီးမိ
　　　　　　　　　　　　　　　　　　　　　　　　アမှတ်-၄၂)
※新神戸　　　　　　　　　　　　　　ရှင်းခိုးဘဲ (ဟရောဂေါ့ခရိုင်ရှိဘူတာအမည်)

〈会話〉
残りますⅠ　　　　　　　　　　　　ကျန်သည်၊ကျန်ရစ်သည်၊ကြွင်းကျန်သည်
入学試験　　　　　　　　　　　　　ကျောင်းဝင်ခွင့်စာမေးပွဲ
月に　　　　　　　　　　　　　　　　တစ်လမှာ၊တစ်လကို

〈読み物〉
村　　　　　　　　　　　　　　　　　ရွာ၊ကျေးလက်တောရွာ
卒業しますⅢ　　　　　　　　　　　ဘွဲ့ရသည်၊ကျောင်းပြီးသည်၊သင်တန်းဆင်းသည်
映画館　　　　　　　　　　　　　　ရုပ်ရှင်ရုံ
嫌［な］　　　　　　　　　　　　　　မနှစ်မြို့သော၊မကြိုက်သော၊မကြည်ဖြူသော
空　　　　　　　　　　　　　　　　　မိုးကောင်းကင်
閉じますⅡ　　　　　　　　　　　　ပိတ်သည်၊မှိတ်သည်
都会　　　　　　　　　　　　　　　မြို့၊မြို့ပြ
子どもたち　　　　　　　　　　　　ကလေးတွေ၊ကလေးများ
自由に　　　　　　　　　　　　　　လွတ်လပ်စွာ၊လွတ်လွတ်လပ်လပ်

31

၂။ ဘာသာပြန်

ဝါကျပုံစံများ

၁။ အတူတူ သွားရအောင်။

၂။ အနာဂတ်မှာ ကိုယ့်ကိုယ်ပိုင် ကုမ္ပဏီကို ထောင်မယ်လို့ စဉ်းစားထားပါတယ်။

၃။ နောက်လမှာ ကား[ကို] ဝယ်ဖို့ ရည်ရွယ်ထားပါတယ်။

နမူနာဝါကျများ

၁။ မောလိုက်တာနော်။ ခဏလောက် နားမလား။

......အင်း၊ အဲလို လုပ်ရအောင်။

၂။ နှစ်သစ်မှာ ဘာလုပ်မလဲ။

......မိသားစုနဲ့ ရေပူစမ်းကို သွားမယ်လို့ စိတ်ကူးထားပါတယ်။

၃။ ရီပို့က ရေးပြီးပြီလား။

......ဟင့်အင်း၊ မရေးရသေးဘူး။

သောကြာနေ့နောက်ဆုံးထားပြီး အပြီးရေးမယ်လို့ စိတ်ကူးထားပါတယ်။

၅။ နိုင်ငံကို ပြန်လည်း၊ ဂျပန်စာကို ဆက်လေ့လာမလား။

......ဟုတ်ကဲ့၊ ဆက်လေ့လာဖို့ ရည်ရွယ်ထားပါတယ်။

၅။ နွေရာသီပိတ်ရက်မှာ နိုင်ငံကို မပြန်ဘူးလား။

......အင်း၊ မဟာတန်းရဲ့ စာမေးပွဲကို ဖြေရမှာမို့လို့ ဒီနှစ်က မပြန်ဖို့ ရည်ရွယ်ထားပါတယ်။

၆။ မနက်ဖြန်ကစပြီး နယူးယောက်ကို တာဝန်နဲ့ခရီးထွက်ပါမယ်။

......ဟုတ်လား။ ဘယ်တော့ ပြန်လာမလဲ။

အစီအစဉ်အရ နောက်အပတ် သောကြာနေ့မှာ ပြန်လာပါမယ်။

စကားပြော

ဟင်းချက်တာကို သင်ယူမယ်လို့ စိတ်ကူးထားပါတယ်

အိုဂါဝ - နောက်လကစပြီး တစ်ယောက်တည်းသမား(လူပျို) ဖြစ်တော့မယ်။

မီလာ - ဟင်။

အိုဂါဝ - တကယ်တော့ အိုဆာကာရုံးချုပ်ကို အလုပ်ပြောင်းရမှာပါ။

မီလာ - ရုံးချုပ်လား။ အဲဒါ (ကြားရတာ) ဝမ်းသာပါတယ်၊ ဂုဏ်ယူပါတယ်။

ဒါပေမဲ့၊ ဘာဖြစ်လို့ တစ်ယောက်တည်းသမား(လူပျို) ဖြစ်မှာလဲ။

အိုဂါဝ - ဇနီးသည်နဲ့ကလေးက တိုကျိုမှာ ကျန်ခဲ့မှာမို့ပါ။

မီလာ - ဟင်၊ အတူတူ မသွားဘူးလား။

အိုဂါဝ - အင်း။ သားက နောက်နှစ် တက္ကသိုလ်ဝင်ခွင့်စာမေးပွဲ ရှိလို့ တိုကျိုမှာ ကျန်ခဲ့မယ်လို့ ပြောပြီး၊ ဇနီးသည်ကလည်း အခုကုမ္ပဏီကို မထွက်ချင်ဘူးလို့ ပြောလို့ပါ။

မီလာ - အဲဒါနဲ့၊ သပ်သပ်စီ နေကြမှာပေါ့။

အိုဂါဝ - အင်း။ ဒါပေမဲ့၊ တစ်လကို ၂ကြိမ်၊၃ကြိမ် စနေ၊တနင်္ဂနွေမှာ ပြန်မယ်လို့ ရည်ရွယ်ထားတယ်။

မီလာ - မလွယ်ဘူးနော်။

အိုဂါဝ - ဒါပေမဲ့၊ ကောင်းတဲ့အခွင့်အလမ်းမို့လို့၊ ဟင်းချက်တာကို သင်ယူမယ်လို့ စိတ်ကူးထားတယ်။

မီလာ - အဲဒါ ကောင်းတာပေါ့။

၃။ ကိုးကားစကားလုံးများနှင့်အချက်အလက်များ

専門 ကျွမ်းကျင်ဘာသာရပ်

医学	ဆေးပညာ	政治学	နိုင်ငံရေး
薬学	ဆေးဝါးပညာ	国際関係学	နိုင်ငံတကာဆက်ဆံရေးပညာ
化学	ဓာတုဗေဒ	法律学	ဥပဒေပညာ
生化学	ဇီဝဓာတုဗေဒ	経済学	စီးပွားရေးပညာ
生物学	ဇီဝဗေဒ	経営学	စီးပွားရေးနှင့်စီမံခန့်ခွဲရေးပညာ
農学	လယ်ယာစိုက်ပျိုးရေးပညာ	社会学	လူမှုရေးပညာ
地学	ဘူမိဗေဒ	教育学	သင်ကြားရေးပညာ
地理学	ပထဝီဝင်	文学	စာပေ
数学	သင်္ချာ	言語学	ဘာသာဗေဒ
物理学	ရူပဗေဒ	心理学	စိတ်ပညာ
工学	စက်မှုသိပ္ပံ/အင်ဂျင်နီယာ	哲学	ဒဿနိကဗေဒ
土木工学	မြို့ပြအင်ဂျင်နီယာ	宗教学	ဘာသာရေးယုံကြည်မှုဆိုင်ရာလေ့လာမှုပညာ
電子工学	အီလက်ထရောနစ်အင်ဂျင်နီယာ	芸術	(ကြွေထည်မြေထည်)လက်မှုအနုပညာ
電気工学	လျှပ်စစ်အင်ဂျင်နီယာ	美術	(ပန်းချီပန်းပု)အနုပညာ
機械工学	စက်မှုအင်ဂျင်နီယာ	音楽	တေးဂီတ
コンピューター工学	ကွန်ပျူတာသိပ္ပံ	体育学	ကိုယ်ကာယလေ့ကျင့်ရေးအတတ်ပညာ
遺伝子工学	မျိုးရိုးဗီဇပြုပြင်ဖန်တီးမှုအင်ဂျင်နီယာ		
建築学	ဗိသုကာပညာ		
天文学	နက္ခတ္တဗေဒ		
環境科学	ပတ်ဝန်းကျင်ထိန်းသိမ်းကာကွယ်ရေးသိပ္ပံ		

၄။ သဒ္ဒါရှင်းလင်းချက်

၁. စိတ်ဆန္ဒပြပုံစံ

ますပုံစံမှ စိတ်ဆန္ဒပြပုံစံ ကိုပြုလုပ်သည့်နည်းမှာ အောက်ပါအတိုင်းဖြစ်သည်။ (ပင်မဖတ်စာအုပ်၏သင်ခန်းစာ-၃၁မှ လေ့ကျင့်ခန်းA1ကိုမှီငြမ်းရန်)

ကြိယာအုပ်စု-၁: ますပုံစံ၏ နောက်ဆုံးအသံဖြစ်သည့် いလိုင်းမှအသံကို おလိုင်းသံသို့ပြောင်း၍ う ကိုတွဲရသည်။

かきーます → かこーう　　いそぎーます → いそごーう

よみーます → よもーう　　あそびーます → あそぼーう

ကြိယာအုပ်စု-၂: ますပုံစံတွင် よう ကိုတွဲရသည်။

たべーます → たべーよう　　みーます → みーよう

ကြိယာအုပ်စု-၃:

しーます → しーよう　　きーます → こーよう

၂. စိတ်ဆန္ဒပြပုံစံ၏အသုံးပြုပုံ

၁) ～ましょう၏ရိုးရိုးပုံစံအဖြစ် ရိုးရိုးပုံစံဝါကျတွင် အသုံးပြုသည်။

① ちょっと 休まない？　　ခဏ နား[ကြ]မလား။

……うん、休もう。　　......အင်း၊ နားရအောင်။

② 手伝おうか。　　ကူညီပေးရမလား။

③ 傘を 持って 行こうか。　　ထီးယူသွားကြမလား။

[မှတ်ချက်] ရိုးရိုးပုံစံအမေးဝါကျတွင် ယေဘုယျအားဖြင့် ဝါကျအဆုံး၌ဝိဘတ် か ကိုတွဲ၍ မသုံးသော်လည်း၊ ②③ ကဲ့သို့ ～ましょうか၏ရိုးရိုးပုံစံအမေးဝါကျမျိုးတွင်မူ ဝါကျအဆုံးသတ်ဝိဘတ်か လိုအပ်သည်ကို သတိပြုရမည်။

၂) V-စိတ်ဆန္ဒပြပုံစံと 思って います

ဤဝါကျပုံစံကို ပြောသူ၏စိတ်ဆန္ဒကို တစ်ဖက်လူသိစေရန် ဖော်ပြရာတွင် အသုံးပြုသည်။ V-စိတ်ဆန္ဒပြပုံစံと おもいますကိုလည်း တူညီသောအဓိပ္ပာယ်ဖြင့်(ပြောသူ၏စိတ်ဆန္ဒကို တစ်ဖက်လူသိစေရန် ဖော်ပြရာတွင်) အသုံးပြုနိုင်သော်လည်း V-စိတ်ဆန္ဒပြပုံစံと おもって いますမှာမူ စိတ်ဆန္ဒကို လက်ရှိအချိန်အထိ အချိန်အတိုင်းအတာတစ်ခုတိုင် ဆက်လက် ထိန်းသိမ်းထားခြင်းကို ဖော်ပြသည်။

④ 週末は 海へ 行こうと 思って います。

စနေ၊တနင်္ဂနွေပိတ်ရက်မှာ ပင်လယ်(ကမ်းခြေ)ကို သွားမယ်လို့ စိတ်ကူးထားပါတယ်။

⑤ 今から 銀行へ 行こうと 思います。　　အခု ဘဏ်ကို သွားမလို့။

[မှတ်ချက်] V-စိတ်ဆန္ဒပြပုံစံと おもいます သည် ပြောသူ၏စိတ်ဆန္ဒကိုသာ ဖော်ပြနိုင်သော်လည်း၊ V-စိတ်ဆန္ဒပြပုံစံと おもって います သည် တတိယလူ၏စိတ်ဆန္ဒကိုပါ ဖော်ပြနိုင်သည်။

⑥ 彼は 学校を 作ろうと 思って います。　　သူ[က] ကျောင်း[ကို]ဖွင့်ဖို့ စိတ်ကူးနေတယ်။

၃. V-အဘိဓာန်ပုံစံ / Vない-ပုံစံない } つもりです

V-အဘိဓာန်ပုံစံつもりです သည် စိတ်ဆန္ဒကို ဖော်ပြသည်။ အငြင်းပုံစံတွင် သာမာန်အားဖြင့် Vない-ပုံစံဖြစ်သော ない つもりですကို အသုံးပြုသည်။

⑦ 国へ 帰っても、日本語の 勉強を 続ける つもりです。

နိုင်ငံကို ပြန်လည်း ဂျပန်စာကို ဆက်လေ့လာဖို့ ရည်ရွယ်ထားပါတယ်။

⑧　あしたからは　たばこを　吸わない　つもりです。

　　မနက်ဖြန်ကစပြီး ဆေးလိပ်[ကို] မသောက်ဖို့ ရည်ရွယ်ထားပါတယ်။

[မှတ်ချက်] V-စိတ်ဆန္ဒပြပုံစံと　おもって　います နှင့် V-အဘိဓာန်ပုံစံつもりです ၏အဓိပ္ပာယ်သည် အထူး ကွာခြားမှုမရှိသော်လည်း၊ တိကျသေချာသည့်စိတ်ဆန္ဒနှင့်၊ ခိုင်မာသည့်စိတ်ဆန္ဒတို့ကို ဖော်ပြရာတွင် V-အဘိဓာန်ပုံစံ つもりですကို အသုံးများသည်။

၄．　┌─────────────────────┐
　　　│ **V-အဘိဓာန်ပုံစံ** ┐　　　　　│
　　　│ 　　　　　　　├ 予定です │
　　　│ **N**の　　　　┘　　　　　│
　　　└─────────────────────┘

အစီအစဉ်ကို ဖော်ပြသည့် ပြောနည်းဖြစ်သည်။
⑨　7月の　終わりに　ドイツへ　出張する　予定です。

　　ဇူလိုင်လအကုန်မှာ ဂျာမနီကို တာဝန်နဲ့ခရီးထွက်ဖို့ အစီအစဉ်ရှိပါတယ်။
⑩　旅行は　1週間ぐらいの　予定です。

　　အစီအစဉ်အရ ခရီးက တစ်ပတ်လောက် ကြာပါမယ်။

၅．　┌─────────────────────┐
　　　│ まだ **V**て-ပုံစံ　いません │
　　　└─────────────────────┘

ဤအသုံးအနှုန်းသည် စကားပြောဖြစ်ပေါ်သည့်အချိန်၌ အကြောင်းအရပ်များ ဖြစ်ပေါ်မနေကြောင်းနှင့် အပြုအမူများ ပြီးမြောက်မှုမရှိမနေကြောင်းကို ဖော်ပြသည်။
⑪　銀行は　まだ　開いて　いません。　　　　　　ဘဏ်က မဖွင့်သေးပါဘူး။
⑫　レポートは　もう　書きましたか。　　　　　　အစီရင်ခံစာ(/ရီပို့)ကို ရေးပြီးပြီလား။
　　……いいえ、まだ　書いて　いません。　　　……ဟင့်အင်း၊ မရေးရသေးပါဘူး။

၆．　┌─────────────────────┐
　　　│ 帰ります － 帰り │
　　　└─────────────────────┘

⑬⑭ကဲ့သို့　ますပုံစံနှင့်တူညီသည့်ပုံစံကို နာမ်အနေဖြင့် အသုံးပြုသည့်အခါမျိုးရှိသည်။
⑬　帰りの　新幹線は　どこから　乗りますか。

　　အပြန်ကျည်ဆန်ရထားကို ဘယ်ကနေ စီးမလဲ။
⑭　休みは　何曜日ですか。　　　　　　　　　　ပိတ်ရက်က ဘယ်နေ့လဲ။ (သင်ခန်းစာ-၄)
遊びます － 遊び　　　答えます － 答え
申し込みます － 申し込み　　楽しみます (မွေ့လျော်သည်) － 楽しみ

43

သင်ခန်းစာ-၃၂

၁။ ဝေါဟာရများ

うんどうします Ⅲ	運動します	ကိုယ်လက်လှုပ်ရှားသည်၊အားကစားလုပ်သည်
せいこうします Ⅲ	成功します	အောင်မြင်သည်၊ဖြစ်ထွန်းသည်
しっぱいします Ⅲ*	失敗します	ရှုံးနိမ့်သည်၊ကျရှုံးသည် [စာမေးပွဲ(မှာ)〜]
[しけんに〜]	[試験に〜]	
ごうかくします Ⅲ	合格します	အောင်သည်၊အောင်မြင်သည် [စာမေးပွဲ(မှာ)〜]
[しけんに〜]	[試験に〜]	
やみます Ⅰ		တိတ်သည် [မိုး(က)〜]
[あめが〜]	[雨が〜]	
はれます Ⅱ	晴れます	နေသာသည်
くもります Ⅰ	曇ります	တိမ်ထူသည်၊မိုးအုံ့သည်
つづきます Ⅰ	続きます	ဆက်သည်၊ဆက်လက်ဖြစ်သည် [အဖျား(က)〜]
[ねつが〜]	[熱が〜]	
ひきます Ⅰ		(အအေး)မိသည် [အအေးမိခြင်း(ကို)〜 : အအေးမိသည်]
[かぜを〜]		
ひやします Ⅰ	冷やします	အအေးခံသည်
こみます Ⅰ	込みます	ကျပ်ပိတ်သည်၊ထူထပ်သည် [လမ်း(က)〜]
[みちが〜]	[道が〜]	
すきます Ⅰ		ချောင်သည်၊ရှင်းသည် [လမ်း(က)〜]
[みちが〜]	[道が〜]	
でます Ⅱ	出ます	(ပြိုင်ပွဲ)ဝင်သည်၊ပါဝင်ယှဉ်ပြိုင်သည်၊ပါဝင်ဆင်နွှဲသည်
[しあいに〜]	[試合に〜]	[ပြိုင်ပွဲ၌〜][ညှေ့ခံပွဲ၌ပါတီ၌〜]
[パーティーに〜]		
むりを します Ⅲ	無理を します	မနိုင်ဝန်ထမ်းသည်
じゅうぶん [な]	十分[な]	ပြည့်ဝသော
おかしい		ထူးဆန်းသောဟာသမြောက်သောကြောင်သော
うるさい		ဆူညံသောနားငြီးသော
せんせい	先生	ဆရာ၊ဆရာဝန်၊ဒေါက်တာ
やけど		အပူလောင်ခြင်း (〜を します : အပူလောင်သည်)
けが		ဒဏ်ရာ (〜を します : ဒဏ်ရာရသည်)
せき		ချောင်းဆိုးခြင်း (〜を します : ချောင်းဆိုးသည်)
インフルエンザ		တုပ်ကွေး၊အင်ဖလူအန်ဇာ
そら	空	မိုးကောင်းကင်
たいよう*	太陽	နေ၊နေလုံး၊နေမင်း
ほし	星	ကြယ်
かぜ	風	လေ
ひがし*	東	အရှေ့

にし	西	အနောက်
みなみ	南	တောင်
きた*	北	မြောက်
こくさい〜	国際〜	အပြည်ပြည်ဆိုင်ရာ〜၊နိုင်ငံတကာ〜
すいどう	水道	ရေပိုက်လိုင်း
エンジン		အင်ဂျင်စက်
チーム		အသင်းအဖွဲ့
こんや	今夜	ဒီညယနေ့ည
ゆうがた	夕方	ညနေစောင်း
まえ		မတိုင်ခင်၊မတိုင်မီ၊ရှေ့က၊ယခင်က
おそく	遅く	အချိန်နောက်ကျခြင်း၊(ည)အချိန်မတော်(ည)မိုးချုပ်
こんなに*		ဒီလောက်တောင်
そんなに*		အဲဒီလောက်တောင်(နာသူနှင့်သက်ဆိုင်သောအရာများ နှင့်ပတ်သက်၍အတိုင်းအတာလွန်ကဲခြင်း)
あんなに		အဲဒီလောက်တောင်(ပြောသူ၊နာသူနှစ်ဦးစလုံးနှင့်မသက် ဆိုင် သောအရာများနှင့်ပတ်သက်၍အတိုင်းအတာ လွန်ကဲခြင်း)
※ヨーロッパ		ဥရောပ

45

〈会話〉
元気	အားအင်၊အားမာန်၊သွက်လက်တက်ကြွမှု
胃	အစာအိမ်
ストレス	စိတ်ဖိစီးမှု
それは いけませんね。	အဲဒါတော့မဖြစ်သင့်ဘူးနော်။

〈読み物〉
星占い	နက္ခတ်ဗေဒင်
牡牛座	ပြိဿရာသီ (၁၂လရာသီခွင်မှဒုတိယမြောက်ဖြစ်သော နွားလားအသွင်ရှိသောရာသီ)
働きすぎ	အလုပ်လုပ်လွန်းခြင်း
困りますI	အခက်တွေ့သည်၊အကျပ်ရိုက်သည်၊ဒုက္ခရောက်သည် ထိ
宝くじ	
当たりますI[宝くじが〜]	ထိမှန်သည်၊ပေါက်သည်[ထိ(က)〜]
健康	ကျန်းမာရေး
恋愛	အချစ်၊မေတ္တာ
恋人	ချစ်သူ၊ရည်းစား
ラッキーアイテム	လာဘ်ပွင့်အဆောင်၊လပ်ကီးအဆောင်ပစ္စည်း
石	ကျောက်တုံး၊ကျောက်ခဲခဲလုံး

၂။ ဘာသာပြန်

ဝါကျပုံစံများ

၁. နေ့တိုင်း အားကစားလုပ်တာ ကောင်းတယ်။
၂. မနက်ဖြန် နှင်းကျပါလိမ့်မယ်။
၃. ချိန်းထားတဲ့အချိန်[ကို] မမီလောက်ဘူး။

နမူနာဝါကျများ

၁. ကျောင်းသားတွေရဲ့အချိန်ပိုင်းအလုပ်နဲ့ပတ်သက်ပြီး ဘယ်လိုထင်လဲ။
......ကောင်းတယ်လို့ ထင်ပါတယ်။ ငယ်ရွယ်တဲ့အချိန်မှာ၊ အမျိုးမျိုး တွေ့ကြုံတာက
ကောင်းတဲ့အတွက်ပါ။
၂. တစ်လလောက် ဥရောပကို အလည်သွားမလို့၊ ယန်းသောင်း၄၀နဲ့ လောက်မလား။
......လောက်မယ်လို့ ထင်ပါတယ်။
ဒါပေမဲ့၊ ငွေသားနဲ့ ယူသွားတာ ကောင်းမယ်နော်။
၃. ဆရာ၊ ဂျပန်ရဲ့စီးပွားရေးက ဘယ်လိုဖြစ်လာမလဲ။
......ဘယ်လိုပြောရမလဲ။ အတန်ကြာ(တော့) ကောင်းဦးမှာမဟုတ်ဘူး။
၄. ဆရာ၊ (သားလေး)ဟန်စုက တုပ်ကွေးဖြစ်တာလား။
......ဟုတ်ကဲ့၊ တုပ်ကွေးပါ။ ၂ရက်၊၃ရက် အဖျား ဆက်ကြီးရင်ကြီးနိုင်တယ်ဆိုပေမယ့်၊ စိတ်မပူပါနဲ့။
၅. အင်ဂျင်သံ ကြောင်နေတယ်နော်။
......ဟုတ်တယ်နော်။ ပျက်နေတာဖြစ်လောက်တယ်။
ကြည့်ပေးပါမယ်။

စကားပြော

မနိုင်ဝန်မထမ်းတာ ကောင်းမယ်နော်

အိုဂါဝ - မစ္စတာရှုမစ်၊ တက်တက်ကြွကြွ မရှိပါလား။
ဘာဖြစ်လို့လဲ။
ရှုမစ် - အခုတလော ခန္ဓာကိုယ်အခြေအနေ(/ကျန်းမာရေး)က မကောင်းဘူး။
တစ်ခါတလေ ခေါင်းကိုက်လိုက် အစာအိမ်နာလိုက်နဲ့လေ။
အိုဂါဝ - အဲဒါ မလွယ်ဘူးနော်။ အလုပ်များလို့လား။
ရှုမစ် - အင်း။ အချိန်ပိုဆင်းရတာ များတယ်။
အိုဂါဝ - စိတ်ဖိစီးမှုလား မသိဘူးနော်။
တစ်ခါလောက် ဆေးရုံကို သွားပြတာ ကောင်းမယ်နော်။
ရှုမစ် - အင်း၊ ဟုတ်တယ်နော်။
အိုဂါဝ - မနိုင်ဝန်မထမ်းတာ ကောင်းမယ်နော်။
ရှုမစ် - အင်း၊ အခုဒီအလုပ် ပြီးရင်၊
ခွင့်ယူမယ်လို့ စိတ်ကူးထားတယ်။
အိုဂါဝ - အဲဒါ ကောင်းတယ်။

၃။ ကိုးကားစကားလုံးများနှင့်အချက်အလက်များ

天気予報(てんきよほう) မိုးလေဝသခန့်မှန်းချက်သတင်း

晴(は)れ
နေသာမည်

曇(くも)り
တိမ်ထူမည်/မိုးအုံ့မည်

雨(あめ)
မိုးရွာမည်

雪(ゆき)
နှင်းကျမည်

晴(は)れのち曇(くも)り
နေသာပြီးနောက်တိမ်ထူမည်

曇(くも)り時々雨(ときどきあめ)
တိမ်ထူ၍ရံဖန်ရံခါမိုးရွာမည်

曇(くも)り所(ところ)によって雨(あめ)
တိမ်ထူ၍နေရာကွက်ကြားမိုးရွာမည်

降水確率(こうすいかくりつ)
မိုးရွာနိုင်သည့် ရာခိုင်နှုန်း

最高気温(さいこうきおん)
အမြင့်ဆုံးအပူချိန်

最低気温(さいていきおん)
အနိမ့်ဆုံးအပူချိန်

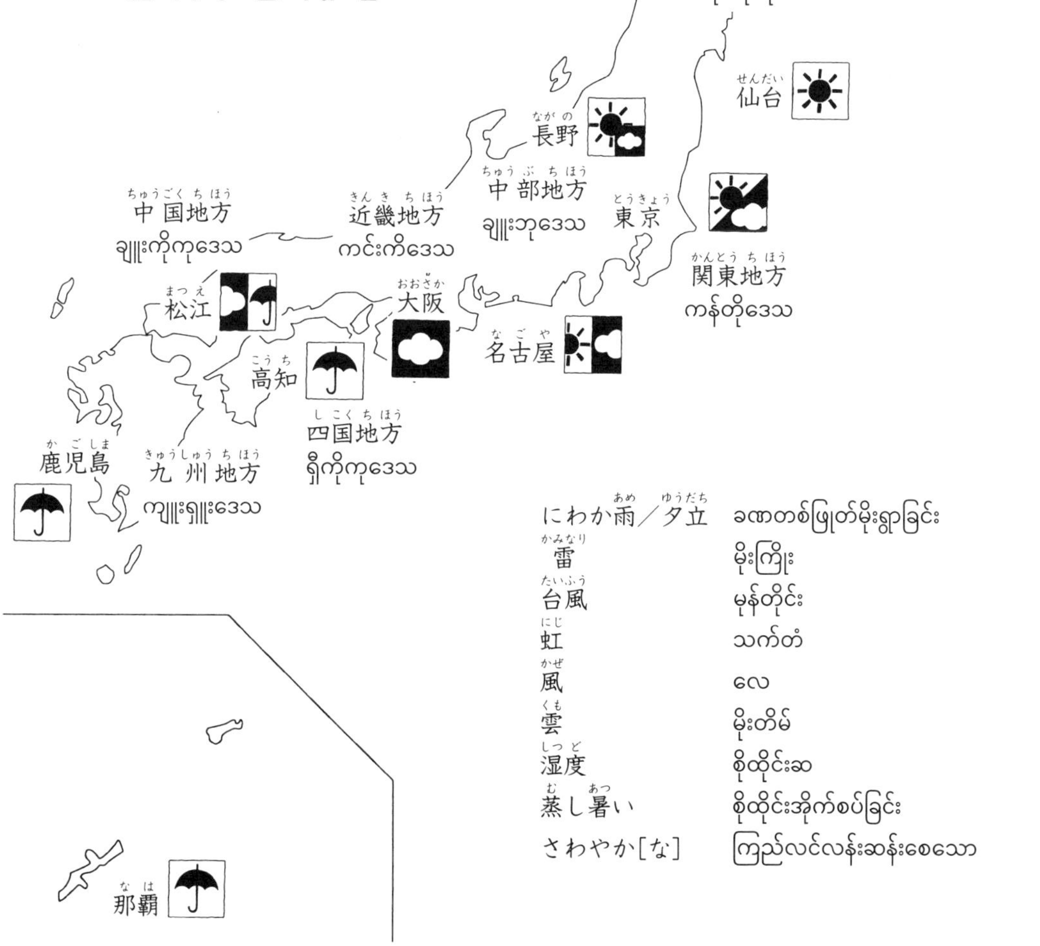
北海道地方
ဟော်ကိုင်းဒိုးဒေသ
札幌
東北地方
တိုးဟိုကုဒေသ
仙台
長野
中部地方
ချူးဘုဒေသ
東京
関東地方
ကန်တိုဒေသ
名古屋
近畿地方
ကင်းကိဒေသ
大阪
中国地方
ချူးကိုကုဒေသ
松江
高知
四国地方
ရှိကိုကုဒေသ
鹿児島
九州地方
ကျူးရှူးဒေသ
那覇

にわか雨(あめ)／夕立(ゆうだち)	ခဏတစ်ဖြုတ်မိုးရွာခြင်း
雷(かみなり)	မိုးကြိုး
台風(たいふう)	မုန်တိုင်း
虹(にじ)	သက်တံ
風(かぜ)	လေ
雲(くも)	မိုးတိမ်
湿度(しつど)	စိုထိုင်းဆ
蒸(む)し暑(あつ)い	စိုထိုင်းအိုက်စပ်ခြင်း
さわやか[な]	ကြည်လင်လန်းဆန်းစေသော

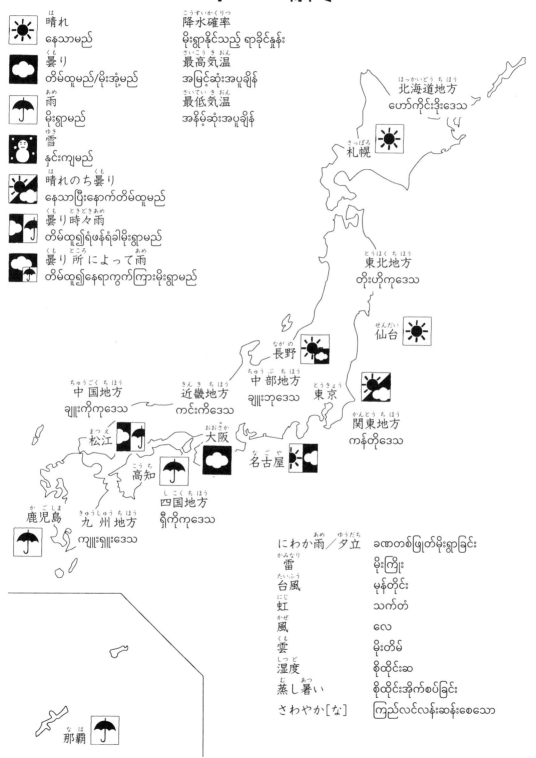

၄။ သဒ္ဒါရှင်းလင်းချက်

၁.

Vた-ပုံစံ Vない-ပုံစံ ない } ほうが いいです

① 毎日 運動した ほうが いいです。　　　　နေ့တိုင်း အားကစားလုပ်တာ[က] ကောင်းတယ်။

② 熱が あるんです。

　　……じゃ、おふろに 入らない ほうが いいですよ。

အဖျားရှိတယ်။

　　……ဒါဆို ရေမချိုးတာ[က] ကောင်းမယ်နော်။

ကြွ၀ါကျပုံကို ကြားနာသူထံ အကြံဉာဏ်ပေးသည့်အခါနှင့်သတိပေးသည့်အခါမျိုးတွင် အသုံးပြုသည်။ Vた-ပုံစံ ほうが いいです တွင် အရာနှစ်ခုကိုနှိုင်းယှဉ်၍ ရွေးချယ်ခြင်းဟူသောအဓိပ္ပာယ်ရှိသောကြောင့် ငင်းအပြုအမူကို မပြုလုပ်လျှင်မသင့်ဟူ၍လည်း အဓိပ္ပာယ်ကောက်နိုင်သည်။ ထို့ကြောင့် တစ်ဖက်လူ၏စိတ်ဆန္ဒကို လျစ်လျူ၍ရှု၍ပြီး အတင်းအကျပ်တိုက်တွန်းသည့်သဘော သက်ရောက်သည့်အခါရှိသည်။ အပြုအမူတစ်ခုကို သာမန်မျှသာ တိုက်တွန်းသည့်အခါတွင်မူ ～たら いい(သင်ခန်းစာ-၂၆)ကိုအသုံးပြုသည်။

③ 日本の お寺が 見たいんですが……。

　　……じゃ、京都へ 行ったら いいですよ。

ဂျပန်က ဘုရားကျောင်း[တွေ]ကို ကြည့်ချင်လို့……

　　……ဒါဆို ကျွ||တိုကို သွားရင် ကောင်းတယ်။

၂.

V い-adj な-adj N	ရိုးရိုးပုံစံ ရိုးရိုးပုံစံ ～だ } でしょう

～でしょう ကို အနာဂတ်အကြောင်းအရာ သို့မဟုတ် မသေချာသည့်အကြောင်းအရာတို့နှင့်ပတ်သက်၍ ပြောသူ၏ထင်မြင်ချက်ကို အခိုင်အမာမဖော်ပြဘဲ ပြောဆိုသည့်အခါ၌ အသုံးပြုသည်။

④ あしたは 雨が 降るでしょう。　　　　မနက်ဖြန် မိုးရွာပါမယ်။

⑤ タワポンさんは 合格するでしょうか。

　　……きっと 合格するでしょう。

မစ္စတာတာ၀ါပွန်[က]စာမေးပွဲအောင်မှာလား။

　　……သေချာပေါက် အောင်ပါလိမ့်မယ်။

၃.

V い-adj な-adj N	ရိုးရိုးပုံစံ ရိုးရိုးပုံစံ ～だ } かも しれません

～かも しれません ကို အနည်းငယ်မျှပင်ဖြစ်စေ ဖြစ်နိုင်ခြေရှိသည်ကို ပြောလိုသည့်အခါမျိုးတွင် အသုံးပြုနိုင်သည်။

⑥ 約束の 時間に 間に 合わないかも しれません。

　　ချိန်းထားတဲ့အချိန်[ကို] မမီလောက်ဘူး။

၄. $\boxed{\text{V ます-ပုံစံ ましょう}}$

⑦ エンジンの 音が おかしいんですが。

……そうですね。故障かも しれません。ちょっと 調べましょう。

အင်ဂျင်သံ ကြောင်နေလို့။

……ဟုတ်တယ်နော်။ ပျက်နေတာဖြစ်လောက်တယ်။ ကြည့်ပေးပါမယ်။

⑦၏ V ます-ပုံစံ ましょう သည် ပြောသူ၏စိတ်ဆန္ဒကို ကြားနာသူအား ပြောပြသည့် အသုံးအနှုန်းဖြစ်သည်။ အပြုအမူတစ်ခုပြုလုပ်ရန် ကမ်းလှမ်းညှိနိုင်းသည့်အခါ၌ အသုံးပြုသည်။ V ます-ပုံစံ ましょうか (သင်ခန်းစာ-၁၄) ထက် ပို၍ စိတ်အားထက်သန်သည့် အဓိပ္ပာယ်မျိုးသက်ရောက်သည်။

၅. $\boxed{\text{ပမာဏပြစကားလုံး で}}$

အချိန်ကန့်သတ်ချက်နှင့်ကန့်သတ်မှုအတိုင်းအတာ(ပမာဏ)ကို ဖော်ပြသည်။

⑧ 駅まで 30分で 行けますか。

ဘူတာအထိ[ကို] မိနစ်၃၀နဲ့ သွားနိုင်သလား။

⑨ 3万円で パソコンが 買えますか。

ယန်း၃သောင်းနဲ့ ကွန်ပျူတာ[ကို] ဝယ်လို့ရသလား။

၆. $\boxed{\text{何か 心配な こと}}$

⑩ 何か 心配な ことが あるんですか。　　　　စိတ်ပူစရာ တစ်ခုခု[များ] ရှိနေတာ(/လို့)လား။

⑩ကဲ့သို့သော အခါမျိုးတွင် しんぱいな なにか မဟုတ်ဘဲ なにか しんぱいな こと ဟု၍ပြောသည်။

ဤကဲ့သို့သောအသုံးအနှုန်းတွင် なにか ～ もの၊ どこか ～ ところ၊ だれか ～ ひと၊ いつか ～ とき စသည်ဖြင့် အခြားသောအသုံးအနှုန်းများလည်း ရှိသည်။

⑪ スキーに 行きたいんですが、どこか いい 所、ありますか。

စကီးသွားစီးချင်လို့၊ ကောင်းတဲ့နေရာ တစ်နေရာရာ[များ] ရှိသလား။

သင်ခန်းစာ-၃၃

၁။ ဝေါဟာရများ

にげます II	逃げます	ထွက်ပြေးသည်
さわぎます I	騒ぎます	ဆူပူသည်
あきらめます II		လက်လျှော့သည်
なげます II	投げます	ပစ်သည်၊ပစ်ပေါက်သည်
まもります I	守ります	စောင့်ထိန်းသည်၊လိုက်နာသည်
はじまります I	始まります	စသည်၊စတင်သည် [အခမ်းအနား (က)~]
[しきが~]	[式が~]	
しゅっせきします III	出席します	တက်ရောက်သည် [အစည်းအဝေးသို့~]
[かいぎに~]	[会議に~]	
つたえます II	伝えます	တစ်ဆင့်ပြောသည်
ちゅういします III	注意します	သတိထားသည်၊သတိပေးသည် [ကား(ကို)~]
[くるまに~]	[車に~]	
はずします I	外します	ခွာသည်၊ဖယ်သည်၊ဖြုတ်သည် [ထိုင်ခုံနေရာ(ကို)~]
[せきを~]	[席を~]	
もどります I	戻ります	ပြန်လာသည်
あります I		ရှိသည် [တယ်လီဖုန်း(က)~]
[でんわが~]	[電話が~]	
リサイクルします III		ပြန်လည်အသုံးပြုနိုင်ရန်စီမံဆောင်ရွက်သည်၊ ရီဆိုက်ကယ်လုပ်သည်
だめ[な]		မရသော၊သုံးမရသော၊မကောင်းသော
おなじ	同じ	တူညီသည်
けいさつ	警察	ရဲ၊ရဲအဖွဲ့၊ရဲစခန်း
せき	席	ထိုင်ခုံနေရာ
マーク		အမှတ်အသား
ボール		ဘောလုံး
しめきり	締め切り	သတ်မှတ်ထားသည့်နောက်ဆုံးအချိန်၊စာရင်းပိတ်ချိန်
きそく	規則	စည်းမျဉ်း၊စည်းကမ်း
きけん	危険	အန္တရာယ်၊အန္တရာယ်များခြင်း
しようきんし	使用禁止	မသုံးရ၊အသုံးမပြုရ
たちいりきんし	立入禁止	မဝင်ရ၊ဝင်ခွင့်မပြု
じょこう	徐行	ဖြည်းဖြည်းမောင်း
いりぐち	入口	ဝင်ပေါက်
でぐち	出口	ထွက်ပေါက်
ひじょうぐち	非常口	အရေးပေါ်ထွက်ပေါက်

33

50

むりょう	無料	အခမဲ့၊အလကား
わりびき	割引	လျှော့ဈေး၊ဒစ်စကောင့်
のみほうだい	飲み放題	အဝသောက်၊စိတ်ကြိုက်သောက်
しようちゅう	使用中	အသုံးပြုဆဲ
ぼしゅうちゅう	募集中	လက်ခံဆဲ
〜ちゅう	〜中	〜ဆဲ၊〜စဉ်၊〜တုန်း၊〜ခိုက်
どういう 〜		ဘယ်လို〜၊ဘယ်လိုမျိုး〜
いくら[〜ても]		ဘယ်လောက် [〜ပဲဖြစ်ဖြစ်]
もう		ထပ်ပြီး၊ဆက်ပြီး၊နောက်ထပ် (အငြင်းနှင့်တွဲ၍သာအသုံးပြု
		သည်။)
あと 〜		နောက်ထပ်〜 (ကျန်သေးသည့်သဘောကိုဆိုလိုသည်။)
〜ほど		〜လောက်၊〜မျှ

〈会話〉

駐車違反	ယာဉ်ရပ်နားခွင့်ချိုးဖောက်ခြင်း
罰金	ဒဏ်ငွေ

〈読み物〉

地震	မြေငလျင်
起きますⅡ	ဖြစ်ပွားသည်
助け合いますⅠ	အပြန်အလှန်ကူညီသည်၊ရိုင်းပင်းသည်
もともと	နဂိုမူလ
悲しい	ဝမ်းနည်းသော
もっと	ပို၍
あいさつ	နှုတ်ဆက်စကား၊အမှာစကား(〜を します : ပြော(ကြား)
	သည်) *တစ်ဦးတစ်ယောက်နှင့်တွေ့ဆုံသောအခါ
	(သို့မဟုတ်) ခွဲခွာသောအခါ၌ပြောလေ့ရှိသောနှုတ်ဆက်
	စကား၊အခမ်းအနား စသည်တို့၌ပြောလေ့ရှိသောအဖွင့်
	အမှာစကား(သို့မဟုတ်) အပိတ်စကားစသည်
相手	တစ်ဖက်သား၊တစ်ဖက်လူ
気持ち	စိတ်၊စိတ်ဓာတ်၊စိတ်နေစိတ်ထား

၂။ ဘာသာပြန်

ဝါကျပုံစံများ

၁. မြန်မြန်လုပ်။
၂. မထိနဲ့။
၃. "Tachiiri kinshi" ဆိုတာ မဝင်နဲ့ဆိုတဲ့ အဓိပ္ပာယ်ပါ။
၄. မစ္စတာမီလာက နောက်အပတ် အိုဆာကာကို တာဝန်နဲ့ခရီးထွက်မယ်လို့ ပြောသွားပါတယ်။

နမူနာဝါကျများ

၁. မရတော့ဘူး။ ဆက်ပြီး မပြေးနိုင်တော့ဘူး။
......ကြိုးစားထား။ နောက် မီတာ၅၀၀ပဲ။
၂. အချိန် မရှိတော့ဘူး။
......တစ်မိနစ် ကျန်သေးတယ်။ လက်မလျှော့နဲ့။
၃. ဒီရေကန်မှာ ရေကူးလို့ မရဘူး။ ဟိုမှာ "မဝင်ရ"လို့ ရေးထားတယ်လေ။
......အာ့၊ ဟုတ်သားပဲ။
၄. ဟိုခန်းဂျီးကို ဘယ်လို ဖတ်ရတာလဲ။
......"ခင်းအန်း"ပါ။
ဆေးလိပ်[ကို] သောက်လို့မရဘူး ဆိုတဲ့ အဓိပ္ပာယ်ပါ။
၅. ဒီအမှတ်အသားက ဘာအဓိပ္ပာယ်လဲ။
......အဝတ်လျှော်စက်နဲ့ လျှော်လို့ရတယ် ဆိုတဲ့ အဓိပ္ပာယ်ပါ။
၆. မစ္စတာဂုပုတ ရှိပါသလား။
......အခု အပြင်သွားနေပါတယ်။ မိနစ်၃၀လောက်နေရင် ပြန်လာမယ်လို့ ပြောသွားပါတယ်။
၇. ကျေးဇူးပြုပြီး၊ မစ္စဝါတနဘဲကို မနက်ဖြန် ပါတီက ၆နာရီကနေ[စမှာ]လို့ ပြောပေးလို့ရမလား။
......နားလည်ပါပြီ။ ၆နာရီကနေနော်။

စကားပြော

ဒါက ဘာအဓိပ္ပာယ်လဲ။

ဝပ်	-	တစ်ဆိတ်လောက်ခင်ဗျ။ ကျွန်တော့်ကားမှာ ဒီလိုစာကို ကပ်ထားတာ၊ ဒီခန်းဂျီးက ဘယ်လို ဖတ်ရတာလဲခင်ဗျ။
တက္ကသိုလ်ဝန်ထမ်း	-	"ချူးရှအိဟန်း"ပါ။
ဝပ်	-	ချူးရှအိဟန်း......ဘာအဓိပ္ပာယ်လဲခင်ဗျ။
တက္ကသိုလ်ဝန်ထမ်း	-	ရပ်လို့မရတဲ့ နေရာမှာ ကားကို ရပ်ခဲ့တယ်ဆိုတဲ့ အဓိပ္ပာယ်ပါ။ ဘယ်မှာ ရပ်ခဲ့တာလဲ။
ဝပ်	-	ဘူတာရဲ့ရှေ့မှာပါ။ မဂ္ဂဇင်းကို ဝယ်ဖို့သွားတာ၊ ၁၀မိနစ်လောက်ပါပဲ......။
တက္ကသိုလ်ဝန်ထမ်း	-	ဘူတာရဲ့ရှေ့ဆိုရင်၊ ၁၀မိနစ်လည်း မရဘူးလေ။
ဝပ်	-	ဟုတ်လား။ ဒဏ်ငွေမဆောင်လို့မရဘူးလား။
တက္ကသိုလ်ဝန်ထမ်း	-	အင်း၊ ယန်း၁၅၀၀၀မဆောင်လို့ မရပါဘူး။
ဝပ်	-	ဟင်။ ယန်း၁၅၀၀၀လား။ မဂ္ဂဇင်းက ယန်း၃၀၀ပဲဟာကို......။

33

၃။ ကိုးကားစကားလုံးများနှင့်အချက်အလက်များ

標識　သင်္ကေတအမှတ်အသားများ

営業中
ဆိုင်ဖွင့်သည်

準備中
ပြင်ဆင်ဆဲ

閉店
ဆိုင်ပိတ်သည်

定休日
ပုံမှန်ပိတ်ရက်

化粧室
သန့်စင်ခန်း

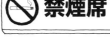

禁煙席
ဆေးလိပ်မသောက်ရထိုင်ခုံ

予約席
ဘိုကင်လုပ်ထားသောစားပွဲ

非常口
အရေးပေါ်ထွက်ပေါက်

火気厳禁
မီးလောင်တတ်သည်

割れ物注意
ကွဲရှတတ်သည်

運転初心者注意
သင်မောင်း/
မောင်းတတ်ခါစ

工事中
လမ်းပြင်နေသည်/
လုပ်ငန်းခွင်

塩素系漂白剤不可
ဆားဓာတ်ပါဝင်သောအစွန်း
ချွတ်ဆေးများမသုံးရ

手洗い
လက်လျှော်

アイロン(低温)
မီးပူတိုက်(အားပျော့)

ドライクリーニング
အခြောက်လျှော်

၄။ သဒ္ဒါရှင်းလင်းချက်

၁. အမိန့်ပေးပုံစံ၊ တားမြစ်ပုံစံ

၁) အမိန့်ပေးပုံစံပြုလုပ်နည်း(ပင်မဖတ်စာအုပ်၏သင်ခန်းစာ-၃၃မှလေ့ကျင့်ခန်းA1ကိုမှီငြမ်းရန်)
ကြိယာအုပ်စု-၁: ます ပုံစံ၏နောက်ဆုံးအသံဖြစ်သည် ﹅ ﹅ လိုင်းမှအသံကို え လိုင်းသံသို့ ပြောင်းရသည်။

か<u>き</u>－ます	→	か<u>け</u>	いそ<u>ぎ</u>－ます	→ いそ<u>げ</u>
よ<u>み</u>－ます	→	よ<u>め</u>	あそ<u>び</u>－ます	→ あそ<u>べ</u>

ကြိယာအုပ်စု-၂: ます ပုံစံတွင် ろ ကိုတွဲသည်။

たべ－ます → たべ－ろ　　　み－ます → み－ろ

ခြင်းချက်: くれ－ます → くれ<u>ろ</u>

ကြိယာအုပ်စု-၃: し－ます → しろ　　　き－ます → こい

[မှတ်ချက်] ある၊ できる၊ わかる စသည့်အခြေအနေပြကြိယာများတွင် အမိန့်ပေးပုံစံမရှိပါ။

၂) တားမြစ်ပုံစံပြုလုပ်နည်း(ပင်မဖတ်စာအုပ်၏သင်ခန်းစာ-၃၃မှလေ့ကျင့်ခန်း A1ကိုမှီငြမ်းရန်)
အဘိဓာန်ပုံစံတွင် な ကိုတွဲသည်။

၂. အမိန့်ပေးပုံစံနှင့်တားမြစ်ပုံစံအသုံးပြုပုံ

အမိန့်ပေးပုံစံကို တစ်ဖက်လူအား တစ်ခုသောပြုမူလုပ်ဆောင်မှုကို ဖိအားပေးစေခိုင်းရာတွင် အသုံးပြုပြီး တားမြစ်ပုံစံ ကိုမူ တစ်ခုသောပြုမူလုပ်ဆောင်မှုကို မပြုလုပ်ရန် အမိန့်ပေးရာတွင် အသုံးပြုသည်။ ဤဝါကျပုံစံများသည် နိုင်ထက်စီး နင်းပြုလုပ်သည့်သဘောဆန်၍ အလွန်ပြင်းထန်သည့်သက်ရောက်မှုမျိုး ရှိသောကြောင့် ဝါကျအဆုံး၌၍ အလွန်အသုံး ပြုခဲ့သည်။ တစ်ဖန် နှုတ်ဖြင့်ပြောဆိုကားဲ၍အသုံးပြုသည့်အခါ များသောအားဖြင့် အမျိုးသားများသာဖြစ်သည်။ အမိန့်ပေး ပုံစံနှင့် တားမြစ်ပုံစံတို့ကို ဝါကျနောက်ဆုံးတွင် အသုံးပြုသည်မှာ အောက်ပါအသံ့သိုသောအခါမျိုးတွင်ဖြစ်သည်။

၁) ရာထူးကြီးသူသို့မဟုတ်အသက်အရွယ်ကြီးမြင့်သူအမျိုးသားမှ ရာထူးနိမ့်သူသို့မဟုတ်အသက်အရွယ်ငယ်သူအား
တစ်ဖန် ဖခင်မှသားသမီးများအား ပြောဆိုရာတွင် အသုံးပြုသည်။

① 早く 寝ろ。 　　　　　　　　　 စောစော အိပ်(စမ်း)။

② 遅れるな。 　　　　　　　　　 နောက်မကျနဲ့။

၂) အမျိုးသားအပေါင်းအဖော်အချင်းချင်းတွင် အသုံးပြုသည်။ လေသံကိုပျော့ပျောင်းစေရန် ဝါကျအဆုံးတွင်ဝိဘတ် よ
ကို တွဲ၍ အသုံးများသည်။

③ あした うちへ 来い[よ]。 　　　 မနက်ဖြန် အိမ်ကို လာခဲ့[ကွာ]။

④ あまり 飲むな[よ]。 　　　 သိပ်ပြီး မသောက်နဲ့ [ကွာ]။

၃) စက်ရုံအလုပ်ရုံစသည်တို့တွင် အဖွဲ့လိုက်စုပေါင်းအလုပ်လုပ်သောအခါမျိုး၌ ပေးလေ့ရှိသောညွှန်ကြားချက်များ
မီးလောင်ခြင်း၊ငလျင်လှုပ်ခြင်းစသောအရေးပေါ်အချိန်များ စသည့် တစ်ဖက်လူနှင့်စကားပြောဆက်ဆံသည့်ပုံစံကို
ဂရုမူချိန်မရသည့်အခါမျိုးတွင် အသုံးပြုသည်။ ထိုအခါမျိုးတွင်လည်း ရာထူးကြီးသူသို့မဟုတ်အသက်အရွယ်ကြီး
မြင့်သူ အမျိုးသားများသာ အသုံးများသည်။

⑤ 逃げろ。 　　　　　　　　　 ပြေး(ဟ)။

⑥ エレベーターを 使うな。 　　　 ဓာတ်လှေကားကို မသုံးနဲ့။

၄) အသင်းအဖွဲ့အလိုက်လေ့ကျင့်ခြင်း၊ ကျောင်းများ၌ ကိုယ်ကာယလေ့ကျင့်ခြင်းနှင့် အသင်းများ၏အားကစားလှုပ်ရှား
ခြင်းစသောအချိန်တို့၌ ညွှန်ကြားအမိန့်ပေးသည့်အခါ။

⑦ 休め。 　　　　　　　　　 နား(တော့)။

⑧ 休むな。 　　　　　　　　　 မနားနဲ့။

၅) အားကစားပြိုင်ပွဲများကို ကြည့်ရှုစဉ်၌ အော်ဟစ်အားပေးသည့်အခါ။ ထိုအခါမျိုးတွင်မူ အမျိုးသမီးများလည်း
အသုံးပြုတတ်သည်။

⑨ 頑張れ。 　　　　　　　　　 ကြိုးစားထား။

⑩ 負けるな。 　　　　　　　　　 မရှုံးစေနဲ့။

၆) ယာဉ်စည်းကမ်း၊ လမ်းစည်းကမ်းဆိုင်ရာ သင်္ကေတအမှတ်အသားများနှင့် ဆောင်ပုဒ်များစသည့် အထူးထိရောက်စေမေရန် ရည်ရွယ်၍ ရိုးရှင်းမှုကို အလေးပေးသည့်အခါ။

⑪ 止まれ。　　　　　　　　　　　　　ရပ်။

⑫ 入るな。　　　　　　　　　　　　　မဝင်ရ။

[မှတ်ချက်] အမိန့်ပေးသည့်ပုံစံတွင် V ます-ပုံစံ なさい လည်းရှိသည်။ ၎င်းကို မိဘမှသားသမီးထံ၊ ဆရာမှတပည့်ထံ စသည်တို့တွင် အသုံးပြုပြီး ကြိယာ၏အမိန့်ပေးပုံစံထက် ပို၍ သိမ်မွေ့သည့်သဘောကို ခံစားရသည်။ အမျိုးသမီးများ သည် အမိန့်ပေးပုံစံအစား ⑤ပုံစံကို အသုံးပြုသည်။ သို့သော် မိမိထက်ရာထူးကြီးသူနှင့်အသက်အရွယ်ကြီးမြင့်သူများ ထံမှ အသုံးမပြုနိုင်ပေ။

⑬ 勉強しなさい。　　　　　　　　　　စာကျက်[စမ်း]။

၃. ～と 書いて あります／～と 読みます

⑭ あの 漢字は 何と 読むんですか。　　　ဟိုခန်းဂျီးက ဘယ်လို ဖတ်ရသလဲ။

⑮ あそこに「止まれ」と 書いて あります。　ဟိုမှာ "ရပ်"လို့ ရေးထားပါတယ်။

⑭⑮မှとသည် ～と いいます(သင်ခန်းစာ-၂၁)မှ とနှင့်တူညီသော တာဝန်ကို ထမ်းဆောင်သည်။

၄. XはYと いう 意味です

⑤ပုံစံကို X၏အဓိပ္ပာယ်ကို ဖွင့်ဆိုသတ်မှတ်သည့်အခါ၌ အသုံးပြုသည်။ と いうသည် と いいますမှဖြစ်လာ သည့်ပုံစံဖြစ်သည်။ အဓိပ္ပာယ်ကိုမေးမြန်းသည့်အခါ အမေးစကားလုံး どういう ကိုအသုံးပြုသည်။

⑯「立入禁止」は 入るなと いう 意味です。　"Tachiiri kinshi" ဆိုတာ မဝင်ရဆိုတဲ့ အဓိပ္ပာယ်ပါ။

⑰ この マークは どういう 意味ですか。
　……洗濯機で 洗えると いう 意味です。
ဒီအမှတ်အသားက ဘာအဓိပ္ပာယ်လဲ။
……အဝတ်လျှော်စက်နဲ့ လျှော်လို့ရတယ်ဆိုတဲ့ အဓိပ္ပာယ်ပါ။

၅. "ဝါကျ" ရိုးရိုးပုံစံ } と 言って いました

တတိယလူပြောသည့်စကားကို ထိုအတိုင်းကိုးကား၍ပြန်ပြောသည့်အခါတွင် ～と いいました(သင်ခန်းစာ-၂၁) ကို အသုံးပြု၍ တတိယလူ၏တစ်ဆင့်ပြောပေးရန်မှာသွားသည့်စကားကို ပြန်ပြောပေးသည့်အခါတွင်မူ ～と いって いましたကိုအသုံးပြုသည်။

⑱ 田中さんは「あした 休みます」と 言って いました。
မစ္စတာတနကက "မနက်ဖြန် နားမယ်" လို့ ပြောသွားပါတယ်။

⑲ 田中さんは あした 休むと 言って いました。
မစ္စတာတနကက သူ မနက်ဖြန်နားမယ်လို့ ပြောသွားပါတယ်။

၆. "ဝါကျ" ရိုးရိုးပုံစံ } と 伝えて いただけませんか

မိမိမှာလိုသည့်စကားကို ပြန်ပြောပေးရန် ယဉ်ယဉ်ကျေးကျေး တောင်းဆိုသည့်အခါ၌ အသုံးပြုသည်။

⑳ ワンさんに「あとで 電話を ください」と 伝えて いただけませんか。
မစ္စတာဝမ်းကို "တော်ကြာကျရင် ဖုန်းပြန်ဆက်ပါ" လို့ ပြောပေးလို့ ရမလား။

㉑ すみませんが、渡辺さんに あしたの パーティーは 6時からだと 伝えて
いただけませんか。
ကျေးဇူးပြုပြီး မစ္စဝါတနဘဲကို မနက်ဖြန် ပါတီက ၆နာရီကနေ[စမှာ]လို့ ပြောပေးလို့ရမလား။

သင်ခန်းစာ-၃၄

၁။ ဝေါဟာရများ

みがきます I	磨きます	တိုက်သည်၊ပွတ်တိုက်သည်၊တိုက်ချွတ်သည်၊သွေးသည်
[はを〜]	[歯を〜]	[သွားကို〜]
くみたてます II	組み立てます	တစ်စစီဆင်သည်၊ပစ္စည်းအစိတ်အပိုင်းတို့ကိုတပ်ဆင်သည်
おります I	折ります	ကွေ့သည်၊ချိုးသည်
きが つきます I	気が つきます	သတိထားမိသည် [မေ့ကျန်ပစ္စည်းကို〜]
[わすれものに〜]	[忘れ物に〜]	
つけます II		ဆမ်းသည်၊ဆွတ်သည်၊ဖျန်းသည် [ပဲငံပြာရည်ကို〜]
[しょうゆを〜]		
みつかります I	見つかります	တွေ့သည် [သော့ကို〜]
[かぎが〜]		
しつもんします III	質問します	မေးသည်၊မေးမြန်းသည်
さします I		ဆောင်းသည် [ထီးကို〜]
[かさを〜]	[傘を〜]	
スポーツクラブ		အားကစားသင်တန်း၊အားကစားအသင်း၊ဂျင်(မ်)
[お]しろ	[お]城	ရဲတိုက်
せつめいしょ	説明書	အသုံးပြုနည်းလမ်းညွှန်
ず	図	ပုံ၊ဇယား
せん	線	မျဉ်း၊မျဉ်းကြောင်း
やじるし	矢印	မြှားသင်္ကေတ (သင်္ကေတ)
くろ	黒	အမည်း၊အနက်(နာမ်)
しろ*	白	အဖြူ(နာမ်)
あか*	赤	အနီ(နာမ်)
あお*	青	အပြာ(နာမ်)
こん	紺	နက်ပြာ(နာမ်)
きいろ*	黄色	အဝါ(နာမ်)
ちゃいろ*	茶色	အညို(နာမ်)
しょうゆ		ပဲငံပြာရည်
ソース		ဆော့စ်အရည်
おきゃく[さん]	お客[さん]	ဧည့်သည်၊ဈေးဝယ်သူ၊ဖောက်သည်
〜か 〜		〜သို့မဟုတ် 〜
ゆうべ		မနေ့ည
さっき		ခုန၊ခုနက

34

56

〈会話〉

茶道　　　　　　　　　　　　ဂျပန်ရိုးရာလက်ဖက်ရည်ပညာ

お茶を　たてますⅡ　　　　　ဂျပန်ရိုးရာလက်ဖက်ရည်ဖျော်သည် (လက်ဖက်ရည်ပွဲတွင်)

先に　　　　　　　　　　　　အရင်

載せますⅡ　　　　　　　　　တင်သည်

これで　いいですか。　　　　ဒါဆို ရပြီလား။

いかがですか。　　　　　　　ဘယ်လို(သဘောရ)လဲ။ဘယ်လိုနေလဲ။

苦い　　　　　　　　　　　　ခါးသော

〈読み物〉

親子どんぶり　　　　　　　　ကြက်သားနှင့်ကြက်ဥပါသောထမင်း

材料　　　　　　　　　　　　ပါဝင်ပစ္စည်း

～分　　　　　　　　　　　　−ပုံ、−ပိုင်း၊ ဝေပုံ (ပမာဏကိုဖော်ပြသည်)

−グラム　　　　　　　　　　−ဂရမ်

−個　　　　　　　　　　　　−ခု (သေးငယ်သည့်အရာကိုရေတွက်သောအရေအတွက်
　　　　　　　　　　　　　　　ပြစကားလုံး)

たまねぎ　　　　　　　　　　ကြက်သွန်နီ

4分の1（1/4)　　　　　　　လေးပုံတစ်ပုံ၊လေးပိုင်းတစ်ပိုင်း

調味料　　　　　　　　　　　ဟင်းခတ်

適当な　大きさに　　　　　　သင့်တင့်သောအရွယ်ပမာဏ၊သင့်တော်သောအရွယ်အစား

なべ　　　　　　　　　　　　ဒယ်အိုး၊ အိုး

火　　　　　　　　　　　　　မီး

火に　かけますⅡ　　　　　　မီးကိုသုံးသည်၊မီးဖြင့်ချက်ပြုတ်သည်

煮ますⅡ　　　　　　　　　　ချက်သည်၊ချက်ပြုတ်သည်

煮えますⅡ　　　　　　　　　ကျက်သည်

どんぶり　　　　　　　　　　ဇောက်နက်နက်ပန်းကန်လုံး

たちますⅠ　　　　　　　　　(အချိန်)ကြာသည်

၂။ ဘာသာပြန်

ဝါကျပုံစံများ

၁။ ဆရာပြောတဲ့အတိုင်း၊ ရေးပါမယ်။

၂။ ထမင်းစားပြီးတဲ့နောက်မှာ၊ သွားတိုက်ပါမယ်။

၃။ ကော်ဖီကို သကြားမထည့်ဘဲ သောက်ပါတယ်။

နမူနာဝါကျများ

၁။ ဒါက စက်ရုပ်အသစ်ပါ။

......ဘယ်လို စက်ရုပ်လဲ။

လူလုပ်တဲ့အတိုင်း၊ ဘာမဆို လုပ်ပါတယ်။

၂။ ဒီစားပွဲက ကိုယ်တိုင် တပ်ဆင်ရတာလား။

......အင်း၊ အညွှန်းစာရွက်ထဲကအတိုင်း တပ်ဆင်ပါ။

၃။ ခဏနေပါဦး။ ပဲငံပြာရည်က သကြားထည့်ပြီးတဲ့နောက်မှာ၊ ထည့်ရတာပါ။

......ဟုတ်ကဲ့။ နားလည်ပါပြီ။

၄။ အလုပ်ပြီးတဲ့နောက်မှာ၊ သွားသောက်ကြမလား။

......တောင်းပန်ပါတယ်။ ဒီနေ့က အားကစားအသင်းကို သွားမယ့်နေ့မို့လို့ပါ။

၅။ သူငယ်ချင်းရဲ့မင်္ဂလာဆောင်မှာ ဘာဝတ်သွားရင် ကောင်းမလဲ။

......ဘယ်လိုပြောရမလဲ။ ဂျပန်မှာ အမျိုးသားတွေက အနက်ဒါမှမဟုတ် နက်ပြာရောင် အနောက်တိုင်း ဝတ်စုံကို ဝတ်ပြီးတော့၊ အဖြူရောင် နက်ကတိုင်ကို စည်းပြီး သွားကြပါတယ်။

၆။ ဒါကို ဆော့အရည်ဆမ်းရတာလား။

......ဟင့်အင်း၊ ဘာမှ မဆမ်းဘဲ စားပါ။

၇။ အခုတလော ဇာတ်လှေကားမစီးဘဲ၊ လှေကားကို သုံးနေတယ်။

......ကောင်းတဲ့ အားကစားဖြစ်တာပဲနော်။

စကားပြော

ကျွန်မလုပ်တဲ့အတိုင်းလုပ်ပါ

ခုလာလာ	- တစ်ခါလောက် ဂျပန်ရိုးရာလက်ဖက်ရည်ပညာကို ကြည့်ချင်နေတာ......။
ဝါတနဘဲ	- ဒါဆို၊ နောက်အပတ်စနေ့နေ့ အတူတူ သွားကြမလား။
လက်ဖက်ရည်သင်ပြဆရာမ	- မစ္စဝါတနဘဲ၊ လက်ဖက်ရည်ကို ဖျော်ပါ။
	မစ္စခုလာလာ၊ မုန့်စားပါ။
ခုလာလာ	- ဟင်၊ အရင် မုန့်စားရတာလား။
လက်ဖက်ရည်သင်ပြဆရာမ	- အင်း။ ချိုတဲ့မုန့်ကို စားပြီးတဲ့နောက်မှာ၊ လက်ဖက်ရည်ကို သောက်ရင်၊ အရသာရှိတာလေ။
ခုလာလာ	- ဟုတ်လား။
လက်ဖက်ရည်သင်ပြဆရာမ	- ကဲ၊ လက်ဖက်ရည်ကို သောက်ကြရအောင်။
	အရင်ဆုံး ညာလက်နဲ့ ပန်းကန်လုံးကို ယူပြီး ဘယ်လက်ပေါ်မှာ တင်ပါမယ်။
	ပြီးတော့ ပန်းကန်လုံးကို နှစ်ကြိမ်လှည့်ပြီး အဲဒီနောက်မှာ သောက်ပါမယ်။
ခုလာလာ	- ဟုတ်ကဲ့ပါ။
လက်ဖက်ရည်သင်ပြဆရာမ	- ဒါဆို၊ ကျွန်မလုပ်တဲ့အတိုင်း၊ လုပ်ပါ။
ခုလာလာ	- ဒီလိုဆို ရပါပြီလား။
လက်ဖက်ရည်သင်ပြဆရာမ	- ဟုတ်ကဲ့။ ဘယ်လိုပါလဲ။
ခုလာလာ	- နည်းနည်း ခါးပေမယ့် အရသာရှိပါတယ်။

၃။ ကိုးကားစကားလုံးများနှင့်အချက်အလက်များ

料理(りょうり) ချက်ပြုတ်ခြင်း/ဟင်းလျာ

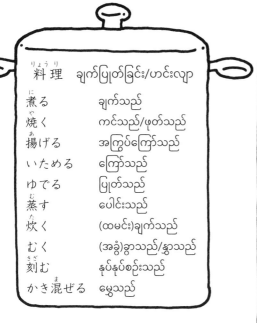

料理(りょうり) ချက်ပြုတ်ခြင်း/ဟင်းလျာ

煮(に)る	ချက်သည်
焼(や)く	ကင်သည်/ဖုတ်သည်
揚(あ)げる	အကြွပ်ကြော်သည်
いためる	ကြော်သည်
ゆでる	ပြုတ်သည်
蒸(む)す	ပေါင်းသည်
炊(た)く	(ထမင်း)ချက်သည်
むく	(အခွံ)ခွာသည်/နွှာသည်
刻(きざ)む	နုပ်နုပ်စဉ်းသည်
かき混(ま)ぜる	မွှေသည်

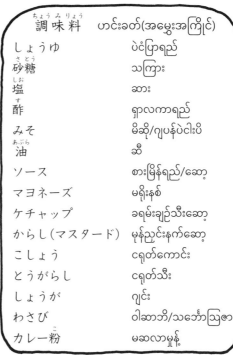

調味料(ちょうみりょう) ဟင်းခတ်(အမွှေးအကြိုင်)

しょうゆ	ပဲငံပြာရည်
砂糖(さとう)	သကြား
塩(しお)	ဆား
酢(す)	ရှာလကာရည်
みそ	မိဆို/ဂျပန်ပဲငါးပိ
油(あぶら)	ဆီ
ソース	စားမြိန်ရည်/ဆော့
マヨネーズ	မရိုးနစ်
ケチャップ	ခရမ်းချဉ်သီးဆော့
からし(マスタード)	မုန်ညင်းနက်ဆော့
こしょう	ငရုတ်ကောင်း
とうがらし	ငရုတ်သီး
しょうが	ဂျင်း
わさび	ဝါဆာဘိ/သဘော်သြဇာ
カレー粉(こ)	မဆလာမှုန့်

台所用品(だいどころようひん) မီးဖိုချောင်သုံးပစ္စည်း

なべ	အိုး
やかん	ရေနွေးကရား
ふた	အဖုံး
おたま	ယောင်းမ
まな板(いた)	စဉ်းနီးတုံး
包丁(ほうちょう)	ဓားမ
ふきん	လက်သုတ်ပဝါ/လက်နှီး
フライパン	ဒယ်အိုး
電子(でんし)オーブンレンジ	မိုက်ကရိုဝေ့မီးဖို
炊飯器(すいはんき)	ထမင်းပေါင်းအိုး
しゃもじ	ထမင်းခူးယောင်းမ
缶切(かんき)り	သံဘူးဖောက်တံ
栓抜(せんぬ)き	ဘူးဆို့ဖွင့်တံ
ざる	ဆန်ခါ
ポット	ရေနွေးအိုး
ガス台(だい)	ဂတ်စ်မီးဖို
流(なが)し[台(だい)]	ဘေစင်
換気扇(かんきせん)	လေထုတ်စက်

၄။ သဒ္ဒါရှင်းလင်းချက်

၁.
$$\left. \begin{array}{l} \text{V}_1\text{た-ပုံစံ} \\ \text{N の} \end{array} \right\} \text{とおりに、V}_2$$

၁) V₁た-ပုံစံ とおりに、V₂

V₁နှင့်တူညီသည့်အခြေအနေသို့မဟုတ်နည်းလမ်းဖြင့် V₂ကိုပြုလုပ်ဆောင်ရွက်ခြင်းကို ဖော်ပြသည်။

① わたしが やった とおりに、やって ください。

　　ကျွန်မ လုပ်တဲ့အတိုင်း လုပ်ပါ။

② 見た とおりに、話して ください。

　　မြင်တဲ့အတိုင်း ပြောပါ။

၂) N の とおりに、V

ပြုမှုလုပ်ဆောင်မှုများကို N တွင်ဖော်ပြထားသည့် သတ်မှတ်စံချိန်စံညွှန်းနှင့်ထပ်တူ တစ်သဝေမတိမ်း ဆောင်ရွက်ခြင်းကို ဖော်ပြသည်။

③ 線の とおりに、紙を 切って ください。

　　မျဉ်းကြောင်းအတိုင်း စက္ကူ။(/စာရွက်)ကို ဖြတ်(/ညှပ်)ပါ။

④ 説明書の とおりに、組み立てました。

　　အညွှန်းစာရွက်[ထဲ]ကအတိုင်း တပ်ဆင်ခဲ့ပါတယ်။

[မှတ်ချက်] とおり သည်နာမ်ဖြစ်သောကြောင့် この၊ その၊ あの စသည့် အညွှန်းစကားလုံးများနှင့်တိုက်ရိုက်တွဲသုံး ခြင်းဖြင့် ထိုအညွှန်းစကားလုံးမှဖော်ပြသည့်အရာနှင့် တူညီသောအခြေအနေ သို့မဟုတ် တူညီသောနည်းလမ်းဖြင့် ဟူသည့် အဓိပ္ပာယ်ကို ဖော်ပြနိုင်သည်။

⑤ この とおりに、書いて ください。　　　ဒီအတိုင်း ရေးပါ။

၂.
$$\left. \begin{array}{l} \text{V}_1\text{た-ပုံစံ} \\ \text{N の} \end{array} \right\} \text{あとで、V}_2$$

V₂သည် V₁နှင့် N ၏နောက်၌ဖြစ်ပေါ်သည့်အကြောင်းကို ဖော်ပြသည်။

⑥ 新しいのを 買った あとで、なくした 時計が 見つかりました。

　　အသစ်[ကို]ဝယ်ပြီးမှ ပျောက်သွားတဲ့နာရီကို ပြန်တွေ့တယ်။

⑦ 仕事の あとで、飲みに 行きませんか。

　　အလုပ်ပြီးရင် သွားသောက်ကြမလား။

ဤပုံစံနှင့်တူညီသည့်အဓိပ္ပာယ်ကိုဖော်ပြသည့်Vて-ပုံစံから(သင်ခန်းစာ-၁၆ကိုမှီငြမ်းရန်)နှင့်နှိုင်းယှဉ်သော်၊ ဤပုံစံကို အချိန်ကာလဆိုင်ရာရှေ့နောက်ဆက်စပ်မှုကို အလေးပေးသည့်အခါမျိုးတွင် အသုံးပြုရသည်။ တစ်ဖန် ဤပုံစံသည် Vて-ပုံစံから နှင့်မတူညီဘဲ၊ V₁နှင့်Nသည် V₂ကိုပြုလုပ်ရန်အတွက် မရှိမဖြစ်ရှိထားရမည့်လိုအပ်ချက်ဖြစ်ခြင်း သို့မဟုတ် ကြိုတင်ပြင်ဆင်ထားသည့် ပြုမှုလုပ်ဆောင်ချက်ဖြစ်ခြင်းဟူသည့် အနက်အဓိပ္ပာယ် မရှိပေ။

၃. **V_1て-ပုံစံ** / **V_1ない-ပုံစံ**ないで } **V_2**

၁) V_1သည် V_2၌ တွဲပါသည့် ပြုမူလုပ်ဆောင်မှုနှင့်အခြေအနေကို ဖော်ပြသည်။ ဥပမာဆိုသော် အောက်ဖော်ပြပါ နမူနာဝါကျ ⑧⑨တွင် たべます ဟူသော ပြုမူလုပ်ဆောင်မှုကိုလုပ်ဆောင်စဉ် ပဲငံပြာရည်ဆမ်းမည် မဆမ်းမည်ကို ဖော်ပြထားသည်။ V_1နှင့် V_2၌ရှိသည့် အပြုအမူ၏ အဓိကပုဒ်ချင်း တူညီသည်။

⑧ しょうゆを つけて 食[た]べます。
ပဲငံပြာရည်ကို ဆမ်းပြီး စားမယ်။

⑨ しょうゆを つけないで 食[た]べます。
ပဲငံပြာရည်ကို မဆမ်းဘဲ စားမယ်။

၂) V_1ない-ပုံစံないでV_2တွင် တစ်ပြိုင်တည်း ပြုလုပ်၍မရနိုင်သည့် ပြုမူလုပ်ဆောင်မှုနှစ်ခု(V_1,V_2)အနက်မှ တစ်ခု(V_2) ကိုသာ ရွေးချယ်၍ လုပ်ဆောင်ခြင်းကို ဖော်ပြသည့်အသုံးအနှုန်းလည်းရှိသည်။

⑩ 日曜日[にちようび]は どこも 行[い]かないで、うちで ゆっくり 休[やす]みます。
တနင်္ဂနွေနေ့မှာ ဘယ်မှမသွားဘဲ အိမ်မှာ အေးအေးဆေးဆေး နားပါမယ်။

34

သင်ခန်းစာ-၃၅

၁။ ဝေါဟာရများ

さきます I	咲きます	ပွင့်သည် [ပန်း(က)〜]
[はなが〜]	[花が〜]	
かわります I	変わります	ပြောင်းလဲသည် [အရောင်(က)〜]
[いろが〜]	[色が〜]	
こまります I	困ります	အခက်တွေ့သည်၊အကျပ်ရိုက်သည်၊ဒုက္ခရောက်သည်
つけます II	付けます	အမှတ်အသားပြုသည်၊(ရေး)ခြစ်သည် [အဝိုင်း၊အမှန်ကို〜]
[まるを〜]	[丸を〜]	
なおります I	治ります、直ります	ပျောက်ကင်းသည်၊ပြန်ကောင်းသည်
[びょうきが〜]	[病気が〜]	[ရောဂါ(က)〜]
[こしょうが〜]	[故障が〜]	[အပျက်က〜]
クリックします III		(ကွန်ပျူတာ)ကလစ်နှိပ်သည်
にゅうりょくします III	入力します	(ကွန်ပျူတာ)အချက်အလက်သွင်းသည်
ただしい	正しい	မှန်ကန်သော
むこう	向こう	အဝေး၊အခြားတစ်ဖက်၊ဟိုဘက်
しま	島	ကျွန်း၊သောင်
みなと	港	ဆိပ်ကမ်း
きんじょ	近所	အနီးနား၊အိမ်နီးနား
おくじょう	屋上	ခေါင်မိုးပေါ်
かいがい	海外	ပင်လယ်ရပ်ခြား၊နိုင်ငံခြား၊ပြည်ပ
やまのぼり	山登り	တောင်တက်ခြင်း
れきし	歴史	သမိုင်း
きかい	機会	အခါအခွင့်၊ အခွင့်အရေး
きょか	許可	အခွင့်၊ အမိန့်
まる	丸	အဝိုင်း
ふりがな		ခန်းဂျီး၏အပေါ်သို့မဟုတ်ဘေးဘွဲ့ရေးလေ့ရှိသော
		အသံထွက်
せつび	設備	အပြင်အဆင်
レバー		လီဘာတံ
キー		ခလုတ်၊ကွန်ပျူတာကီးဘုတ်မှကီး၊သော့
カーテン		လိုက်ကာ၊ကာတင်
ひも		ကြိုး
すいはんき	炊飯器	ထမင်းပေါင်းအိုး
は	葉	သစ်ရွက်၊အရွက်
むかし	昔	ဟိုးရေးရေး၊လွန်လေပြီးသောအခါ

35

62

もっと	ပို၍
これで おわりましょう。これで 終わりましょう。	ဒီမှာ(တင်)ပဲ အဆုံးသတ်ကြစို့။
※箱根	ဟခိုးနဲ (ခနဂၢခရိုင်ရှိအပန်းဖြေစခန်းများရှိသည့်ခရီးသွား နယ်မြေ)
※日光	နီကိုး (တိုချိဂိခရိုင်ရှိခရီးသွားနယ်မြေ)
※アフリカ	အာဖရိက
※マンガミュージアム	မန်းဂ မြူၠဇီအမ် (ကျိုတိုအပြည်ပြည်ဆိုင်ရာကာတွန်း ပြတိုက်)
※みんなの 学校	မင်းနနော့ကျောင်း (စိတ်ကူးသက်သက်ဖြင့်အမည်တပ်ထား သောဂျပန်စာသင်တန်းကျောင်း)
※大黒ずし	ဒိုင်းခိုခုဆူရှီ(စိတ်ကူးသက်သက်ဖြင့်အမည်တပ်ထား သောဆူရှီ ဆိုင်)
※IMC パソコン教室	အိုင်အမ်စီကွန်ပျူတာသင်တန်း(စိတ်ကူးသက်သက်ဖြင့် အမည်တပ်ထားသောကွန်ပျူတာသင်တန်း)
※母の 味	ဟဟနော့အာဂျိ(စိတ်ကူးသက်သက်ဖြင့်အမည်တပ်ထား သော စာအုပ်ခေါင်းစဉ်)
※はる	ဟရု(စိတ်ကူးသက်သက်ဖြင့်အမည်တပ်ထားသောလှရိုပ်မြူ)
※佐藤歯科	ဆတိုးသွားဘက်ဆိုင်ရာ(စိတ်ကူးသက်သက်ဖြင့်အမည် တပ် ထားသောသွားဆေးရုံ)
※毎日クッキング	မအိနီချ် ဟင်းချက်သင်တန်း

35

63

〈会話〉

それなら	အဲဒါဆို
夜行バス	ညကား
さあ	အင်း (တစ်ခုခုကိုသေချာမသိတဲ့အခါမျိုး၌ "မသိဘူး" ဟူသော အဓိပ္ပာယ်ဖြင့်သုံးသည်။)
旅行社	ခရီးသွားခရီးသွားကုမ္ပဏီ၊တိုးကုမ္ပဏီ
詳しい	အသေးစိတ်
スキー 場	စကီးကွင်း
※草津	ခုဆဆု(ဂွန်းမခရိုင်ရှိအပန်းဖြေစခန်း)
※志賀高原	ရှီဂကုန်းပြင့်မြင့်(နဂနော့ခရိုင်ရှိပြည်သူ့ပန်းခြံအလယ်ရှိ ကုန်းပြင်မြင့်)

〈読み物〉

朱	ဟသ်ပဒါး
交わりますⅠ	ပေါင်းသင်းဆက်ဆံသည်
ことわざ	စကားပုံ
関係	ပတ်သက်မှု၊ပတ်သက်ခြင်း၊ဆက်ဆံမှု၊ဆက်ဆံခြင်း
仲よく しますⅢ	သင့်သင့်မြတ်မြတ်နေသည်၊တည့်အောင်နေသည်
必要[な]	လိုအပ်သော

၂။ ဘာသာပြန်

ဝါကျပုံစံများ

၁။ နွေဦးရောက်ရင်၊ ချယ်ရီပန်း ပွင့်ပါမယ်။

၂။ ရာသီဥတုသာယာရင်၊ ဟိုးဘက်က ကျွန်း(တွေ)ကို မြင်ရတယ်။

၃။ ဟော်ကိုင်းဒိုးခရီးဆိုရင်၊ ဇလပိုင်းက ကောင်းတယ်။

နမူနာဝါကျများ

၁။ ကားပြတင်းပေါက်က မပွင့်ဘူး......။

......အဲဒီခလုတ်ကို နှိပ်ရင်၊ ပွင့်တယ်လေ။

၂။ တခြား ထင်မြင်ချက်တွေ ရှိပါသလား။

......ဟင့်အင်း၊ အထူးတလည် မရှိပါဘူး။

မရှိရင်၊ ဒီလောက်နဲ့ အဆုံးသတ်ပါမယ်။

၃။ ဂျပန်ရဲ့နေထိုင်ရေးက ဘယ်လိုလဲ။

......အရမ်း အဆင်ပြေပါတယ်။ ဒါပေမဲ့၊ နည်းနည်း ထပ်ပြီး ကုန်စျေးနှုန်းသက်သာရင်၊ ပိုကောင်းမယ်လို့ ထင်ပါတယ်။

၄။ မနက်ဖြန်နောက်ဆုံးထားပြီး အစီအရင်ခံစာ(/ရီပို့)ကို တင်မှ ရမှာလား။

......မဖြစ်နိုင်ရင်၊ သောကြာနေ့နောက်ဆုံးထားပြီး တင်ပါ။

၅။ စာအုပ်[ကို] ငှားချင်လို့၊ ဘယ်လိုလုပ်ရင် ကောင်းမလဲ။

......ကောင်တာမှာ ကတ်[ကို] လုပ်ခိုင်းပါ။

၆။ ၂ရက်၃ရက် ခရီးသွားမလားလို့ စိတ်ကူးနေတာ ကောင်းတဲ့[နေရာလေးများ] တစ်နေရာရာ[လောက်] မရှိဘူးလား။

......ဘယ်လိုပြောရမလဲ။ ၂ရက်၃ရက်ဆိုရင်၊ ဟခိုးနဲ့ဒါမှမဟုတ် နီကိုးက ကောင်းမယ်လို့ ထင်ပါတယ်။

စကားပြော

ကောင်းတဲ့[နေရာလေးများ] တစ်နေရာရာ[လောက်] မရှိဘူးလား။

တာဝါပွန်	– မစ္စတာဆူဇူကီး၊ ဆောင်းရာသီပိတ်ရက်မှာ သူငယ်ချင်းနဲ့ စကီးသွားစီးချင်လို့၊ ကောင်းတဲ့[နေရာလေးများ] တစ်နေရာရာ[လောက်] မရှိဘူးလား။
ဆူဇူကီး	– ဘယ်နှရက်လောက် အစီအစဉ်ရှိလဲ။
တာဝါပွန်	– သုံးရက်လောက်ပါ။
ဆူဇူကီး	– အဲလိုဆိုရင်၊ ခုဆဆဒါမှမဟုတ် ရှိဂကုန်းပြင်မြင့်က ကောင်းမယ်လို့ ထင်တယ်။ ရေပူစမ်းလည်းရှိတော်......
တာဝါပွန်	– ဘယ်လို သွားရတာလဲ။
ဆူဇူကီး	– JRနဲ့လည်း သွားလို့ရပေမဲ့၊ ညကားဆိုရင်၊ မနက်ရောက်မှာဆိုတော့၊ အဆင်ပြေတယ်လေ။
တာဝါပွန်	– ဟုတ်လား။ ဘယ်ဟာက စျေးသက်သာလဲ။
ဆူဇူကီး	– အင်း......။ ခရီးသွားကုမ္ပဏီကို သွား(မေး)ရင် ပိုပြီး အသေးစိတ်အကြောင်းအရာကို သိရမှာပေါ့။
တာဝါပွန်	– ပြီးတော့ စကီးရဲ့ ကိရိယာတန်ဆာပလာတို့ အဝတ်တို့ ဘာမှ မရှိဘူး......။
ဆူဇူကီး	– အားလုံး စကီး(ကွင်း)မှာ ငှားလို့ရတယ်လေ။ စိတ်ပူရင်၊ ခရီးသွားကုမ္ပဏီမှာ ဘိုကင်လုပ်လို့လည်းရတယ်......။
တာဝါပွန်	– ဟုတ်လား။ ကျေးဇူးတင်ပါတယ်။

၃။ ကိုးကားစကားလုံးများနှင့်အချက်အလက်များ

ことわざ　စကားပုံများ

住めば都
မည်သည့်နေရာပင်ဖြစ်စေအနေကြာလျှင်အကောင်းဆုံးနေရာဟုထင်
လာခြင်း

三人寄れば文殊の知恵
သုံးယောက်ပေါင်းလောင်းကျော်
လူတော်များမဟုတ်သော်လည်းသုံးဦးပေါင်း၍တိုင်ပင်ဆွေးနွေးပါကအကြံဉာဏ်ကောင်း
များပေါ်ထွက်နိုင်သည်။

立てばしゃくやく、座ればぼたん、
　　　歩く姿はゆりの花
မတ်တပ်ရပ်နေလျှင်peonyပန်းလေးလိုထိုင်နေလျှင်အထပ်တစ်ရာ
ပန်းလေးလိုလမ်းလျှောက်သည့်အမူအရာလျှင်လီလီပန်းလေးလိုလှ
ပသည်။မိန်းမပျိုလေး၏အလှကိုတင်စားခြင်း။

ちりも積もれば山となる
မေးပါများစကားရ/သွားပါများခရီးရောက်
မည်မျှသေးငယ်သည့်အရာပင်ဖြစ်စေစုပေါင်းလိုက်လျှင်ကြီးမား
သောအရာဖြစ်လာသည်။

うわさをすれば影
ရှေ့ပြောနောက်ကြည့်
အတင်း(ကောလာဟလ)ပြောနေလျှင်၊အပြောခံရ
သောသူသည်ရုတ်တရက်ပေါ်လာတတ်သည်။

苦あれば楽あり、楽あれば苦あり
အနာခံမှအသာစံ/အရိပ်လိုနေပူကစောင့်
အပင်ပန်းခံထားပါကနောက်ပိုင်း၌ပျော်စရာများရောက်လာတတ်သည်။
ရေသာခိုခဲ့လျှင်ပင်ပန်းဆင်းရဲမှုများနှင့်ကြုံတွေ့ရတတ်သည်။လူ့ဘဝသည်အကောင်းများသာရှိနေခြင်းမဟုတ်သကဲ့
သို့အဆိုးများသာရှိနေခြင်းလည်းမဟုတ်ပေ။

၄။ သဒ္ဒါရှင်းလင်းချက်

၁. ယာယီစည်းကမ်းသတ်မှတ်သည့်ကန့်သတ်ပုံစံပြုလုပ်ပုံ

(ပင်မဖတ်စာအုပ်၏သင်ခန်းစာ-၃၅မှလေ့ကျင့်ခန်းA1ကိုမှီငြမ်းရန်)

ကြိယာအုပ်စု-၁: ますပုံစံ၏နောက်ဆုံးအသံဖြစ်သည့်ぃလိုင်းမှအသံကိုえ လိုင်းသံသို့ပြောင်း၍ば ကိုတွဲသည်။

ကြိယာအုပ်စု-၂: ますပုံစံတွင်れば ကိုတွဲသည်။

ကြိယာအုပ်စု-၃: します → すれば 　　 きます → くれば

[မှတ်ချက်] ကြိယာ၏အငြင်းပုံစံ(ဥပမာ: いかない)ကို ယာယီစည်းကမ်းသတ်မှတ်သည့် ကန့်သတ်ပုံစံသို့ပြောင်း သောအခါ၌ない-ပုံစံ(ဥပမာ: いか)တွင်なければ ကိုတွဲသည်။

い-adj: いကိုければ သို့ပြောင်းသည်။

な-adj: なကိုဖြုတ်သည့်ပုံစံတွင်なら ကိုတွဲသည်။

N: なら ကိုတွဲသည်။

၂. ▢ ယာယီစည်းကမ်းသတ်မှတ်သည့်ကန့်သတ်ပုံစံ、 ～ ▢

၁) နောက်အဆစ်အပိုင်း (အမှီခံအဆစ်အပိုင်း)မှ အကြောင်းအရာဖြစ်မြောက်ရန်အတွက် လိုအပ်သည့် ယာယီစည်းကမ်း သတ်မှတ်မှုကို ရှေ့အဆစ်အပိုင်းတွင် ဖော်ပြသည်။

① ボタンを 押せば、窓が 開きます。　　　ခလုတ်ကို နှိပ်ရင် ပြတင်းပေါက်[က]ပွင့်မယ်။

② 彼が 行けば、わたしも 行きます。　　　သူ့သွားရင် ကျွန်တော်လည်း သွားမယ်။

③ あした 都合が よければ、来て ください。
မနက်ဖြန် အဆင်ပြေရင် လာခဲ့ပါ။

④ いい 天気なら、向こうに 島が 見えます。
ရာသီဥတုသာယာရင် ဟိုးဘက်က ကျွန်း(တွေ)ကို မြင်ရတယ်။

၂) တစ်ဖက်လူပြောသည့်အရာသို့မဟုတ် အခြေအနေတစ်ခုပေါ် မူတည်၍ ပြောသူ၏ဆုံးဖြတ်ချက်ချခြင်းကို ဖော်ပြသည်။

⑤ ボールペンが ないんですが。
……ボールペンが なければ、鉛筆で 書いて ください。

ဘောပင် မရှိဘူး။
……ဘောပင် မရှိရင် ခဲတံနဲ့ ရေးပါ။

⑥ あしたまでに レポートを 出さなければ なりませんか。
……無理なら、金曜日までに 出して ください。

မနက်ဖြန်နောက်ဆုံးထားပြီး အစီအရင်ခံစာ(/ရီပို့)ကို တင်မှ ရမှာလား။
……မဖြစ်နိုင်ရင်၊ သောကြာနေ့နောက်ဆုံးထားပြီးတင်ပါ။

အခြေခံစည်းမျဉ်းသတ်မှတ်ချက်အရ နောက်အဆစ်အပိုင်း(အမှီခံအဆစ်အပိုင်း)တွင် ဆန္ဒ၊ တောင့်တမှု၊ အမိန့်ပေးမှု၊ တောင်းဆိုမှုစသည့် အသုံးအနှုန်းများကို အသုံးပြုလေ့မရှိသော်လည်း ရှေ့အဆစ်အပိုင်းနှင့်နောက်အဆစ်အပိုင်း၏ ကတ္တားပုဒ်ချင်း မတူညီသည့်အခါ(②)နှင့် ရှေ့အဆစ်အပိုင်း၏ ဝါစကသည် အခြေအနေပြဖြစ်နေသည့်အခါမျိုး(③⑤) တွင်မူ ၎င်းအသုံးအနှုန်းများကို အသုံးပြုနိုင်သည်။

[ကိုးကားရန်] ၍ဤသင်ခန်းစာအထိ လေ့လာခဲ့ပြီးဖြစ်သော ဆင်တူအသုံးအနှုန်းနှင့် နှိုင်းယှဉ်မှု

၁) ～と (သင်ခန်းစာ-၂၃)

と သည်と ၏ ရှေ့၌ ပြုမှုလုပ်ဆောင်မှုနှင့် အကြောင်းအရပ်များဖြစ်ပွားပါက ၎င်း၏နောက်တွင် ဆက်၍လိုက်မည့် အမှီခံအဆစ်အပိုင်းမှ အမြဲအနေ ပြုမှုလုပ်ဆောင်မှု၊ ဖြစ်စဉ်နှင့် အကြောင်းအရပ်တို့သည် ဖြစ်ရိုးဖြစ်စဉ်အလိုက် အထမြောက်ခြင်းဖြစ်ကြောင်းကို ဖော်ပြသည်။ နောက်အဆစ်အပိုင်း(အမှီခံအဆစ်အပိုင်း)တွင် ဆန္ဒ၊ တောင့်တမှု၊ အမိန့်ပေးမှု၊ တောင်းဆိုမှုစသည့် အသုံးအနှုန်းများကို အသုံးပြုလေ့မရှိပေ။

⑦ ここを 押すと、ドアが 開きます。　　　ဒီနေရာကိုနှိပ်ရင် တံခါး[က]ပွင့်ပါမယ်။

⑦ကို～ばကိုသုံး၍ဖော်ပြနိုင်သည်။

⑧　ここを　押せば、ドアが　開きます。　　　　ဒီနေရာကို နိုပ်ရင် တံခါး[က] ပွင့်ပါမယ်။

၂) ～たら （သင်ခန်းစာ-၂၅）

～たらတွင် (၁) ယာယီစည်းကမ်းသတ်မှတ်သည့်ကန့်သတ်ခြင်းအနက်ကိုဖော်ပြသည့်အသုံးနှင့် (၂) Ｖた-ပုံစံ၌၏ ဖြစ်မြောက်မည့်အကြောင်းကိုကြိုတင်သိရှိထားပါက ဒင်းအရာဖြစ်မြောက်ပြီးနောက်တွင် ဆက်လက်ချိတ်ဆက်မည့် အမိခံအဆစ်အပိုင်း၏ ပြုမူလုပ်ဆောင်မှုနှင့် အကြောင်းအရပ်တို့သည်လည်း ဖြစ်မြောက်မည်ဖြစ်ကြောင်းကို ဖော်ပြ သည့် အသုံးရှိသည်။ နောက်အဆစ်အပိုင်း(အမိခံအဆစ်အပိုင်း)တွင် ဆန္ဒ၊ တောင့်တမှု၊ အမိန့်ပေးမှု၊ တောင်းဆိုမှု စသည့် အသုံးအနှုန်းများကို အသုံးပြုနိုင်သည်။

⑨　東京へ　来たら、ぜひ　連絡して　ください。
　　တိုကျိုကို လာရင် ဆက်ဆက် ဆက်သွယ်ပါ။
　×東京へ　来ると、ぜひ　連絡して　ください。
　×東京へ　来れば、ぜひ　連絡して　ください。

⑩　田中さんが　東京へ　来れば、[わたしは]　会いに　行きます。
　　မစ္စတာတနကက[က] တိုကျိုကို လာရင် [ကျွန်တော်] သွားတွေ့မယ်။

⑨ကဲ့သို့ နောက်အဆစ်အပိုင်း(အမိခံအဆစ်အပိုင်း)တွင် ပြောသူ၏ဆန္ဒကို ဖော်ပြသည့်အခါ～たらကို အသုံးပြုနိုင် သော်လည်း～とၤ～ばｽ၊ကို အသုံးမပြုနိုင်ပေ။ သို့သော် ⑩ကဲ့သို့ ရှေ့အဆစ်အပိုင်းနှင့်နောက်အဆစ်အပိုင်း(အမိခံ အဆစ်အပိုင်း)၏ ကတ္တားပုဒ်ခင်း မတူညီပါက နောက်အဆစ်အပိုင်း(အမိခံအဆစ်အပိုင်း)၌ ပြောသူ၏ဆန္ဒကို ဖော်ပြ ထားသော်လည်း ～ばￃကို အသုံးပြုနိုင်သည်။ ဤကဲ့သို့～たらသည် အသုံးတွင်ကျယ်မှုများပြ၍ အလွန် ကျယ်ပြန့် သည်ဟု ဆိုနိုင်သော်လည်း အပြောစကားဆန်သောကြောင့် ဒင်းကို အရေးစကားတွင် အသုံးပြုခဲ့သည်။

၃။　| အမေးစကားလုံး Ｖ-ယာယီစည်းကမ်းသတ်မှတ်သည့်ကန့်သတ်ပုံစံ いいですか |

ကြားနာသူထံမှ အကြံဉာဏ်နှင့်ညွှန်ကြားချက်များကို တောင်းဆိုသည့် အသုံးအနှုန်းဖြစ်သည်။ သင်ခန်းစာ-၂၆တွင် လေ့လာခဲ့ပြီးဖြစ်သည်～たら いいですかကဲ့သို့ အသုံးပြုနိုင်သည်။

⑪　本を　借りたいんですが、どう　すれば　いいですか。
　　စာအုပ်[ကို] ငှားချင်လို့ ဘယ်လို လုပ်ရင် ကောင်းမလဲ။
⑫　本を　借りたいんですが、どう　したら　いいですか。
　　စာအုပ်[ကို] ငှားချင်လို့ ဘယ်လို လုပ်ရင် ကောင်းမလဲ။ (သင်ခန်းစာ-၂၆)

၄။　| Ｎなら、～ |

Ｎなら、～ကို တစ်ဖက်လူမှပြောသည့်အရာပေါ်မူတည်၍ ထိုအရာနှင့်ပတ်သက်ပြီး သတင်းအချက်အလက်တစ်ခုခုကို ပေးသည့်အခါမျိုးတွင်လည်း အသုံးပြုသည်။

⑬　温泉に　行きたいんですが、どこが　いいですか。
　　……温泉なら、白馬が　いいですよ。
　　ရေပူစမ်းကို သွားချင်တာ ဘယ်နေရာ[က] ကောင်းသလဲ။
　　……ရေပူစမ်းဆိုရင် ဟခုဘ[က] ကောင်းတယ်။

၅။　| ～は　ありませんか(အငြင်းအမေးဝါကျ) |

⑭　2、3日　旅行を　しようと　思って　いるんですが、どこか　いい　所は　ありませんか。
　　၂ရက်၃ရက် ခရီးသွားမလားလို့ စိတ်ကူးနေတာ ကောင်းတဲ့[နေရာလေးများ] တစ်နေရာရာ[လောက်] မရှိဘူးလား။

⑭မှ いい　ところは　ありませんかသည်いい　ところは　ありますかနှင့်အဓိပ္ပာယ်တူ၍ၣီသော်လည်းｽ၊ありませ んかဟု မေးမြန်းခြင်းအားဖြင့် တစ်ဖက်လူမှ "မရှိဘူး"ဟု ပြန်ဖြေလိုလျှင်ဖြေနိုင်ရန် တစ်ဖက်လူအတွက် စဉ်းစားပေး သည့် မေးမြန်းမှုပုံစံ ဖြစ်သည်။ ဤကဲ့သို့ အငြင်းအမေးပုံစံသည် ယေဘုယျအားဖြင့် ယဉ်ကျေးသည့် မေးမြန်းမှုပုံစံ ဖြစ်သည်။ ပြန်ဖြေသည့်အခါ၌ はい、あります／いいえ、ありませんဟု၍ ဖြေရသည်။

သင်ခန်းစာ-၃၆

၁။ ဝေါဟာရများ

あいますⅠ		တွေ့သည်၊တိုးသည် [မတော်တဆမှု နှင့်～]
［じこに～］	［事故に～］	
ちょきんしますⅢ	貯金します	ငွေစုသည်
すぎますⅡ	過ぎます	ကျော်လွန်သည်၊လွန်လွန်သည် [၇နာရီကို～]
［7じを～］	［7時を～］	
なれますⅡ	慣れます	အသားကျသည်၊ကျင့်သားရသည် [အလုပ်မှာ～]
［しごとに～］	［仕事に～］	
くさりますⅠ	腐ります	ပုပ်သိုးသည် [စားစရာက～]
［たべものが～］	［食べ物が～］	
けんどう	剣道	ကန်ဒိုး (ဂျပန်ပုံစံဓားသိုင်းပညာ)
じゅうどう*	柔道	ဂျူဒိုး
ラッシュ		လမ်း/ကား/ရထားကြပ်ခြင်း၊အလုပ်တက်အလုပ်ဆင်း
		လမ်းသွားလမ်းလာများချိန်
うちゅう	宇宙	အာကာသ၊စကြဝဠာ
きょく	曲	တီးလုံး
まいしゅう	毎週	အပတ်စဉ်၊အပတ်တိုင်း
まいつき*	毎月	လစဉ်၊လတိုင်း
まいとし*	毎年	နှစ်စဉ်၊နှစ်တိုင်း
（まいねん）		
このごろ		ဒီတစ်လော
やっと		အဆုံးမှာတော့၊အခုမှပဲ
かなり		တော်တော်၊အတော်လေး
かならず	必ず	မဖြစ်မနေ
ぜったいに	絶対に	လုံးဝ၊လုံးလုံး၊ကျိန်းသေသေချာပေါက်
じょうずに	上手に	ကျွမ်းကျင်စွာ၊ကျွမ်းကျွမ်းကျင်ကျင်
できるだけ		တတ်နိုင်သလောက်
ほとんど		အများစု (အငြင်းမဟုတ်ဝါကျဖြစ်ပါက)
		အားလုံးနီးပါး၊အကုန်နီးပါး (အငြင်းဝါကျဖြစ်ပါက)
※ショパン		ရှော့ပန်(ပိုလန်မှတေးဂီတပညာရှင်(၁၈၁၀-၁၈၄၉))

36

〈会話〉

お客様　ရွှေ့သည် (おきゃくさん၏ ရိုသေလေးစားသောအသုံး)

特別[な]　အထူးဖြစ်သော၊သီးသန့်ဖြစ်သော၊စပါယ်ရှယ်

して いらっしゃいます　လုပ်နေပါတယ်(して います၏ ရိုသေလေးစား
　　　　　　　　　　　　သောအသုံး)

水泳　ရေကူးခြင်း

違います I　လွဲသည်

使って いらっしゃるんですね。　သုံးနေတယ်လား။(つかって いるんですね၏
　　　　　　　　　　　　　　ရိုသေလေးစားသောအသုံး)

チャレンジします III　စိန်ခေါ်သည်

気持ち　စိတ်၊စိတ်ဓာတ်၊စိတ်နေစိတ်ထား

〈読み物〉

乗り物　ယာဉ်စီးစရာ

一世紀　－ရာစုနှစ်

遠く　အဝေး

珍しい　ရှားပါးသော၊ထူးဆန်းသော

汽車　ရထား၊ရေနွေးငွေ့ရထား

汽船　သင်္ဘော၊ရေနွေးငွေ့သင်္ဘော

大勢の　～　～အများကြီး၊များလှသော～၊များလိုက်တဲ့～
　　　　　　(လူအမြောက် အများကိုဖော်ပြရာတွင်သုံးသည်)

運びます I　သယ်သည်၊သယ်ဆောင်သည်

利用します III　အသုံးချသည်

自由に　လွတ်လပ်စွာ၊လွတ်လွတ်လပ်လပ်

69

36

၂။ ဘာသာပြန်

ဝါကျပုံစံများ

၁. လျင်လျင်မြန်မြန် ပြေးနိုင်အောင် နေ့တိုင်း လေ့ကျင့်နေပါတယ်။

၂. အခုမှပဲ စက်ဘီး[ကို] စီးတတ်သွားတော့တယ်။

၃. နေ့တိုင်း နေ့စဉ်မှတ်တမ်းကို ရေးဖြစ်အောင် လုပ်နေပါတယ်။

နမူနာဝါကျများ

၁. အဲဒါက လျှပ်စစ်အဘိဓာန်လား။

......အင်း။ မသိတဲ့စကားလုံးတွေ ရှိရင်၊ ချက်ချင်း ရှာလို့ရအောင်ဆောင်ထားတာပါ။

၂. ပြက္ခဒိန်(ပေါ်)က အနီရောင်အဝိုင်းက ဘာအဓိပ္ပာယ်လဲ။

......အမှိုက်(ပစ်ရမယ့်)နေ့ပါ။ မမေ့အောင်၊ ဝိုင်းထားတာပါ။

၃. ဂျပန်ရဲ့အစားအစာတွေနဲ့ အသားကျပြီလား။

......ဟုတ်ကဲ့။ အစက မစားတတ်ပေမယ့်၊ အခုတော့ ဘာမဆို စားတတ်သွားပါပြီ။

၄. ရှေ့ပန်ရဲ့တီးလုံး(တွေ)ကို တီးတတ်သွားပြီလား။

......ဟင့်အင်း။ မတီးတတ်သေးပါဘူး။
မြန်မြန် တီးတတ်ချင်ပါတယ်။

၅. လမ်းအသစ် ဖောက်လိုက်ပြီနော်။

......အင်း။ ခင်ပွန်းသည်ရဲ့ရွာအထိ ၄နာရီနဲ့ ပြန်လို့ရသွားပြီ။

၆. ချို့တဲ့အစာတွေကို မစားဘူးလား။

......အင်း။ တတ်နိုင်သလောက် မစားမိအောင် နေနေတာပါ။

၇. စာမေးပွဲက ၉နာရီကနေပါ။ လုံးဝ နောက်မကျအောင် လုပ်ပါ(/လုံးဝနောက်မကျပါစေနဲ့)။ နောက်ကျရင် ဝင်လို့မရလို့။

......ဟုတ်ကဲ့၊ နားလည်ပါပြီ။

စကားပြော

နေ့တိုင်း အားကစားလုပ်ဖြစ်အောင် ကြိုးစားနေပါတယ်

သတင်းကြေညာသူ	-	အားလုံးပဲ မင်္ဂလာပါ။ ဒီနေ့ ညဲ့သည်တော်ကတော့ ဒီနှစ်ထဲမှာ အသက်၈၀ပြည့်တဲ့ မစ္စတိုဝယောနဲ့ ဖြစ်ပါတယ်။
အိုဝယောနဲ	-	မင်္ဂလာပါ။
သတင်းကြေညာသူ	-	ကျန်းမာသွက်လက်နေတာပဲနော်။ တစ်ခုခု ထူးခြားတဲ့အရာ လုပ်နေသလား။ (/ဘာများ ထူးထူးခြားခြား လုပ်နေပါလဲ။)
အိုဝယောနဲ	-	နေ့တိုင်း အားကစားလုပ်ဖြစ်အောင် ကြိုးစားနေပါတယ်။
သတင်းကြေညာသူ	-	ဘယ်လို အားကစား(များ)ပါလဲ။
အိုဝယောနဲ	-	အကတို့၊ ရေကူးတို့......။ အခုတစ်လော မီတာ၅၀၀ ကူးနိုင်သွားပါပြီ။
သတင်းကြေညာသူ	-	တော်လိုက်တာနော်။ အစားအစာကကော။
အိုဝယောနဲ	-	ဘာမဆို စားပေမယ့်၊ အထူးသဖြင့် ငါးကို ကြိုက်ပါတယ်။ နေ့တိုင်း မတူညီတဲ့ဟင်းလျာတွေ ချက်ဖြစ်အောင် လုပ်နေပါတယ်။
သတင်းကြေညာသူ	-	ဦးနှောက်နဲ့ ခန္ဓာကိုယ်ကို ကောင်းကောင်း အသုံးပြု(ပေး)နေတာပဲနော်။
အိုဝယောနဲ	-	အင်း။ နောက်နှစ် ပြင်သစ်ကို သွားချင်ပါတယ်။ အဲဒါကြောင့် ပြင်သစ်စကားကို စပြီး လေ့လာနေပါတယ်။
သတင်းကြေညာသူ	-	ဘာမဆို လုပ်ကြည့်ချင်တဲ့ စိတ်ဓာတ်(/ဘာမဆို စိန်ခေါ်တတ်တဲ့စိတ်) က အရေးကြီးတယ်နော်။ ပျော်စရာစကားတွေအတွက် ကျေးဇူးအများကြီးတင်ပါတယ်။

၃။ ကိုးကားစကားလုံးများနှင့်အချက်အလက်များ

健康　ကျန်းမာရေး

いいださん

- 規則正しい生活をする
  ကျန်းမာရေးလိုက်စားသည်
- 早寝、早起きをする
  စောစောအိပ်၍စောစောထသည်
- 運動する／スポーツをする
  အားကစားလုပ်သည်
- よく歩く
  လမ်းအလွန်လျှောက်သည်
- 好き嫌いがない
  အကြိုက်မကြိုက်မခွဲခြားခြင်း/ကြေးမများခြင်း
- 栄養のバランスを考えて食べる
  အာဟာရမျှတအောင်စားခြင်း
- 健康診断を受ける
  ကျန်းမာရေးစစ်ဆေးမှုခံယူခြင်း

だめださん

- 夜更かしをする
  ညဉ့်နက်သည်အထိမအိပ်ဘဲနေသည်
- あまり運動しない
  အားကစားသိပ်မလုပ်ခြင်း
- 好き嫌いがある
  အကြိုက်မကြိုက်ကွဲပြားခြင်း/ကြေးများခြင်း
- よくインスタント食品を食べる
  အသင့်စားအစားအစာများစားလွန်းသည်
- 外食が多い
  အပြင်၌အစားများသည်
- たばこを吸う
  ဆေးလိပ်သောက်သည်
- よくお酒を飲む
  အရက်အမြဲ(/အလွန်)သောက်
  သည်

71

36

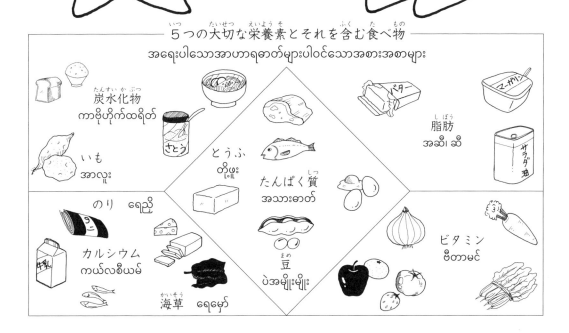

5つの大切な栄養素とそれを含む食べ物
အရေးပါသောအာဟာရဓာတ်များပါဝင်သောအစားအစာများ

炭水化物
ကာဗိုဟိုက်ထရိတ်

さとう

いも
အာလူး

とうふ
တိုဟူး

脂肪
အဆီ၊ ဆီ

たんぱく質
အသားဓာတ်

のり　ရေညှိ

カルシウム
ကယ်လစီယမ်

豆
ပဲအမျိုးမျိုး

海草　ရေမှော်

ビタミン
ဗီတာမင်

၄။ သဒ္ဒါရှင်းလင်းချက်

၁။
$$\left.\begin{array}{l}\text{V}_1\text{-အဘိဓာန်ပုံစံ}\\ \text{V}_1\text{ない-ပုံစံ ない}\end{array}\right\} \text{ように、V}_2$$

ように သည် 〜ように ဖြင့် ဖော်ပြထားသည့်အခြေအနေဖြစ်လာရန် လုပ်ဆောင်ခြင်းကို V₂၏ရည်ရွယ်ချက်အဖြစ် ဖော်ပြသည်။ ように၏ရှေ့တွင် စိတ်ဆန္ဒမပါသောကြိယာ (ဥပမာ- ဖြစ်နိုင်ခြင်း၊လုပ်နိုင်ခြင်းပြကြိယာ わかります၊ みえます၊ きこえます၊ なります စသည်တို့)၏ အဘိဓာန်ပုံစံ(①)သို့မဟုတ် ကြိယာအငြင်းပုံစံ(②)ကို အသုံးပြု သည်။

① 速く 泳げるように、毎日 練習して います。
လျင်လျင်မြန်မြန် ရေကူးနိုင်အောင် နေ့တိုင်း လေ့ကျင့်နေပါတယ်။

② 忘れないように、メモして ください。
မမေ့အောင် ရေးမှတ်(ထား)ပါ။

၂။
$$\text{V-အဘိဓာန်ပုံစံ ように なります}$$

၁) なります သည် အခြေအနေပြောင်းလဲမှုကို ဖော်ပြသည်။ ဖြစ်နိုင်ခြင်း၊လုပ်နိုင်ခြင်းပြကြိယာ သို့မဟုတ် わかります၊ みえます စသည်ကြိယာတို့ကိုအသုံးပြုသောအခါတွင် V-အဘိဓာန်ပုံစံ ように なります သည် မစွမ်းဆောင်နိုင် သည့်အခြေအနေမှ စွမ်းဆောင်နိုင်သည့်အခြေအနေသို့ ပြောင်းလဲသွားခြင်းကိုဖော်ပြသည်။

③ 毎日 練習すれば、泳げるように なります。
နေ့တိုင်း လေ့ကျင့်ရင် ရေကူးတတ်သွားလိမ့်မယ်။

④ やっと 自転車に 乗れるように なりました。
အခုမှပဲ စက်ဘီး[ကို] စီးတတ်သွားတော့တယ်။

၂) 〜ように なりましたか ဟူသည့်အမေးဝါကျများတွင်၊ いいえ ကို အသုံးပြု၍ အငြင်းပုံစံဖြင့် ဖြေဆိုသည့်အခါ အောက်ပါအတိုင်းဖြစ်မည်။

⑤ ショパンの 曲が 弾けるように なりましたか。
……いいえ、まだ 弾けません。
ရှော့ပန်ရဲ့ တီးလုံး(တွေ)ကို တီးတတ် သွားပြီလား။
……ဟင့်အင်း၊ မတီးတတ်သေးပါဘူး။

[မှတ်ချက်] ကျွန်ုပ်ဖတ်စာအုပ်၌ ထည့်သွင်းဖော်ပြထားခြင်းမရှိသော်လည်း နံပါတ်-၂မှဝါကျပုံစံတွင် ဖြစ်နိုင်ခြင်း၊ လုပ်နိုင်ခြင်းပြကြိယာ သို့မဟုတ်わかります၊みえます မဟုတ်သည့် အခြားကြိယာများကို အသုံးပြုလျှင် ယခင်ကမရှိခဲ့ဖူးသည့် အလေ့အထကို အသစ်သင်ယူတတ်မြောက်သည်(⑥)ဟူသောအဓိပ္ပာယ် ဖြစ်မည်။

⑥ 日本人は 100年ぐらいまえから 牛肉や 豚肉を 食べるように なりました。
ဂျပန်လူမျိုးတွေက လွန်ခဲ့တဲ့နှစ်ပေါင်း၁၀၀လောက်ကနေ အမဲသားတို့ဝက်သားတို့ကို စားလာကြတယ်။

၃။
$$\left.\begin{array}{l}\text{V-အဘိဓာန်ပုံစံ}\\ \text{V ない-ပုံစံ ない}\end{array}\right\} \text{ように します}$$

၁) 〜ように して います
ပြုမူလုပ်ဆောင်မှုတစ်ခုခုကို အလေ့အထတစ်ခုအနေဖြင့်ပြုလုပ်ရန် နှလုံးသွင်းထားခြင်းကို ဖော်ပြသည်။

⑦ 毎日 運動して、何でも 食べるように して います。
နေ့တိုင်း အားကစားလုပ်ပြီး ဘာမဆို စားဖြစ်အောင် လုပ်နေပါတယ်။

⑧ 歯に 悪いですから、甘い 物を 食べないように して います。
သွားအတွက်မကောင်းလို့ ချိုတဲ့အစာတွေ မစားမိအောင် နေနေပါတယ်။

၂) ～ように して ください

ပြုမူလုပ်ဆောင်မှုတစ်ခုခု ဖြစ်မြောက်ရန်အတွက် နှလုံးသွင်းရန် တောင်းဆိုသည့် အသုံးအနှုန်းဖြစ်သည်။～て／～ないで ください သည် တိုက်ရိုက်တောင်းဆိုသော အသုံးအနှုန်းဖြစ်သော်လည်း ～ように して ください မှာမူ သွယ်ဝိုက်သောအသုံးအနှုန်းဖြစ်သည့်အတွက် ～て／～ないで ください ထက် ယဉ်ကျေးသောအသုံးအနှုန်းဖြစ်သည်။ အောက်ပါအတိုင်း အသုံးပြုသည်။

⑨ もっと 野菜(やさい)を 食(た)べるように して ください。

　　 အသီးအရွက်တွေကို ပိုစားဖြစ်အောင် လုပ်ပါ။

⑩ 絶対(ぜったい)に パスポートを なくさないように して ください。

　　 နိုင်ငံကူးလက်မှတ် မပျောက်အောင် သေချာ သတိထားပါ။

[မှတ်ချက်]～ように して ください သည် စကားပြောဖြစ်ပေါ်သည့်လက်ရှိအချိန်နှင့်၌ တောင်းဆိုသော တောင်းဆိုမှုမျိုးတွင် အသုံးမပြုနိုင်ပေ။

⑪ すみませんが、塩(しお)を 取(と)って ください。

　　 ကျေးဇူးပြုပြီး ဆား(လေး)ယူပေးပါ။

　　 ×すみませんが、塩(しお)を 取(と)るように して ください。

၄.

| 早(はや)い→早(はや)く　　　上手(じょうず)な→上手(じょうず)に |

နာမဝိသေသနသည် အခြားသော နာမဝိသေသန သို့မဟုတ် ကြိယာကို အထူးပြုသည့်အခါမျိုးတွင်い-adjကို～く ပုံစံသို့လည်းကောင်း な-adjကို～にပုံစံသို့လည်းကောင်း ပြောင်း၍ အသုံးပြုသည်။

⑫ 早(はや)く 上手(じょうず)に お茶(ちゃ)が たてられるように なりたいです。

　　 မြန်မြန် ကျွမ်းကျွမ်းကျင်ကျင်နဲ့ (ဂျပန်ရိုးရာ)လက်ဖက်ရည်ကို ဖျော်တတ်ချင်တယ်။

သင်ခန်းစာ-၃၇

၁။ ဝေါဟာရများ

ほめますⅡ	褒めます	ချီးမွမ်းသည်
しかりますⅠ		ဆူပူသည်၊ကြိမ်းမောင်းသည်
さそいますⅠ	誘います	ဖိတ်သည်၊အဖော်စပ်သည်၊ခေါ်သည်
しょうたいしますⅢ	招待します	ဖိတ်သည်၊ဖိတ်ကြားသည်
たのみますⅠ	頼みます	တောင်းဆိုသည်၊ပန်ကြားသည်၊ခိုင်းသည်
ちゅういしますⅢ	注意します	သတိပေးသည်
とりますⅠ		ယူသည်၊ခိုးသည်
ふみますⅠ	踏みます	နင်းသည်
こわしますⅠ	壊します	ဖျက်သည်၊ဖျက်ဆီးသည်
よごしますⅠ	汚します	ညစ်ပေစေသည်
おこないますⅠ	行います	ကျင်းပသည်၊လုပ်ဆောင်သည်
ゆしゅつしますⅢ	輸出します	တင်ပို့သည်
ゆにゅうしますⅢ	輸入します	တင်သွင်းသည်
ほんやくしますⅢ	翻訳します	ဘာသာပြန်သည်
はつめいしますⅢ	発明します	တီထွင်သည်
はっけんしますⅢ	発見します	ရှာဖွေတွေ့ရှိသည်

こめ*	米	ဆန်
むぎ	麦	ဂျုံ
せきゆ	石油	လောင်စာဆီ၊ရေနံ
げんりょう	原料	ကုန်ကြမ်း
インスタントラーメン		အလွယ်တကူစားသုံးနိုင်ရန်စီမံထားသည်ခေါက်ဆွဲခြောက်
デート		ချိန်းတွေ့ခြင်း
どろぼう	泥棒	သူခိုး
けいかん	警官	ရဲအရာရှိ
せかいじゅう	世界中	ကမ္ဘာအနှံ့၊ကမ္ဘာအဝှမ်း
～じゅう	～中	～အနှံ့၊～အဝှမ်း၊～တစ်ခွင်
－せいき	－世紀	－ရာစုနှစ်
なにご	何語	ဘာ စကား၊ဘာ ဘာသာ
だれか		တစ်ယောက်ယောက်၊တစ်ဦးဦး
よかったですね。		ကောင်းတာပေါ့နော်။
※オリンピック		အိုလံပစ်
※ワールドカップ		ကမ္ဘာဖလား
※東大寺 <ruby>とうだいじ</ruby>		တိုးဒိုင်းဂျိ (နရရှိဘုရားကျောင်း)
※大仏 <ruby>だいぶつ</ruby>		ဒိုင်းဘုဆု (ဘုရားကြီး)

37

※江戸時代	အဲဒိုခေတ်(၁၆၀၃-၁၈၆၈)
※ポルトガル	ပေါ်တူဂီ
※サウジアラビア	ဆော်ဒီအာရေးဗီးယား
※ロシア	ရုရှား

〈会話〉

皆様	လူကြီးမင်းတို့(みなさん၏ ရိုသေလေးစားသောအသုံး)
焼けますⅡ［うちが～］	လောင်ကျွမ်းသည်[အိမ်က～]
その後	အဲဒီနောက်
世界遺産	ကမ္ဘာအမွေအနှစ်
～の 一つ	～မှ တစ်ခု
金色	ရွှေရောင်
本物	အစစ်
金	ရွှေ
一キロ	–ကီလိုဂရမ်၊ –ကီလိုမီတာ
美しい	လှပသော၊ ချောမောသော

〈読み物〉

豪華［な］	ခမ်းနားထည်ဝါသော၊ကြီးကျယ်ခမ်းနားသော
彫刻	ပန်းပု
言い伝え	တစ်ဆင့်စကား
眠りますⅠ	အိပ်ပျော်သည်
彫りますⅠ	ထွင်းသည်၊ပန်းပုထုသည်၊ပန်းရံဖော်သည်
仲間	အပေါင်းအပါ
しかし	သို့သော်၊သို့ပေမဲ့
その あと	အဲဒီနောက်
一生懸命	အားသွန်ခွန်စိုက်
ねずみ	ကြွက်
一匹も いません。	တစ်ကောင်မှ မရှိဘူး။/တစ်ကောင်မျှ မရှိပါ။
※東照宮	တိုးရှော့ဂူး (တိုချိဂိခရိုင်နီကိုးတွင်ရှိသောတိုခုဂဝ အဲအဲယာစု ပူဇော်သည့်နတ်ကျောင်း)
※眠り猫	အိပ်ပျော်နေသောကြောင် (ပန်းရံအရုပ်၏အမည်)
※左甚五郎	ဟိဒရိဂျင်း ဂေါ့ရော (အဲဒိုခေတ်မှနာမည်ကျော်ပန်းပုဆရာ (၁၅၉၄-၁၆၅၁))

၂။ ဘာသာပြန်

ဝါကျပုံစံများ

၁. ကလေးအရွယ်တုန်းက၊ မကြာခဏ အမေ့ရဲ့ အဆူ ခံရတယ်။
၂. လမ်းသွားလမ်းလာများတဲ့အချိန် ရထားပေါ်မှာ ခြေထောက် အနင်းခံလိုက်ရတယ်။
၃. ဟိုးလျူးဂျိကို ၆၀၇ခုနှစ်မှာ တည်ဆောက်ခဲ့တယ်။

နမူနာဝါကျများ

၁. ဒီမနက်က ဌာနမှူး(ရဲ့) အခေါ် ခံရတယ်။
......ဘာ(တစ်ခုခုများ) ဖြစ်လို့လဲ။
တာဝန်နဲ့ခရီးထွက်တဲ့အစီရင်ခံစာ ရေးနည်းနဲ့ပတ်သက်ပြီး သတိပေးခံရတာ(/ခေါ်သတိပေးတာ)။
၂. ဘာဖြစ်တာလဲ။
......တစ်ယောက်ယောက် (ငါ့)ထီးကို မှားယူသွားတယ်။
၃. နောက်ထပ် ကြယ်အသစ်ကို တွေ့ရှိပြန်ပြီ။
......ဟုတ်လား။
၄. ဒီနှစ်ရဲ့ ကမ္ဘာ့ကလေးများအစည်းအဝေးကို ဘယ်မှာ ကျင်းပမလဲ။
......ဟီရိုရှီးမားမှာ ကျင်းပပါမယ်။
၅. ဘီယာကို ဂျုံကနေ လုပ်တယ်။ ဒါက ကုန်ကြမ်း(ဖြစ်တဲ့) ဂျုံပါ။
......ဒီဟာက ဘီယာဖြစ်သွားတာပေါ့နော်။
၆. ဘရာဇီးမှာ ဘာစကားကို သုံးကြလဲ။
......ပေါ်တူဂီစကားကို သုံးကြပါတယ်။

စကားပြော

ခင်းကခုဘုရားကျောင်းကို ၁၄ရာစုနှစ်မှာ တည်ဆောက်ခဲ့တယ်

လမ်းညွှန် - လူကြီးမင်းတို့ ဟိုဘက်ကတော့ နာမည်ကြီးတဲ့ ခင်းကခုဘုရားကျောင်းပါ။
ခင်းကခုဘုရားကျောင်းကို ၁၄ရာစုနှစ်မှာ တည်ဆောက်ခဲ့ပါတယ်။
၁၉၅၀ခုနှစ်မှာ တစ်ခါ မီးလောင်ကျွမ်းသွားခဲ့ပေမယ့်၊
အဲဒီနောက်မှာ အဆောက်အဦအသစ်ကို တည်ဆောက်ပြီး၊ ၁၉၉၄ခုနှစ်မှာ ကမ္ဘာ့အမွေအနှစ်
ဖြစ်လာပါတယ်။ ကျိုတိုမှာ လူကြိုက်များတဲ့ ဘုရားကျောင်းတစ်ခုပါ။
ကရိန - လှတယ်နော်။ နံရံက ရွှေရောင်ဖြစ်နေတာ၊ (အဲဒါ)ရွှေအစစ်လား။
လမ်းညွှန် - ဟုတ်ကဲ့။ ရွှေက ကီလို၂၀လောက် သုံးထားပါတယ်။
ကရိန - ဟုတ်လား။ အဲဒီအထဲကို ဝင်လို့ရသလား။
လမ်းညွှန် - အထဲကိုတော့ ဝင်လို့မရပါဘူး။
ရေကန် ပတ်လည်တစ်ဝိုက်ကို (ပတ်)လျှောက်ရင်းနဲ့ ကြည့်ပါ။
....
ကရိန - မိုးမိဂျိက လှတယ်နော်။
လမ်းညွှန် - အင်း။ ခင်းကခုဘုရားကျောင်းက မိုးမိဂျိ(ရာသီ)နဲ့ နှင်းကျတဲ့ရာသီမှာ အထူးသဖြင့်
လှတယ်လို့ ပြောကြပါတယ်။

၃။ ကိုးကားစကားလုံးများနှင့်အချက်အလက်များ

事故 (じこ)・事件 (じけん)　မတော်တဆမှုရာဇဝတ်မှု(အမှုအခင်း)

殺す　သတ်သည်

撃つ (さ)　ပစ်ခတ်သည်

刺す (さ) (ချွန်ထက်သော
အရာဖြင့်) ထိုးသည်

かむ　ကိုက်သည်

ひく
ကြိတ်သည်

はねる
ထိမှန်လွင့်စင်သည်

衝突する (しょうとつ)
ဝင်တိုက်သည်

追突する (ついとつ)
ကားနောက်ကိုဝင်တိုက်သည်

盗む (ぬす)　ခိုး(ဝှက်)သည်

誘拐する (ゆうかい)
ပြန်ပေးဆွဲသည်

1億円

ハイジャックする
လေယာဉ်ပြန်ပေးဆွဲသည်

墜落する (ついらく)
လေယာဉ်ပျက်ကျသည်

運ぶ (はこ)　သယ်(ဆောင်)သည်

助ける (たす)　ကယ်(ဆယ်)သည်

爆発する (ばくはつ)
(ဗုံးစသည်)ပေါက်ကွဲသည်

沈没する (ちんぼつ)　နစ်မြုပ်သည်

37

၄။ သဒ္ဒါရှင်းလင်းချက်

၁. ခံရခြင်းပြကြိယာ

		ခံရခြင်းပြကြိယာ	
		ယဉ်ကျေးသောပုံစံ	ရိုးရိုးပုံစံ
Ⅰ	かきます	かかれます	かかれる
Ⅱ	ほめます	ほめられます	ほめられる
Ⅲ	きます	こられます	こられる
	します	されます	される

(ပင်မဖတ်စာအုပ်၏သင်ခန်းစာ-၃၇မှလေ့ကျင့်ခန်းA1ကိုမှီငြမ်းရန်)

ခံရခြင်းပြကြိယာသည် ကြိယာအုပ်စု-၂အဖြစ်ဖြင့် သဒ္ဒါပြောင်းလဲမှုပြုသည်။

ဥပမာ- かかれます　　かかれる　　かかれ（ない）　　かかれて

၂. **N₁(လူ-၁)は N₂(လူ-၂)に ခံရခြင်းပြကြိယာ**

လူ-၂မှ လူ-၁အပေါ် လုပ်ဆောင်လိုက်သည့်အပြုအမူကို ပြုမူခံရသည့်ဘက် (လူ-၁)၏နေရာမှ ဖော်ပြသည့် ဝါကျပုံစံဖြစ်သည်။ လူ-၁ကို အဓိကအကြောင်းအရာအဖြစ်ထုတ်နုတ်ဖော်ပြပြီး ပြုမူလုပ်ဆောင်သူ(လူ-၂)ကိုမူ ဝိဘတ်にဖြင့်တွဲ၍ ဖော်ပြသည်။

先生が わたしを 褒めました。　　　ဆရာ[က] ကျွန်တော်ကို ချီးကျူးတယ်။

① わたしは 先生に 褒められました。　　　ကျွန်တော်[က] ဆရာ့ရဲ့ အချီးကျူးခံရတယ်။

母が わたしに 買い物を 頼みました။　　　အမေ[က] ကျွန်တော်ကို ဈေးဝယ်ဖို့ မှာလိုက်တယ်။

② わたしは 母に 買い物を 頼まれました။

ကျွန်တော်[က] အမေ့ဆီက ဈေးဝယ်ဖို့ အမှာခံရတယ်။

ပြုမူလုပ်ဆောင်သူသည် လူမဟုတ်သော လှုပ်ရှားမှုရှိသည့်အရာ (တိရစ္ဆာန်၊ ကားစသည်) ဖြစ်သည့်အခါလည်း ရှိသည်။

③ わたしは 犬に かまれました။　　　ကျွန်တော်[က] ခွေး[ရဲ့] [အ]ကိုက်ခံရတယ်။

၃. **N₁(လူ-၁)は N₂(လူ-၂)に N₃(လူ-၃)を ခံရခြင်းပြကြိယာ**

လူ-၂သည် လူ-၁၏ ပိုင်ဆိုင်သည့်အရာများ(N3)အပေါ် အပြုအမူတစ်ခုကိုလုပ်ဆောင်ခဲ့ရာတွင် လူ-၁(ပိုင်ဆိုင်သူ)သည် များသောအားဖြင့် ဒင်းအပြုအမူကို အနှောင့်အယှက်အဖြစ် ခံစားရခြင်းကို ဖော်ပြသည်။

弟が わたしの パソコンを 壊しました။

ညီလေးက ကျွန်တော့်[ရဲ့] ကွန်ပျူတာကို ဖျက်လိုက်တယ်။

④ わたしは 弟に パソコンを 壊されました။

ကျွန်တော်ဟာ ကွန်ပျူတာ[ကို] ညီလေး ဖျက်တာခံလိုက်ရတယ်။

ပြုမူလုပ်ဆောင်သူသည် လူမဟုတ်သော လှုပ်ရှားမှုရှိသည့်အရာ(တိရစ္ဆာန်၊ ကားစသည်)ဖြစ်သည့်အခါလည်း ရှိသည်။

⑤ わたしは 犬に 手を かまれました။

ကျွန်တော် လက်ကို ခွေး[ရဲ့] [အ]ကိုက်ခံရတယ်။

[မှတ်ချက်-၁] အဓိကအကြောင်းအရာအဖြစ် ထုတ်နုတ်ဖော်ပြရမည်မှာ ပိုင်ဆိုင်သောအရာမဟုတ်ဘဲ အပြုအမူကို အနှောင့်အယှက်အဖြစ် ခံစားရသည့်သူ(ပိုင်ဆိုင်သူ)ဖြစ်သည်။ ဥပမာဆိုရသော် ④သည်わたしの パソコンは おとうとに こわされましたဟု၍ မဖြစ်ပေ။

37

[မှတ်ချက်-၂] တျဝါကျပုံစံသည် များသောအားဖြင့် အပြုအမူကိုခံရသည့်လူသည် ထိုအပြုအမူကို အနှောင့်အယှက်ဟု ခံယူထားသည့် အဓိပ္ပာယ်ဖြစ်သည့်အတွက် သတိပြုရန် လိုအပ်သည်။ တစ်ခုခုလုပ်ပေးခြင်းကိုခံပြီး ကျေးဇူးတင် သည်ဟု ခံစားရသည့်အမျိုးတွင် ～て もらいます ကို အသုံးပြုသည်။

×わたしは 友達に 自転車を 修理されました。

⑥　わたしは 友達に 自転車を 修理して もらいました。
　　ကျွန်တော့် စက်ဘီးကို သူငယ်ချင်းက ပြင်ပေးတယ်။

၄． N(ပစ္စည်း/အကြောင်းအရာ)が／は ခံရခြင်းပြကြိယာ

အကြောင်းအရာတစ်ခုကို ဖော်ပြရာ၌ အပြုအမူကို လုပ်ဆောင်သူအား ဖော်ပြရန်မလိုသည့်အခါမျိုးတွင် ပစ္စည်းနှင့် အကြောင်းအရာစသည်တို့ကို ကတ္တားပုဒ်/အဓိကအကြောင်းအရာအဖြစ်ထားပြီး ခံရခြင်းပြကြိယာကို သုံး၍ ဖော်ပြ သည့်အခါ ရှိသည်။

⑦　大阪で 展覧会が 開かれました。　　အိုဆာကာမှာ (အနုပညာ)ပြပွဲ ဖွင့်လှစ်ကျင်းပခဲ့တယ်။
⑧　電話は 19世紀に 発明されました。　တယ်လီဖုန်းကို ၁၉ရာစုမှာ တီထွင်ခဲ့တယ်။
⑨　この本は 世界中で 読まれて います。
　　ဒီစာအုပ်ကို တစ်ကမ္ဘာလုံးက ဖတ်ကြတယ်။

၅． Nから／Nで つくります

အရာတစ်ခုခုကိုပြုလုပ်သည့်အခါ၌ မူလကုန်ကြမ်းပုံစံမှ အခြားပုံစံတစ်ခုသို့ သိသိသာသာပြောင်းလဲသွားသည့် အရာကို から ဖြင့်ဖော်ပြ၍ ကုန်ကြမ်း ပုံစံပြောင်းလဲမသွားသည့် အရာကို で ဖြင့် ဖော်ပြသည်။

⑩　ビールは 麦から 造られます。　　ဘီယာကို ဂျုံကနေ လုပ်တယ်။
⑪　昔 日本の 家は 木で 造られました。　အရင်က ဂျပန်အိမ်တွေကို သစ်စုံနဲ့ ဆောက်ခဲ့ကြတယ်။

၆． N₁の N₂

⑫　ビールは 麦から 造られます。　　ဘီယာကို ဂျုံကနေ လုပ်တယ်။
　　これが 原料の 麦です。　　ဒါက ကုန်ကြမ်း(အဖြစ်သုံးတဲ့) ဂျုံပါ။
⑫မှげんりょうの むぎဟုဆိုရာတွင် ကုန်ကြမ်းသည် ဂျုံဖြစ်သည်၊ ဂျုံနှင့်ဆက်စပ်သည်ဟု၍ ဖြစ်သည်။ အခြား ဥပမာများအနေဖြင့်ペットの いぬ(သင်ခန်းစာ-၃၉)နှင့် むすこの ハンス(သင်ခန်းစာ-၄၃)စသည်တို့ ရှိသည်။

၇． この／その／あの N(တည်နေရာ)

うえ၊した၊なか၊となり၊ちかくစသည့်တည်နေရာကို ဖော်ပြသည့်နာမ်များတွင် この၊その၊あのကိုတွဲလျှင် အညွှန်းစကားလုံးမှညွှန်ပြသည့်အရာနှင့် တည်နေရာဆက်စပ်မှုကို ဖော်ပြသည်။

⑬　あの 中に 入れますか。　　အဲ့ဒီအထဲကို ဝင်လို့ရသလား။
⑬တွင်အသုံးပြုထားသည့်あの なかသည်あの たてものの なかဟူသော အဓိပ္ပာယ်ဖြစ်သည်။

သင်ခန်းစာ-၃၈

၁။ ဝေါဟာရများ

さんかします Ⅲ	参加します	ပါဝင်ဆင်နွှဲသည် [ခရီးတွင်~]
［りょこうに～］	［旅行に～］	
そだてます Ⅱ	育てます	ပြုစုပျိုးထောင်သည်
はこびます Ⅰ	運びます	သယ်ဆောင်သည်
にゅういんします Ⅲ	入院します	ဆေးရုံတက်သည်
たいいんします Ⅲ	退院します	ဆေးရုံဆင်းသည်
いれます Ⅱ*	入れます	သွင်းသည်၊ဖွင့်သည် [မီးခလုတ်ကို~]
［でんげんを～］	［電源を～］	
きります Ⅰ	切ります	ဖြတ်တောက်သည်၊ပိတ်သည် [မီးခလုတ်ကို~]
［でんげんを～］	［電源を～］	
かけます Ⅱ	掛けます	ချိတ်သည်၊ခတ်သည် [သော့ကို~]
［かぎを～］		
つきます Ⅰ		တွဲသည်၊ကပ်ပါသည် [မုသားကို~](မုသားပြောသည်၊
［うそを～］		လိမ်ပြောသည်ဟု အဓိပ္ပာယ်ရသည်)
きもちが いい	気持ちが いい	စိတ်ကြည်နူးသည်၊စိတ်ကြည်လင်သည်၊စိတ်လန်းဆန်းသည်
きもちが わるい*	気持ちが 悪い	စိတ်မကြည်မလင်ဖြစ်သည်၊စိတ်မလန်းမဆန်းဖြစ်သည်
おおきな ～	大きな ～	ကြီးမားသော
ちいさな ～	小さな ～	သေးငယ်သော
あかちゃん	赤ちゃん	မွေးကင်းစကလေးငယ်
しょうがっこう	小学校	မူလတန်းကျောင်း
ちゅうがっこう*	中学校	အလယ်တန်းကျောင်း
えきまえ	駅前	ဘူတာရှေ့
かいがん	海岸	ပင်လယ်ကမ်းစပ်
こうじょう	工場	စက်ရုံ၊အလုပ်ရုံ
むら	村	ရွာ
かな		ဟီရဂန နှင့် ခတာခန
ゆびわ	指輪	လက်စွပ်
でんげん	電源	လျှပ်စစ်ဓာတ်အားးပါဝါ
しゅうかん	習慣	အလေ့အထ၊ အလေ့အကျင့်
けんこう	健康	ကျန်းမာရေး
～せい	～製	～ထုတ်၊～ထွက်၊～ဖြစ် (～မှထုတ်လုပ်သည်ဟုအဓိပ္ပာယ် ရသည်။)

おととし	တမြန်နှစ်(က)၊တနှစ်(က)
［あ、］いけない。	［အမလေး၊］ မဖြစ်(သင့်)ဘူး။ (တစ်စုံတစ်ရာအား လွဲချော်သော အခါတွင်လည်းကောင်း၊မဖြစ်မြောက်သောအခါ တွင်လည်းကောင်းအသုံးပြုသည်။)
おさきに　　　　　　お先に	အရင် ［ပြန်နှင့်မယ်/လုပ်နှင့်မယ်］။
［しつれいします］。　［失礼します］。	
※原爆ドーム	အဏုမြူ၊အဆောက်အဦ (ဟီရိုရှီးမားရှိအဏုမြူ ဗုံးဒက်ခံ ခဲ့ ရခြင်းကိုအမှတ်ရစေသည့်အဆောက်အဦ)
※出雲大社	အိဇုမိုတိုင်းရှ (ရှီမနဲခရိုင်၊အိဇုမိုနယ်ရှိ နတ်ကျောင်း)
※チェンマイ	ချင်းမိုင်(ထိုင်းနိုင်ငံရှိမြို့)

〈会話〉

回覧	လက်ဆင့်ကမ်းစာရွက်စာတမ်း
研究室	သုတေသနခန်း
きちんと	သေသေချာချာ၊တိတိကျကျ
整理しますⅢ	သပ်သပ်ရပ်ရပ်ဖြစ်အောင်လုပ်သည်၊ စီစီရီရီဖြစ်အောင်လုပ်သည်
方法	နည်းလမ်း
～と いう	～လို့ခေါ်တဲ့၊ ～ဟုခေါ်သော
一冊	－အုပ် (စာအုပ်စသည်တို့ကိုရေတွက်သည့်အရေအတွက်ပြ စကားလုံး)
はんこ	တံဆိပ်၊တံဆိပ်တုံး
押しますⅠ ［はんこを～］	နှိပ်သည် ［တံဆိပ်ကို～］

81

〈読み物〉

双子	အမွှာပူး
姉妹	ညီအစ်မ
５年生	ပဉ္စမနှစ်ကျောင်းသား/သူ
似て いますⅡ	ဆင်တူသည်
性格	အကျင့်စရိုက်
おとなしい	လူကြီးဆန်သော၊တည်ငြိမ်သော
優しい	သဘောကောင်းသော
世話を しますⅢ	ဝေယျာဝစ္စကို ပြုလုပ်သည်
時間が たちますⅠ	အချိန်(က) ကြာသည်
大好き［な］	အလွန်နှစ်သက်သော
一点	－အချက်
気が 強い	စိတ်ဓာတ်ခိုင်မာသော၊စိတ်ဓာတ်ကြံ့ခိုင်သော
けんかしますⅢ	ရန်ဖြစ်သည်
不思議［な］	ဆန်းကြယ်သော၊အံ့ဩစရာကောင်းသော၊တစ်မူ ထူးသော
年齢	အသက်
しかた	လုပ်ပုံကိုင်ပုံ၊လုပ်နည်းကိုင်နည်း

38

၂။ ဘာသာပြန်

ဝါကျပုံစံများ

၁. ပုံဆွဲရတာကို ပျော်တယ်။
၂. ကျွန်တော်က ကြယ်[ကို] ကြည့်ရတာကို ကြိုက်တယ်။
၃. ပိုက်ဆံအိတ်[ကို] ယူလာဖို့ မေ့သွားတယ်။
၄. ကျွန်တော်[က] ဂျပန်ကိုလာတာက မနှစ်က ၃လပိုင်းမှာပါ။

နမူနာဝါကျများ

၁. နေ့စဉ်မှတ်တမ်းရေးတာကို ဆက်လုပ်နေသလား။
......ဟင့်အင်း၊ သုံးရက်နဲ့ ရပ်လိုက်ပါတယ်။
စတင်တာက လွယ်ပေမယ့်၊ ဆက်လုပ်တာက ခက်တယ်နော်။
၂. လှပတဲ့ ပန်းခြံပဲနော်။
......ကျေးဇူးတင်ပါတယ်။
ခင်ပွန်းသည်က ပန်းစိုက်တာ ကျွမ်းကျင်တယ်။
၃. တိုကျိုက ဘယ်လိုလဲ။
......လူများတယ်။ ဒါ့အပြင် အားလုံး လမ်းလျှောက်တာ မြန်ကြတယ်။
၄. ဟာ၊ သွားပြီ။
......ဘာဖြစ်လို့လဲ။
ကားပြတင်းပေါက်[ကို] ပိတ်ဖို့ မေ့သွားတယ်။
၅. မစ္စမိယဇခိ ကလေးမွေးတာကို သိသလား။
......ဟင့်အင်း၊ မသိလိုက်ဘူး။ ဘယ်တုန်းကလဲ။
ရှေ့တစ်လလောက်ကပါ။
၆. ပထမဆုံး ကြိုက်ခဲ့တဲ့လူရဲ့ အကြောင်းကို မှတ်မိသေးလား။
......အင်း။ သူ့ကို ပထမဆုံး တွေ့ခဲ့တာက မူလတန်းကျောင်းက စာသင်ခန်းမှာပါ။
သူက တေးဂီတဆရာမပါ။

စကားပြော

ရှင်းလင်းရတာကို ကြိုက်တယ်

တက္ကသိုလ်ဝန်ထမ်း	-	ဆရာဝပ်၊ လက်ဆင့်ကမ်းစာရွက်စာတမ်းပါ။
ဝပ်	-	အာ့၊ ကျေးဇူးပါ။ အဲဒီမှာ ထားထားပါ။
တက္ကသိုလ်ဝန်ထမ်း	-	ဆရာ့ရဲ့သုတေသနအခန်းက အမြဲတမ်း သပ်ရပ်တယ်နော်။
ဝပ်	-	ကျွန်တော်က ရှင်းလင်းရတာကို ကြိုက်လို့ပါ။
တက္ကသိုလ်ဝန်ထမ်း	-	စာအုပ်တွေလည်း သေချာ စီရီထားတယ်......။ သပ်သပ်ရပ်ရပ်ဖြစ်အောင်လုပ်တာ တော်တယ်နော်။
ဝပ်	-	အရင်က "သပ်ရပ်မှုကို ကျွမ်းကျင်စွာ ဆောင်ရွက်နည်း" ဆိုတဲ့စာအုပ်ကို ရေးဖူးတယ်။
တက္ကသိုလ်ဝန်ထမ်း	-	ဟယ်၊ ကောင်းလိုက်တာနော်။
ဝပ်	-	သိပ်ပြီး မရောင်းရခဲ့ပေမယ့်ပေါ့။ အဆင်ပြေရင်၊ တစ်အုပ် ယူလာပေးရမလား။

....

တက္ကသိုလ်ဝန်ထမ်း	-	မင်္ဂလာနံနက်ခင်းပါ။
ဝပ်	-	ဟာ၊ စာအုပ်ယူလာဖို့ မေ့ခဲ့တယ်။ တောင်းပန်ပါတယ်။
တက္ကသိုလ်ဝန်ထမ်း	-	ရပါတယ်။ ဒါပေမဲ့၊ လက်ဆင့်ကမ်းစာရွက်စာတမ်းမှာ တံဆိပ်တုံးနှိပ်ပေးဖို့ မမေ့ပါနဲ့နော်။ ရှေ့လကလည်း မနှိပ်ထားဘူးလေ။

၃။ ကိုးကားစကားလုံးများနှင့်အချက်အလက်များ

位置　တည်နေရာ

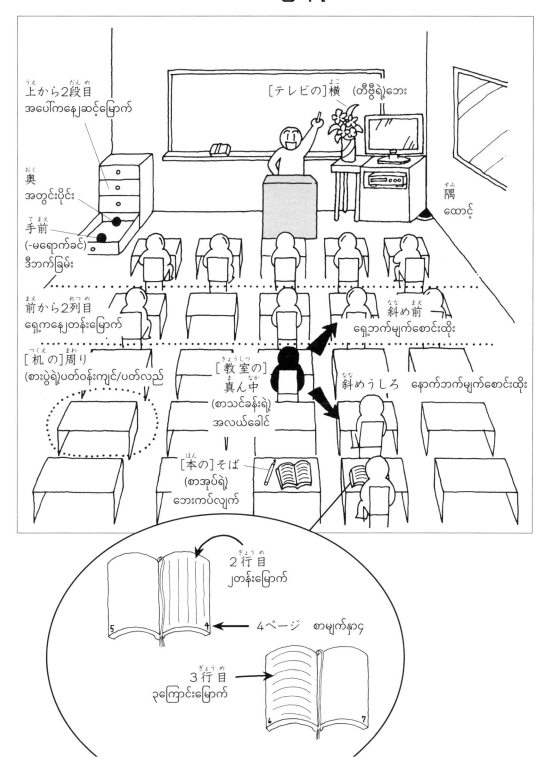

上から2段目
အပေါ်ကနေ၂ဆင့်မြောက်

[テレビの]横　(တီဗွီရဲ့)ဘေး

奥
အတွင်းပိုင်း

手前
(-မရောက်ခင်)
ဒီဘက်ခြမ်း

隅
ထောင့်

前から2列目
ရှေ့ကနေ၂တန်းမြောက်

斜め前
ရှေ့ဘက်မျက်စောင်းထိုး

[机の]周り
(စားပွဲရဲ့)ပတ်ဝန်းကျင်/ပတ်လည်

[教室の]
真ん中
(စာသင်ခန်းရဲ့)
အလယ်ခေါင်

斜めうしろ　နောက်ဘက်မျက်စောင်းထိုး

[本の]そば
(စာအုပ်ရဲ့)
ဘေးကပ်လျက်

83

2行目
၂တန်းမြောက်

4ページ　စာမျက်နှာ၄

3行目
၃ကြောင်းမြောက်

38

၄။ သဒ္ဒါရှင်းလင်းချက်

၁. နာမ်သို့ပြောင်းလဲစေသော の

の တွင်အသုံးအနှုန်းအမျိုးမျိုးကို နာမ်သို့ပြောင်းလဲစေသည့် လုပ်ဆောင်မှုရှိသည်။ の နှင့်တွဲသော ကြိယာ၊နာမဝိသေသန၊ နာမ်တို့ကို ယဉ်ကျေးသည့်ပုံစံမဟုတ်ဘဲ ရိုးရိုးပုံစံအဖြစ် ပြုလုပ်ရသည်။ နာမ်သို့ပြောင်းလဲထားသည့်အသုံးအနှုန်းများ မှာ အောက်ပါကဲ့သို့သော ဝါကျ၏အမျိုးမျိုးသော အစိတ်အပိုင်းများ ဖြစ်သည်။

၂. | V-အဘိဓာန်ပုံစံ のは adjです |

① テニスは おもしろいです。　　　　　တင်းနစ်က စိတ်ဝင်စားဖို့ ကောင်းတယ်။

② テニスを するのは おもしろいです。　　တင်းနစ်ကစားရတာ စိတ်ဝင်စားဖို့ကောင်းတယ်။

③ テニスを 見るのは おもしろいです。　　တင်းနစ်ကစားတာကို ကြည့်ရတာ စိတ်ဝင်စားဖို့ကောင်းတယ်။

V-အဘိဓာန်ပုံစံ の ကို အဓိကအကြောင်းအရာအဖြစ်ထား၍ は ဖြင့်ထုတ်နုတ်ဖော်ပြထားသည့် ဝါကျပုံစံဖြစ်သည်။
ဤ ဝါကျပုံစံတွင် အသုံးများသည့် နာမဝိသေသနများမှာ むずかしい၊ やさしい၊ おもしろい၊ たのしい၊ たいへん[な] စသည်တို့ ဖြစ်သည်။
① ကဲ့သို့ の ကိုအသုံးမပြုသည့်ဝါကျနှင့်နှိုင်းယှဉ်လျှင် の ကိုအသုံးပြုထားသည့် ② နှင့် ③ တို့သည် "တင်းနစ်ကစားခြင်း" နှင့် "တင်းနစ်ကစားခြင်းကိုကြည့်ခြင်း" သည် စိတ်ဝင်စားဖို့ကောင်းကြောင်းကို တိကျသေချာစွာ ဖော်ပြနေသည်။

၃. | V-အဘိဓာန်ပုံစံ のが adjです |

④ わたしは 花が 好きです。　　　　　ကျွန်မ[က] ပန်း[ကို] ကြိုက်တယ်။

⑤ わたしは 花を 育てるのが 好きです。　ကျွန်မ[က] ပန်းစိုက်ရတာ ကြိုက်တယ်။

⑥ 東京の 人は 歩くのが 速いです。　　တိုကျို[က] လူတွေက လမ်းလျှောက်တာ မြန်(ကြ)တယ်။

V-အဘိဓာန်ပုံစံ の သည် နာမဝိသေသန၏ သက်ဆိုင်သည့်ကံပုဒ်(အညွှန်းခံ) ဖြစ်သည်။ ဤ ဝါကျပုံစံတွင် အသုံးများ သည့်နာမဝိသေသနများမှာ နှစ်သက်မှု၊စွမ်းရည်၊အရည်အချင်းတို့ကို ဖော်ပြသည့်နာမဝိသေသနများ ဖြစ်သည့် すき [な]၊ きらい[な]၊ じょうず[な]၊ へた[な]၊ はやい၊ おそい စသည်တို့ ဖြစ်သည်။

၄. | V-အဘိဓာန်ပုံစံ のを 忘れました | V ဖို့ကို မေ့ခဲ့တယ်။

⑦ かぎを 忘れました。　　　　　　　　သော့[ကို] မေ့ကျန်ခဲ့တယ်။

⑧ 牛乳を 買うのを 忘れました。　　　　နွားနို့[ကို] ဝယ်ဖို့[ကို] မေ့ခဲ့တယ်။

⑨ 車の 窓を 閉めるのを 忘れました。　ကား[ရဲ့] ပြတင်းပေါက်[ကို] ပိတ်ဖို့[ကို] မေ့ခဲ့တယ်။

V-အဘိဓာန်ပုံစံ の သည် ဝိဘတ် を ဖြစ်နေသည့် ဥပမာဖြစ်သည်။ မေ့ခဲ့သည့်အကြောင်းကို တိတိကျကျ ရှင်းပြထား သည်။

၅. | V-ရိုးရိုးပုံစံ のを 知って いますか | V တာ/မှာကို သိသလား။

V-ရိုးရိုးပုံစံ の နေရာတွင် ဝိဘတ် を ကိုအသုံးပြုသည် ဥပမာဖြစ်သည်။ တိကျသည့်အကြောင်းအရာနှင့်ပတ်သက်၍ သိရှိခြင်းရှိမရှိကို မေးမြန်းသည့်အခါမျိုးတွင် အသုံးပြုသည်။

⑩ 鈴木さんが 来月 結婚するのを 知って いますか。

မစ္စတာဆူဇူကီး နောက်လ လက်ထပ်မှာကို သိသလား။

[မှတ်ချက်] しりません နှင့် しりませんでした ၏ကွာခြားမှု

⑪ 木村さんに 赤ちゃんが 生まれたのを 知って いますか。

……いいえ、知りませんでした。

မစ္စတာခိမုရ ကလေးမွေးတာကို သိသလား။

......ဟင့်အင်း၊ မသိလိုက်ဘူး။

⑫ ミラーさんの 住所を 知って いますか。

……いいえ、知りません。

မစ္စတာမီလာရဲ့ လိပ်စာကို သိသလား။

......ဟင့်အင်း၊ မသိဘူး။

⑪တွင် ကြားနာသူသည် အမေးမခံရမီအထိ "ကလေးမွေးတယ်"ဟူသောသတင်းကို မသိခဲ့သော်လည်း မေးခွန်းအရ ရင်းသတင်းကို သိရှိသွားသည့်အတွက် しりませんでした ဟု ဖြေရသည်။ သို့သော် ⑫တွင်မူ မေးခွန်းမမေးမီဖြစ်စေ မေးခွန်းမေးပြီးနောက်ဖြစ်စေ ရင်းသတင်းကို သိရှိခဲ့ခြင်းမရှိသည့်အတွက် しりません ဟု ဖြေရသည်။

6.
V	ရိုးရိုးပုံစံ	
い-adj	ရိုးရိုးပုံစံ	のは N₂ です
な-adj	ရိုးရိုးပုံစံ	
N₁	〜だ→〜な	

ကျွါဝါကျပုံစံသည် N₂ကို အလေးပေးသည့် ပြောနည်းဖြစ်သည်။

⑬ 初めて 会ったのは いつですか。   ပထမဆုံး တွေ့ခဲ့တာက ဘယ်တုန်းကလဲ။

……3年まえです။   ......လွန်ခဲ့တဲ့ ၃နှစ်ကပါ။

⑬တွင် ပြောသူ၏ မေးမြန်းလိုသည့်အရာသည် ပထမဆုံး တွေ့ဆုံခဲ့သောအကြောင်းနှင့်ပတ်သက်ပြီး ရင်းသည် မည်သည့်အချိန်ကဖြစ်သည်ကို မေးမြန်းသောအကြောင်း ဖြစ်သည်။

ကျွါဝါကျပုံစံကို ⑭ကဲ့သို့ တစ်ဖက်လှူ ပြောသည့်အရာကို အမှားပြင်ပေးသည့်အခါမျိုးတွင် အသုံးများသည်။

⑭ バンコクで 生まれたんですか。

……いいえ、生まれたのは チェンマイです။

ဘန်ကောက်မှာ မွေးတာလား။

......ဟင့်အင်း၊ မွေးတာက ချင်းမိုင်(မှာ)ပါ။

〜のは ၏ရှေ့၌ရှိသော ဝါကျ၏အဓိကပုဒ်ကို は ဖြင့်မဟုတ်ဘဲ が ဖြင့်ဖော်ပြသည်။

⑮ 父が 生まれたのは 北海道の 小さな 村です။

အဖေ့ကို မွေးတာက ဟော်ကိုင်းဒိုးက ရွာငယ်လေး(မှာ)ပါ။ (/အဖေက ဟော်ကိုင်းဒိုးက ရွာငယ်လေးမှာ မွေးတာပါ။)

85

38

သင်ခန်းစာ-၃၉

၁။ ဝေါဟာရများ

こたえます II [しつもんに～]	答えます [質問に～]	ဖြေဆိုသည် [မေးခွန်းကို～]
たおれます II [ビルが～]	倒れます	ပြိုလဲသည်၊လဲကျသည် [အဆောက်အဦက～]
とおります I [みちを～]	通ります [道を～]	ဖြတ်သန်းသည်၊ဖြတ်ကျော်သည် [လမ်းကို～]
しにます I	死にます	သေသည်
びっくりします III		အံ့ဩသည်၊အထိတ်တလန့်ဖြစ်သည်
がっかりします III		စိတ်ဓာတ်ကျသည်
あんしんします III	安心します	စိတ်ချသည်၊စိတ်အေးသည်
けんかします III		ရန်ဖြစ်သည်
りこんします III	離婚します	ကွာရှင်းပြတ်စဲသည်
ふとります I	太ります	ဝသည်
やせます II*		ပိန်သည်
ふくざつ[な]	複雑[な]	ရှုပ်ထွေးသော
じゃま[な]	邪魔[な]	အနှောင့်အယှက်ဖြစ်သော
かたい	硬い	မာကြောသော
やわらかい*	軟らかい	ပျော့ပြောင်းသော
きたない	汚い	ညစ်ပတ်သော၊ညစ်ပေသော
うれしい		ဝမ်းသာသော
かなしい	悲しい	ဝမ်းနည်းသော
はずかしい	恥ずかしい	ရှက်သော
しゅしょう	首相	ဝန်ကြီးချုပ်
じしん	地震	မြေလျင်
つなみ	津波	ဆူနာမီ၊ပင်လယ်လှိုင်းဒီလှိုင်း
たいふう	台風	မုန်တိုင်း
かみなり	雷	မိုးကြိုး
かじ	火事	မီးလောင်မှု
じこ	事故	မတော်တဆထိခိုက်မှုအက်ဆီးဒင့်
ハイキング		တောင်တက်ခြင်း
[お]みあい	[お]見合い	မိတ်ဆက်ပေးသောအိမ်ထောင်ဖက်နှင့်လက်ခံတွေ့ဆုံခြင်း
そうさ	操作	လုပ်ဆောင်နည်း(～します : လုပ်ဆောင်သည်)
かいじょう	会場	ခန်းမ
～だい	～代	～ခ၊～ဖိုး(ကျသင့်ငွေ ဟူသောအဓိပ္ပာယ်)
～や	～屋	～ဆိုင်ရောင်းသူ၊～ဈေးသည်(ဥပမာ-ပေါင်မုန့်သည်၊ ကုန်ခြောက်သည် စသည်)

フロント		ဧည့်ကြို၊ကောင်တာ
ー ごうしつ	ー号室	အခန်းနံပါတ် ー
タオル		မျက်နှာသုတ်ပဝါ၊တဘက်ပဝါ
せっけん		ဆပ်ပြာ
おおぜい	大勢	လူအများ
おつかれさまでした。	お疲れさまでした。	ပင်ပန်းသွားပြီနော်။(လုပ်ဖော်ကိုင်ဘက်နှင့်ငယ်သားများအား ပြောသောကျေးဇူးစကား)
うかがいます。	伺います。	လာပါမယ်။(いきます၏ နှိမ့်ချသောအသုံး)

〈会話〉

途中で	တစ်ဝက်တစ်ပျက်နဲ့၊လမ်းခုလတ်၌
トラック	ကုန်တင်ကား
ぶつかりますⅠ	တိုက်မိသည်၊ဝင်တိုးသည်

〈読み物〉

大人	လူကြီး၊အရွယ်ရောက်သူ
しかし	ဒါပေမဲ့၊သို့သော်
また	နောက်ထပ်၊တစ်ဖန်၊ထို့ပြင်
洋服	အနောက်တိုင်းပုံစံအဝတ်အစား
西洋化しますⅢ	အနောက်တိုင်းပုံစံပြောင်းသည်
合いますⅠ	ကိုက်ညီသည်
今では	ယခုအခါမှာ
成人式	အရွယ်ရောက်ဂုဏ်ပြုပွဲ
伝統的[な]	ထုံးတမ်းစဉ်လာဖြစ်သောမိရိုးဖလာ

87

39

၂။ ဘာသာပြန်

ဝါကျပုံစံများ

၁. သတင်း[ကို] ကြားပြီး၊ အံ့သြသွားတယ်။
၂. ငလျင်ကြောင့် အဆောက်အဦ[က] ပြိုကျသွားတယ်။
၃. ခန္ဓာကိုယ်[ရဲ့]အခြေအနေ[က](/ကျန်းမာရေး) မကောင်းလို့ ဆေးရုံ[ကို] သွားမယ်။

နမူနာဝါကျများ

၁. အိမ်ထောင်ဖက်သွားတွေ့တာ ဘယ်လိုလဲ။
......ဓာတ်ပုံကို ကြည့်တုန်းက(ရုပ်)ချောတဲ့လူလို့ ထင်ခဲ့ပေမယ့်၊ တွေ့ပြီးစိတ်ဓာတ်ကျသွားတယ်။
၂. နောက်လာမယ့် စနေနေ့ကျရင် အားလုံးနဲ့ တောင်တက်သွားမှာ၊ အတူတူ လိုက်မလား။
......တောင်းပန်ပါတယ်။ စနေနေ့က နည်းနည်း အဆင်မပြေလို့ မသွားနိုင်ဘူး။
၃. မနေ့က ရုပ်ရှင်က ဘယ်လိုလဲ။
......အကြောင်းအရာက ရှုပ်ထွေးလို့ ကောင်းကောင်း နားမလည်ဘူး။
၄. နောက်ကျလို့ တောင်းပန်ပါတယ်။
......ဘယ်လို ဖြစ်တာလဲ။
အက်ဆီးဒင့်ကြောင့် ဘတ်စကားက နောက်ကျသွားတာပါ။
၅. ခဏလောက် သွားသောက်ကြမလား။
......တောင်းပန်ပါတယ်။ ကိစ္စရှိလို့ အရင်ပြန်နှင့်ပါမယ်။
ဟုတ်လား။ ပင်ပန်းသွားပါပြီ။
၆. အခုတစ်လော၊ ဂွမ်းကပ်အိပ်ရာနဲ့ အိပ်နေတာ၊ အဆင်ပြေတာပဲ။
......ကုတင်က ဘာဖြစ်လို့လဲ။ (အဆင်မပြေလို့လား။)
အခန်းက ကျဉ်းပြီးတော့၊ အနှောင့်အယှက်ဖြစ်လို့သူငယ်ချင်းကို ပေးလိုက်တယ်။

စကားပြော

နောက်ကျသွားလို့ တောင်းပန်ပါတယ်

မီလာ - ဌာနခွဲမှူး၊ နောက်ကျသွားလို့ တောင်းပန်ပါတယ်။
ဌာနခွဲမှူးနာကမုရ - မစ္စတာမီလာ၊ ဘယ်လိုဖြစ်တာလဲ။
မီလာ - တကယ်တော့ လာနေတဲ့လမ်းခုလတ်မှာ(/လာနေတုန်း)
အက်ဆီးဒင့်ဖြစ်နေတာနဲ့ကြုံလို့ ဘတ်စကား[က] နောက်ကျသွားတာပါ။
ဌာနခွဲမှူးနာကမုရ - ဘတ်စကားအက်ဆီးဒင့်လား။
မီလာ - မဟုတ်ပါဘူး။ လမ်းဆုံမှာ ကုန်တင်ကားနဲ့ ကား(တစ်စီး)တိုက်မိပြီးတော့၊
(အဲဒါနဲ့လမ်းပိတ်ပြီး) ဘတ်စကားက မသွားတော့တာပါ(/သွားလို့မရတော့တာပါ)။
ဌာနခွဲမှူးနာကမုရ - အဲဒါ ဒုက္ခရောက်ခဲ့မှာပဲနော်။
အကြောင်းကြား(ထား)တာ(လည်း) မရှိတော့၊ အားလုံး စိတ်ပူနေကြတာလေ။
မီလာ - ဖုန်းဆက်ချင်ပေမယ့်၊ ဖုန်းကို အိမ်မှာ မေ့ကျန်ခဲ့လို့......။ တောင်းပန်ပါတယ်။
ဌာနခွဲမှူးနာကမုရ - နားလည်ပါပြီ။
ဒါဆို၊ အစည်းအဝေးကို စကြရအောင်။

၃။ ကိုးကားစကားလုံးများနှင့်အချက်အလက်များ

気持ち ခံစားချက်

၄။ သဒ္ဒါရှင်းလင်းချက်

၁. ┌─────────────┐
   │ 〜て（で）、〜 │
   └─────────────┘

သင်ခန်းစာ-၁၆နှင့် သင်ခန်းစာ-၃၄တွင် 〜て（で）、〜ဟူသောဝါကျပုံစံကို လေ့လာခဲ့ပြီးဖြစ်သည်။ ဤကဏ္ဍတွင် ရှေ့အဆစ်အပိုင်း(〜て（で）၏အစိတ်အပိုင်း)သည် အကြောင်းရင်းနှင့်အကြောင်းပြချက်ကိုဖော်ပြ၍ နောက်အဆစ် အပိုင်းသည် ရှေ့အဆစ်အပိုင်းပေါ်မူတည်၍ ဖြစ်ပေါ်လာသော ရလဒ်ကို ဖော်ပြသည် အသုံးအနှုန်းကို လေ့လာသွားမည်။ နောက်အဆစ်အပိုင်းတွင် စိတ်ဆန္ဒမပါသောအသုံးအနှုန်းဖြစ်သည် အခြေအနေပြအသုံးအနှုန်းကို အသုံးပြုရသည်။

၁) ┌─────────────────────────────────────┐
   │ Vて-ပုံစံ   │
   │ Vない-ပုံစံ なくて   ╲   │
   │ い-adj（〜ｲ）→〜くて   ├ 〜   │
   │ な-adj［な］→で   ╱   │
   └─────────────────────────────────────┘

နောက်အဆစ်အပိုင်းတွင် အဓိကအားဖြင့် အောက်ပါအသုံးအနှုန်းများကို အသုံးပြုသည်။

(၁) ခံစားချက်ကိုဖော်ပြသည် ကြိယာနှင့် နာမဝိသေသနများ: びっくりします၊ あんしんします၊ こまります၊ さびしい၊ うれしい၊ ざんねん［な］စသည်

① ニュースを 聞いて、びっくりしました。
   သတင်း[ကို] ကြားပြီး အံ့ဩသွားတယ်။

② 家族に 会えなくて、寂しいです。
   မိသားစုနဲ့ မတွေ့ရလို့ လွမ်းတယ်။

(၂) ဖြစ်နိုင်ခြင်း၊လုပ်နိုင်ခြင်းသို့မဟုတ် အခြေအနေကို ဖော်ပြသော ကြိယာနှင့်အသုံးအနှုန်းများ

③ 土曜日は 都合が 悪くて、行けません。
   စနေနေ့က အဆင်မပြေလို့ မသွားနိုင်ဘူး။

④ 話が 複雑で、よく わかりませんでした。
   အကြောင်းအရာက ရှုပ်ထွေးလို့ ကောင်းကောင်း နားမလည်ဘူး။

⑤ 事故が あって、バスが 遅れて しまいました。
   အက်ဆီးဒင့်ဖြစ်နေတာနဲ့ကြုံလို့ ဘတ်စ်ကား[က] နောက်ကျသွားတယ်။

⑥ 授業に 遅れて、先生に しかられました。
   အတန်း[ကို] နောက်ကျလို့ ဆရာ[ရဲ့] အဆူခံလိုက်ရတယ်။

[မှတ်ချက်] နောက်အဆစ်အပိုင်းတွင် စိတ်ဆန္ဒပါဝင်သည့်အသုံးအနှုန်းများ(ဆန္ဒ၊ အမိန့်၊ ကမ်းလှမ်းမှု၊ တောင်းဆိုမှု)ကို အသုံးပြုသည့်အခါမျိုးတွင် 〜からကို အသုံးပြုသည်။

⑦ 危ないですから、機械に 触らないで ください。
   အန္တရာယ်ရှိလို့ စက်ကို မကိုင်ပါနဲ့။

   ×危なくて、機械に 触らないで ください。

၂) ┌────┐
   │ Nで │
   └────┘

Nတွင်じこ、じしん、かじစသည်တို့ကဲ့သို့ သဘာဝဖြစ်စဉ်များ၊ အမှုအခင်းများ၊ အဖြစ်အပျက်များကို ဖော်ပြသည် အရာများသည်။

⑧ 地震で ビルが 倒れました。   လျှင်ကြောင့် အဆောက်အဦ[က] ပြိုကျသွားတယ်။

⑨ 病気で 会社を 休みました。   နေမကောင်းတာကြောင့် ကုမ္ပဏီကို ခွင့်ယူလိုက်တယ်။

၂.

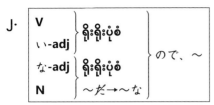

သင်ခန်းစာ-၉တွင် လေ့လာခဲ့ပြီးဖြစ်သည့်~からကဲ့သို့ ~のでသည်လည်း အကြောင်းရင်းနှင့် အကြောင်းပြချက်ကို ဖော်ပြသည်။ のでသည် ပင်ကိုမူလအားဖြင့် ကျိုးကြောင်းဆက်စပ်မှု(အကြောင်းရင်းနှင့်ရလဒ်)ကို ဖော်ပြ၍ အကြောင်း ရင်းမှ ဖြစ်ပေါ်လာသည့်ရလဒ်ကို ဖော်ပြသည်ဟူသော ဂုဏ်သတ္တိရှိသောကြောင့် ခွင့်တောင်းသည့်အချိန်၌ အသုံးပြု သည့် အကြောင်းပြချက်နှင့် ဆင်ခြေများကို သိမ်မွေ့စွာ ဖော်ပြသည့်အခါမျိုးတွင် အသုံးပြုရန် သင့်လျော်သည်။

⑩ 日本語が わからないので、英語で 話して いただけませんか。
   ဂျပန်စကားကို နားမလည်လို့ အင်္ဂလိပ်လို ပြောပေးလို့ရမလား။

⑪ 用事が あるので、お先に 失礼します。
   ကိစ္စရှိလို့ အရင် သွားနှင့်ပါမယ်။

၃. 途中で

とちゅうでသည် တစ်နေရာရာသို့ ရွှေ့လျားရာတွင် လမ်းခုလတ်တစ်နေရာ၌ဟူသည့် အဓိပ္ပာယ်ဖြစ်သည်။
V-အဘိဓာန်ပုံစံသို့မဟုတ် Nのと အတူတွဲ၍အသုံးပြုသည်။

⑫ 実は 来る 途中で 事故が あって、バスが 遅れて しまったんです。
   တကယ်တော့ လာနေတဲ့လမ်းခုလတ်မှာ(/လာနေတုန်း) အက်ဆီးဒင့်ဖြစ်နေတာနဲ့ကြုံလို့ ဘတ်စ်ကား[က] နောက်ကျသွားတာပါ။

⑬ マラソンの 途中で 気分が 悪く なりました。
   မာရသွန် ပြိုင်နေရင်း လမ်းခုလတ်မှာ(/ပြိုင်နေတုန်း) စိတ်လက်မအီမသာဖြစ်လာတယ်။

91

39

သင်ခန်းစာ-၄၀

၁။ ဝေါဟာရများ

かぞえます II	数えます	ရေတွက်သည်၊တွက်ချက်သည်
はかります I	測ります、量ります	တိုင်းထွာသည်၊ချိန်တွယ်သည်၊တိုင်းထွာသည်
たしかめます II	確かめます	စိစစ်သည်၊စစ်ဆေးသည်
あいます I	合います	ကိုက်ညီသည်၊အရွယ်တော်သည် [အရွယ်အစားက～]
[サイズが～]		
しゅっぱつします III *	出発します	ထွက်ခွာသည်
とうちゃくします III	到着します	ဆိုက်ရောက်သည်
よいます I	酔います	မူးဝေသည်
うまく いきます I		ကောင်းကောင်းမွန်မွန်ဖြစ်သည်၊အဆင်ပြေသည်
でます II	出ます	ထွက်ပေါ်သည် [ပြဿနာ(က)～]
[もんだいが～]	[問題が～]	
そうだんします III	相談します	တိုင်ပင်သည်၊ဆွေးနွေးသည်
ひつよう[な]	必要[な]	လိုအပ်သော
てんきよほう	天気予報	မိုးလေဝသသတင်း
ぼうねんかい	忘年会	နှစ်ကုန်အထိမ်းအမှတ်ပွဲ
しんねんかい*	新年会	နှစ်သစ်ကူးအထိမ်းအမှတ်ပွဲ
にじかい	二次会	ဒုတိယပွဲဆက်
はっぴょうかい	発表会	စာတမ်းဖတ်ပွဲ၊ဟောပြောပွဲ၊တင်ဆက်ပွဲ
たいかい	大会	ပြိုင်ပွဲ
マラソン		မာရသွန်အပြေးပြိုင်ပွဲ
コンテスト		ယှဉ်ပြိုင်ပွဲ
おもて	表	အပြင်၊အပြင်ဘက်၊အလှဘက်၊အချောဘက်၊မျက်နှာဘက်
うら*	裏	အတွင်း၊အတွင်းဘက်၊မလှဘက်၊မချောဘက်၊ကျောဘက်
まちがい		အမှား၊မှားယွင်းမှု
きず	傷	ဒဏ်ရာအနာ
ズボン		ဘောင်းဘီ
[お]としより	[お]年寄り	သက်ကြီးရွယ်အို
ながさ*	長さ	အရှည်
おもさ	重さ	အလေးချိန်
たかさ	高さ	အမြင့်
おおきさ*	大きさ	အရွယ်အစား
[-]びん	[-]便	လေယာဉ်နံပါတ်[-]
-こ*	-個	-ခု(သေးငယ်သောအရာများ(ကို)ရေတွက်သည့်အရေ အတွက်ပြစကားလုံး)

92

40

ーほん （ーぽん、ーぼん）　　ー本		ーチョウン(ရှည်လျားသောအရာများကိုရေတွက်သည့် အရေအတွက်ပြစကားလုံး)
ーはい （ーぱい、ーばい）*　　ー杯		ー ခွက်(ခွက်တွင်ထည့်ထားသောသောက်စရာများကို ရေတွက်သည့်အရေအတွက်ပြစကားလုံး)
ーセンチ*		ー စင်တီမီတာ
ーミリ*		ー မီလီမီတာ
ーグラム*		ー ဂရမ်
〜いじょう*　　　　　〜以上		〜ထက်ပို(၍)၊ 〜(နှင့်)အထက်
〜いか　　　　　　　〜以下		〜ထက်လျော့(၍)၊ 〜(နှင့်)အောက်
※長崎		နာဂစာကီ(နာဂစာကီခရိုင်ရှိခရိုင်ရုံးစိုက်ရာနေရာ)
※仙台		ဆန်းဒိုင်း(မိယဂိခရိုင်ရှိခရိုင်ရုံးစိုက်ရာနေရာ)
※ JL		ဂျေအယ်လ်(ဂျပန်လေကြောင်းလိုင်းများ)
※七夕祭り		တနဘတပွဲတော် (၇လပိုင်း၇ရက်နေ့၌ကျင်းပသောပွဲတော်)
※東照宮		တိုးရှော့ဂူး (တိုချိဂိခရိုင်နီကိုးတွင်ရှိသောတိုခုဂဝ အိအဲယာစုအား ပူဇော်သည့်နတ်ကျောင်း)

〈会話〉

どうでしょうか。	ဘယ်လိုလဲ။ (どうですか၏ ယဉ်ကျေးသောအသုံး)
テスト	စာမေးပွဲ၊ စမ်းသပ်မှု
成績	ရမှတ်
ところで	စကားမစပ်
いらっしゃいますＩ	ကြွသည် (きます၏ ရိုသေလေးစားသောအသုံး)
様子	ပုံသဏ္ဍာန်

93

〈読み物〉

事件	အမှု
オートバイ	မော်တော်ဆိုင်ကယ်
爆弾	ဗုံး
積みますＩ	စုပုံသည်
運転手	ကား/ရထားမောင်းသူ
離れた	အလှမ်းကွာတဲ့၊ အလှမ်းကွာသည်
急に	ရုတ်တရက်
動かしますＩ	လှုပ်သည်
一生懸命	အားသွန်ခွန်စိုက်
犯人	ရာဇဝတ်သား
男	ယောက်ျားကျား
手に 入れますⅡ	အရယူသည်
今でも	အခုလည်းပဲ၊ယခုထက်တိုင်

40

၂။ ဘာသာပြန်

ဝါကျပုံစံများ

၁. JL107လေယာဉ်[က] ဘယ်နှနာရီ[မှာ] ဆိုက်မလဲ[ဆိုတာ] စုံစမ်းပေးပါ။
၂. တိုင်ဖုန်းအမှတ်၉က တိုကျိုကို လာမလာဆိုတာ၊ မသိသေးပါဘူး။
၃. ဒီအဝတ်ကို ဝတ်ကြည့်လို့ရလား။

နမူနာဝါကျများ

၁. ဒုတိယပွဲဆက်အနေနဲ့ ဘယ်ကို သွားကြလဲ။
......မူးနေခဲ့ကြလို့ ဘယ်ကို သွားခဲ့လဲဆိုတာ၊ လုံးဝ မမှတ်မိဘူး။
၂. တောင်ရဲ့အမြင့်ကို ဘယ်လို တိုင်းလဲဆိုတာ၊ သိလား။
......အင်း......။ အင်တာနက်မှာ ရှာကြည့်မယ်။
၃. ကျွန်တော်တို့တွေ ပထမဆုံး တွေ့ခဲ့တာက ဘယ်တုန်းကလဲဆိုတာ၊ မှတ်မိလား။
......အရင်တုန်းက အကြောင်းဆိုတော့၊ မေ့သွားပြီ။
၄. နှစ်ကုန်ညစာစားပွဲကို တက်နိုင်မလားမတက်နိုင်ဘူးလားဆိုတာ၊ မေးလ်နဲ့ အကြောင်းပြန်ပေးပါ။
......ဟုတ်ကဲ့၊ နားလည်ပါပြီ။
၅. တက္ကသိုလ်ကို တင်ရမယ့် စာရွက်စာတမ်းကို၊ အမှားရှိမရှိ(/မှန်လားဆိုတာ)၊ ကြည့်ပေးလို့ရမလား။
......ရပါတယ်။
၆. နာဂစာကီကို သွားဖူးလား။
......မသွားဖူးသေးဘူး။ ဆက်ဆက် တစ်ခါလောက် သွားကြည့်ချင်တယ်။

စကားပြော

သူငယ်ချင်းရမရဆိုတာစိတ်ပူတယ်

ခုလာလာ - ဆရာမ၊ ဟန်ဆုက ကျောင်းမှာ ဘယ်လိုများနေလဲ။
သူငယ်ချင်းရမရဆိုတာ စိတ်ပူနေတာ......
ဆရာမအိတိုး - အဆင်ပြေပါတယ်။
ဟန်ဆုက အတန်းမှာ အရမ်းတက်ကြွမှုရှိပါတယ်။
ခုလာလာ - ဟုတ်လား။ စိတ်အေးသွားပါပြီ။
စာကောဘယ်လိုလဲ။ ခန်းဂျီးက ခက်တယ်လို့ ပြောနေတာ......။
ဆရာမအိတိုး - နေ့တိုင်း ခန်းဂျီးစာမေးပွဲကို လုပ်နေတာ၊ ဟန်ဆုက အမှတ်ကောင်းကောင်းရပါတယ်။
ခုလာလာ - ဟုတ်လား။ ကျေးဇူးတင်ပါတယ်။
ဆရာမအိတိုး - စကားမစပ်၊ မကြာခင် အားကစားပွဲကျင်းပတော့မှာ၊ အဖေကော လာမလား။
ခုလာလာ - ဟုတ်ကဲ့။
ဆရာမအိတိုး - ဟန်ဆုက ကျောင်းမှာ ဘယ်လိုပုံစံလဲဆိုတာ၊ ဆက်ဆက် ကြည့်သွားပါဦး။
ခုလာလာ - ဟုတ်ကဲ့ပါ။ နောက်လည်း (သားလေးကို)ကြည့်ရှုစောင့်ရှောက်ပေးပါဦးနော်။

၃။ ကိုးကားစကားလုံးများနှင့်အချက်အလက်များ

単位・線・形・模様　အတိုင်းအတာ၊မျဉ်းကြောင်း၊ပုံသဏ္ဍာန်နှင့်အဆင်ဒီဇိုင်းများ

面積　ရေဧရိယာ

cm²	平方センチメートル	စတုရန်းစင်တီမီတာ
m²	平方メートル	စတုရန်းမီတာ
km²	平方キロメートル	စတုရန်းကီလိုမီတာ

長さ　အရှည်/အလျား

mm	ミリ[メートル]	မီလီမီတာ
cm	センチ[メートル]	စင်တီမီတာ
m	メートル	မီတာ
km	キロ[メートル]	ကီလိုမီတာ

体積・容積　ထုထည်ပမာဏနှင့်ဝင်ဆံ့သောပမာဏ

cm³	立方センチメートル	ကုဗစင်တီမီတာ
m³	立方メートル	ကုဗမီတာ
ml	ミリリットル	မီလီလီတာ
cc	シーシー	စီစီ
ℓ	リットル	လီတာ

重さ　အလေးချိန်

mg	ミリグラム	မီလီဂရမ်
g	グラム	ဂရမ်
kg	キロ[グラム]	ကီလိုဂရမ်
t	トン	တန်

計算　တွက်ချက်ခြင်း/အတွက်အချက်

$$1 + 2 - 3 \times 4 \div 6 = 1$$

たす	ひく	かける	わる		は（イコール）
ပေါင်းသည်၊	နုတ်သည်၊	မြှောက်သည်၊	စားသည်၊		ညီမျှခြင်း

線　မျဉ်းကြောင်း/လမ်းကြောင်း

直線	မျဉ်းဖြောင့်	————————
曲線	မျဉ်းကောက်	～～～
点線	အစက်မျဉ်း	………………

形　ပုံသဏ္ဍာန်

円（丸）	三角[形]	四角[形]
စက်ဝိုင်း	သုံးထောင့်ပုံ	လေးထောင့်ပုံ

40

模様　အဆင်ဒီဇိုင်းများ

縦じま	横じま	チェック	水玉	花柄	無地
ဒေါင်လိုက်စင်း	အလျားလိုက်စင်း/ ကန့်လန့်စင်း	လေးထောင့်ကွက် (အဆင်)	အစက်အပြောက် (အဆင်)	ပန်းပွင့်(အဆင်)	ပြောင်(အဆင်)

၄။ သဒ္ဒါရှင်းလင်းချက်

၁။

V	ရိုးရိုးပုံစံ	
い-adj	ရိုးရိုးပုံစံ	か、〜
な-adj	ရိုးရိုးပုံစံ	
N	〜だ	

ဤဝါကျပုံစံကို အမေးစကားလုံးပါဝင်သည့်အမေးဝါကျကို အခြားဝါကျတစ်ခုတွင် ထည့်သွင်းသည့်အခါမျိုး၌ အသုံး ပြုသည်။

① JL107便は 何時に 到着するか、調べて ください。

JL107လေယာဉ်[က] ဘယ်နှစ်နာရီ[မှာ] ဆိုက်မလဲ[ဆိုတာ] စုံစမ်းပေးပါ။

② 結婚の お祝いは 何が いいか、話して います。

မင်္ဂလာဆောင်လက်ဖွဲ့[ကို] ဘယ်ဟာကောင်းမလဲ[လို့] ပြောနေကြတယ်။

③ わたしたちが 初めて 会ったのは いつか、覚えて いますか。

ကျွန်တော်တို့ ပထမဆုံးတွေ့ခဲ့တာ ဘယ်တုန်းကလဲ[ဆိုတာ] မှတ်မိလား။

တစ်ဖန် အမေးစကားလုံးသည် နာမ်ဖြစ်သည့်အတွက် ③ကဲ့သို့ အမေးစကားလုံး-か ဟူသည့် ပုံစံအဖြစ်လည်းအသုံး ပြုနိုင်သည်။

၂။

V	ရိုးရိုးပုံစံ	
い-adj	ရိုးရိုးပုံစံ	か どうか、〜
な-adj	ရိုးရိုးပုံစံ	
N	〜だ	

ဤဝါကျပုံစံကို အမေးစကားလုံးမပါဝင်သည့် အမေးဝါကျကို အခြားဝါကျတစ်ခုအတွင်း ထည့်သွင်းသည့်အခါမျိုး၌ အသုံးပြုသည်။ ရိုးရိုးပုံစံ-か ၏နောက်တွင် どうか ကို တွဲရန်လိုအပ်သည်ကို သတိပြုရမည်။

④ 忘年会に 出席するか どうか、20日までに 返事を ください。

နှစ်ကုန်ညစာစားပွဲကို တက်မယ်မတက်ဘူးဆိုတာ ၂၀ရက်နေ့နောက်ဆုံးထားပြီး အကြောင်းပြန်ပေးပါ။

⑤ その 話は ほんとうか どうか、わかりません。

အဲ့ဒီအကြောင်းက တကယ်လား ဘာလားဆိုတာ မသိပါဘူး။

⑥ まちがいが ないか どうか、調べて ください。

အမှားရှိမရှိ[ကို] စစ်ပေးပါ။ (/မှန်လား[ဆိုတာ] စစ်ပေးပါ။)

⑥တွင်まちがいが あるか どうかမဟုတ်ဘဲ まちがいが ないか どうかဖြစ်နေသည်မှာ ပြောသူသည် まちがいが ない ဟူသည့် အကြောင်းကို အတည်ပြုပေးစေချင်သောကြောင့်ဖြစ်သည်။

96

40

၃. | **V て-ပုံစံ みます** |

ကျွ၀ါကျပုံစံသည် ပြုမူလုပ်ဆောင်မှုတစ်ခုကို စမ်းသပ်သည့်အနေဖြင့် ပြုလုပ်သည် ဟူသည့် အဓိပ္ပာယ်ကို ဖော်ပြသည်။

⑦ もう 一度 考えて みます。
    နောက်တစ်ခေါက် ပြန်စဉ်းစားကြည့်ပါမယ်။

⑧ この ズボンを はいて みても いいですか。
    ဒီဘောင်းဘီကို ၀တ်ကြည့်လို့ရမလား။

⑨ 北海道へ 行って みたいです。
    ဟော်ကိုင်းဒိုးကို သွားကြည့်ချင်တယ်။

⑨ကဲ့သို့ ～て みたい ဟူသည့်ပုံစံကို အသုံးပြုပါက ～たい ထက်စာလျှင် မိမိဆန္ဒကို ပြေပြေလျော့လျော့ဖြင့်
ဖော်ပြနိုင်သည်။

၄. | **い-adj (～い) → ～さ** |

い-adjသည် အဆုံးစကားလုံး い ကို さ သို့ပြောင်း၍ နာမ်အဖြစ် ပြုလုပ်နိုင်သည်။
ဥပမာ- 高い → 高さ   長い → 長さ   速い → 速さ

⑩ 山の 高さは どうやって 測るか、知って いますか。
    တောင်အမြင့်ကို ဘယ်လိုတိုင်းရလဲ သိသလား။

⑪ 新しい 橋の 長さは 3,911メートルです。
    တံတားအသစ်ရဲ့အရှည်က ၃၉၁၁မီတာဖြစ်ပါတယ်။

၅. | **～でしょうか** |

～でしょう(သင်ခန်းစာ-၃၂)ကို ⑫ကဲ့သို့ အမေးဝါကျမျိုး၌ အသုံးပြုလျှင် ခိုင်မာသည့်အဖြေကို တောင်းဆိုသည့်ပြော
နည်းမဟုတ်သဖြင့် တစ်ဖက်လူအပေါ် သိမ်မွေ့ပျော့ပျောင်းသည့်သဘောကို ပေးစွမ်းနိုင်သည်။

⑫ ハンスは 学校で どうでしょうか。
    ဟန်ဆုက ကျောင်းမှာ ဘယ်လိုများနေသလဲ။

40

သင်ခန်းစာ-၄၁

၁။ ဝေါဟာရများ

いただきます I		လက်ခံသည်၊ရယူသည်(もらいます၏ နှိမ့်ချသောအသုံး)
くださいます I		(မိမိအား)ပေးသည်(くれます၏ ရိုသေလေးစားသော အသုံး)
やります I		လုပ်သည် (မိမိထက်အသက်ငယ်သူ၊လက်အောက်ငယ် သား၊ တိရစ္ဆာန်၊သစ်ပင်တို့တွင် သုံးသည်။)
あげます II	上げます	မြှင့်တင်သည်၊မြှောက်သည်၊ပင့်သည်
さげます II*	下げます	လျှော့ချသည်၊နှိမ့်သည်
しんせつに します III	親切に します	ကြင်ကြင်နာနာ ဆက်ဆံသည်
かわいい		ချစ်စရာကောင်းသော
めずらしい	珍しい	ရှားပါးသော၊ထူးဆန်းသော
おいわい	お祝い	ဂုဏ်ပြုခြင်း၊ဂုဏ်ပြုလက်ဆောင်ပေးခြင်း(～を します： ～ကို ပြုလုပ်သည်)
おとしだま	お年玉	မုန့်ဖိုး(နှစ်သစ်ကူးတွင်လူကြီးများမှကလေးများနှင့်လက် အောက်ငယ်သားများအားပေးလေ့ရှိသောမုန့်ဖိုး)
[お]みまい	[お]見舞い	လူနာသတင်းမေးခြင်း၊ဝမ်းနည်းကြောင်းပြသခြင်း၊ ဘေးဒုက္ခ ရောက်နေသူအား အားပေးစကားပြောခြင်း
きょうみ	興味	စိတ်ဝင်စားမှု([コンピューターに]～が あります： [ကွန်ပျူတာမှာ]～ရှိသည်)
じょうほう	情報	သတင်းအချက်အလက်
ぶんぽう	文法	သဒ္ဒါ
はつおん	発音	အသံထွက်
さる	猿	မျောက်
えさ		(တိရစ္ဆာန်)အစာ
おもちゃ		ကစားစရာ
えほん	絵本	ရုပ်ပြစာအုပ်
えはがき	絵はがき	ရုပ်ပုံပို့စကတ်
ドライバー		ဝက်အူလှည့်
ハンカチ		လက်ကိုင်ပဝါ
くつした	靴下	ခြေအိတ်
てぶくろ	手袋	လက်အိတ်
ようちえん	幼稚園	မူကြို၊မူလတန်းကြို၊ကျောင်း
だんぼう	暖房	လေနွေးစက်

れいぼう*	冷房	လေအေးစက်
おんど	温度	အပူချိန်
そふ*	祖父	(မိမိ၏)အဖိုး
そぼ	祖母	(မိမိ၏)အဖွား
まご	孫	(မိမိ၏)မြေး
おまごさん	お孫さん	(သူတစ်ပါး၏)မြေး
おじ*		(မိမိ၏)ဦးလေး
おじさん*		(သူတစ်ပါး၏)ဦးလေး
おば		(မိမိ၏)အဒေါ်
おばさん*		(သူတစ်ပါး၏)အဒေါ်
かんりにん	管理人	အစောင့်၊စောင့်ကြပ်သူ၊လုံခြုံရေး (ဥပမာ-တိုက်/တိုက်ခန်း အစောင့်)
～さん		လူကြီးမင်း～၊လူကြီးမင်းတို့～ (ယဉ်ကျေးပျူငှာမှုကိုဖော်ပြ စေလိုခြင်းငှာလုပ်ငန်းအမည်များ၊ရာထူးဂုဏ်ပုဒ်များ၏ နောက်တွင်တွဲသုံးသောနောက်ဆက်စကားလုံး)
このあいだ	この間	ဟိုတစ်လော

〈会話〉

ひとこと		စကားလေးတစ်ခွန်း
～ずつ		～စီ (ဥပမာ-တစ်ခွန်းစီ၊နှစ်ယောက်စီ၊သုံးချပ်စီ)
二人		စုံတွဲ၊အတွဲ
お宅		အိမ် (うち သို့မဟုတ်いえ ၏ ရှိသေလေးစားသောအသုံး)
どうぞ お幸せに。		ရွှင်လန်းချမ်းမြေ့ပါစေ။အေးချမ်းသာယာပါစေ။

〈読み物〉

昔話		ရှေးဟောင်းပုံပြင်၊ရှေးဆိုရိုးစကား
ある ～		တချို့～
男		အမျိုးသား၊ယောက်ျား၊ကျား
子どもたち		ကလေးများ
いじめますⅡ		အနိုင်ကျင့်သည်၊နိုင်ထက်စီးနင်းပြုသည်
かめ		လိပ်
助けますⅡ		ကူညီသည်
優しい		သဘောကောင်းသော
お姫様		သမီးတော်၊မင်းသမီး
暮らしますⅠ		နေထိုင်သည်
陸		ကုန်း၊ကုန်းမြေ
すると		ဆိုရင်ပဲ၊လုပ်လိုက်တော့၊လုပ်လိုက်လျှင်ပဲ၊အဲ့ဒီအခါမှာ
煙		မီးခိုး
真っ白[な]		ဖြူဖွေးသော၊ဖြူစွတ်သော
中身		အတွင်းသား
※浦島太郎		အူရရှိမတာရော(ရှေးဟောင်းပုံပြင်မှဇာတ်ကောင်အမည်)

41

၂။ ဘာသာပြန်

ဝါကျပုံစံများ

၁. ကျွန်မက ဆရာဝပ်ဆီက စာအုပ်ကို ရခဲ့တယ်။

၂. ကျွန်တော့်ကို ဆရာက ခန်းဂျိုးအမှားပြင်ပေးခဲ့တယ်။

၃. ဌာနမှူးရဲ့ဇနီးသည်က ဂျပန်ရိုးရာလက်ဖက်ရည်ဖျော်တာကို သင်ပေးခဲ့တယ်။

၄. ကျွန်တော်[က] သားလေးကို စက္ကူလေယာဉ် လုပ်(/ခေါက်)ပေးခဲ့တယ်။

နမူနာဝါကျများ

၁. လုပတဲ့ ပန်းကန်ပဲနော်။

......အင်း။ မင်္ဂလာဆောင်လက်ဖွဲ့အနေနဲ့ မစ္စတာတနကက ပေးခဲ့တာပါ။

၂. အမေ၊ မျောက်ကို အစာကျွေးလို့ရလား။

......မရဘူး။ ဟိုဘက်မှာ အစာကျွေးလို့မရဘူးလို့ ရေးထားတယ်မလား။

၃. ဆူမှုကို သွားကြည့်ဖူးလား။

......အင်း။ ဟိုတလောက ဌာနမှူးက ခေါ်သွားပေးခဲ့ပါတယ်။
အရမ်း စိတ်ဝင်စားဖို့ကောင်းခဲ့ပါတယ်။

၄. နွေရာသီ ဟုမ်းစတေးက ဘယ်လိုလဲ။

......ပျော်ခဲ့ပါတယ်။ မိသားစုဝင်အားလုံးက အလွန် ကြင်ကြင်နာနာ ဆက်ဆံပေးခဲ့ကြပါတယ်။

၅. ပိတ်ရက်ရှည်မှာ ဘာလုပ်မလဲ။

......ကလေးကို ဒစ်စနီလန်း[ကို] ခေါ်သွားပေးပါမယ်။

၆. ကော်ဖီဖျော်စက်အသစ်ရဲ့ သုံးနည်းကို ကောင်းကောင်း နားမလည်လို့၊ နည်းနည်း သင်ပေးလို့ရလား။

......ရပါတယ်။

စကားပြော

လက်ထပ်တာကို ဂုဏ်ယူဝမ်းမြောက်ပါတယ်

ကျောင်းအုပ်	- မစ္စတာဝပ်၊ မစ္စအိဇုမိ၊ လက်ထပ်တာကို ဂုဏ်ယူဝမ်းမြောက်ပါတယ်။ ချီးယား။
အားလုံး	- ချီးယား။
	....
အခမ်းအနားမှူး	- နောက်ပြီးတော့ ဒီကလူကြီးမင်းအားလုံးကို စကားတစ်ခွန်းစီ(ပြောပေးဖို့) တောင်းဆိုပါတယ်။
မာဆုမိုတိုယောရှိကို	- ကျွန်မကို မနှစ်ကနွေရာသီအတန်းမှာ ဆရာဝပ်က အင်္ဂလိပ်စာ သင်ပေးခဲ့ပါတယ်။ ဆရာအတန်းက ဟာသနောတာတွေပါတော့၊ ပျော်စရာကောင်းခဲ့ပါတယ်။ တကယ်တော့ အဲဒီအတန်းမှာ မစ္စအိဇုမိလည်း ရှိပါတယ်။
တက္ကသိုလ်ဝန်ထမ်း	- ကျွန်မက ဆရာ့ဆီက "သပ်ရပ်မှုကို ကျွမ်းကျင်စွာ ဆောင်ရွက်နည်း" ဆိုတဲ့ စာအုပ်ကို ရခဲ့ပါတယ်။ ဆရာက သပ်သပ်ရပ်ရပ်ဖြစ်အောင် လုပ်တာ တော်တော်၊ သူတောသနအခန်းက အမြဲတမ်း သပ်ရပ်နေပါတယ်။ သေချာပေါက် (သူတို့သား နဲ့သူတို့သမီး)နှစ်ယောက်ရဲ့ အိမ်လည်း သပ်ရပ်မယ်လို့ ထင်ပါတယ်။
မီလာ	- မစ္စတာဝပ်၊ နောက်တစ်ခေါက်ကျရင် "လုပတဲ့သူနဲ့ လက်ထပ်ရမယ့် နည်းလမ်း" ဆိုတဲ့ စာအုပ်ကို ရေးပေးလို့ရမလား။ ဆက်ဆက် ဖတ်ပြီး၊ လေ့လာချင်ပါတယ်။ ပျော်ရွှင်ပါစေ။

41

၃။ ကိုးကားစကားလုံးများနှင့်အချက်အလက်များ

便利情報　အသုံးဝင်သောအချက်အလက်များ

貸衣装の「みんなの晴れ着」
လူတိုင်းအတွက်ပွဲတက်ဝတ်စုံအမျိုးမျိုးအငှားဆိုင်

何でもそろいます!!　　新作がいっぱい!!
ဝတ်စုံအမျိုးအစားစုံလင်စွာရှိပါသည်။　ဝတ်စုံသစ်ဒီဇိုင်းသစ်များစွာရှိသည်။

☎ 03-3812-556X

七五三　အသက်၇နှစ်၊၅နှစ်နှင့်၃နှစ်ပြည့်ကလေးများအတွက်ပွဲတက်ဝတ်စုံ

卒業式　ဘွဲ့နှင်းသဘင် အခမ်းအနား

成人式　အရွယ်ရောက်အခမ်းအနား

結婚式　လက်ထပ်မင်္ဂလာအခမ်းအနား

泊まりませんか
တည်းမလား။/မတည်းဘူးလား။

民宿　三浦
Miuraတည်းခိုဆောင်

安い、親切、家庭的な宿
ဈေးချိုသော၊သဘောကောင်းသော၊
မိသားစုပုံစံတည်းခိုဆောင်

☎ 0585-214-1234

公民館からのお知らせ　ကွန်မြူနစ်တီစင်တာမှသတိပေးချက်

月曜日　တနင်္လာနေ့　　日本料理講習会　ဂျပန်ဟင်းလျာသင်တန်းဟောပြောပွဲ

火曜日　အင်္ဂါနေ့　　生け花スクール　ဂျပန်ပန်းအလှသင်တန်းကျောင်း

水曜日　ဗုဒ္ဓဟူးနေ့　　日本語教室　ဂျပန်စာသင်တန်းကျောင်း

＊毎月第3日曜日　လစဉ်တတိယပတ်တနင်္ဂနွေနေ့　バザー　ဈေးရောင်းပွဲတော်

☎ 0798-72-251X

101

便利屋　အကူအညီဝန်ဆောင်မှု
☎ 0343-885-8854
何でもします!!
မည်သည့်ကိစ္စမဆိုလက်ခံဆောင်ရွက်ပေးသည်။

☆家の修理、掃除
　အိမ်ပြုပြင်ခြင်း၊ သန့်ရှင်းရေး

☆赤ちゃん、子どもの世話
　ကလေးထိန်းခြင်း

☆犬の散歩　ခွေးကျောင်းခြင်း

☆話し相手　အဖော်လုပ်၍စကား
　စမြည်ပြောပေးခြင်း

レンタルサービス
ပစ္စည်းအငှားဝန်ဆောင်မှု
何でも貸します!!
မည်သည့်ပစ္စည်းမဆိုငှားနိုင်သည်။

・カラオケ　ကာရာအိုကေ

・ビデオカメラ　ဗီဒီယိုကင်မရာ

・携帯電話　လက်ကိုင်ဖုန်း

・ベビー用品　ကလေးအသုံးအဆောင်များ

・レジャー用品　ပျော်ပွဲစားအသုံးအဆောင်
　　　　　　　များ

・旅行用品　ခရီးသွားအသုံးအဆောင်များ

☎ 0741-41-5151

41

お寺で体験できます
ဘုန်းကြီးကျောင်း၌အစမ်းလေ့လာနိုင်သည်။

禅ができます　　　　　စျာန်တရားကျင့်နိုင်သည်။

精進料理が食べられます　သက်သတ်လွတ်ထမင်းဟင်းကျွေးမည်။

金銀寺　☎ 0562-231-2010

၄။ သဒ္ဒါရှင်းလင်းချက်

၁. အပေးအယူအသုံးအနှုန်း

သင်ခန်းစာ-၇နှင့်သင်ခန်းစာ-၂၄တွင် အရာဝတ္ထုနှင့် အပြုအမူများ၏ အပေးအယူအသုံးအနှုန်းကို လေ့လာခဲ့ပြီး ဖြစ်သည်။ ယခုသင်ခန်းစာတွင် ထပ်မံ၍ ပေးသူနှင့်လက်ခံသူ၏ဆက်စပ်မှုကို ထင်ဟပ်စေသည့် အပေးအယူအသုံးအနှုန်းကို လေ့လာသွားမည်။

၁) N₁(လူ)に N₂を いただきます

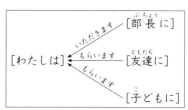

ပြောသူသည် မိမိထက်ရာထူးသို့မဟုတ်အသက်အရွယ်ကြီးမြင့်သူ(N₁) ထံမှအရာဝတ္ထု(N₂)ကိုလက်ခံရယူသည့်အခါ၌ もらいますမဟုတ်ဘဲ いただきますကိုအသုံးပြုသည်။

① わたしは 社長に お土産を いただきました。
   ကျွန်တော် ကုမ္ပဏီဥက္ကဋ္ဌဆီက ခရီးအပြန်လက်ဆောင်[ကို] ရခဲ့တယ်။

၂) [わたしに] N を くださいます

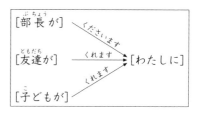

ပြောသူထက်ရာထူးသို့မဟုတ်အသက်အရွယ်ကြီးမြင့်သူမှ ပြောသူထံ သို့ ပစ္စည်း(တစ်ခုခု)ကိုပေးသည့်အခါ၌くれますမဟုတ်ဘဲください ますကိုအသုံးပြုသည်။

② 社長が わたしに お土産を くださいました。
   ကုမ္ပဏီဥက္ကဋ္ဌရှ ကျွန်တော့်ကို ခရီးအပြန်လက်ဆောင်[ကို] ပေး ခဲ့တယ်။

[မှတ်ချက်] いただきます၊くださいますကို လက်ခံသူသည် ပြောသူ၏မိသားစုဝင်ဖြစ်သည့်အခါမျိုးတွင်လည်း အသုံးပြုနိုင်သည်။

③ 娘は 部長に お土産を いただきました。
   (ကျွန်တော့်/မ)သမီးက ဌာနမှူးဆီက ခရီးအပြန်လက်ဆောင်[ကို] ရခဲ့တယ်။

④ 部長が 娘に お土産を くださいました。
   ဌာနမှူးက (ကျွန်တော့်/မ)သမီးကို ခရီးအပြန်လက်ဆောင်[ကို] ပေးခဲ့တယ်။

၃) N₁に N₂を やります

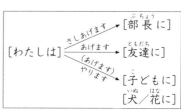

ပြောသူသည် မိမိထက်ရာထူးနိမ့်သူသို့မဟုတ်အသက်ငယ်သူ၊တိရစ္ဆာန်၊ အပင်(N₁)စသည်တို့ထံသို့ အရာဝတ္ထု(N₂)ကို ပေးသည့်အခါမျိုးတွင် မူလကやりますကို အသုံးပြုသည်။ သို့သော် ယခုနောက်ပိုင်းတွင်や りますထက် (あげますကပို၍) ယဉ်ကျေးသည့်စကားဖြစ်သည်ဟူ သောစိတ်ခံစားမှုကြောင့် あげますကို အသုံးပြုသူ များလာသည်။

⑤ わたしは 息子に お菓子を やりました (あげました)。
   ကျွန်တော်[က] သားကို မုန့်ကျွေးခဲ့တယ်(ပေးခဲ့တယ်)။

⑥ わたしは 犬に えさを やりました。
   ကျွန်တော် ခွေးကို အစာကျွေးခဲ့တယ်။

၂. အပြုအမူပေးယူခြင်း

အပြုအမူပေးခြင်းယူခြင်းကိုဖော်ပြသည့်အခါခွဲလည်း いただきます၊ くださいます၊ やります ကိုအသုံးပြုနိုင်သည်။ နမူနာဝါကျများကို အောက်တွင် ဖော်ပြမည်။

၁) | Vて-ပုံစံ いただきます |

⑦ わたしは 部長に 手紙の まちがいを 直して いただきました。
   ကျွန်တော့်ကို ဌာနခွဲမှူးက စာထဲကအမှားတွေကို ပြင်ပေးခဲ့တယ်။

၂) | Vて-ပုံစံ くださいます |

⑧ 部長の 奥さんが [わたしに] お茶を 教えて くださいました。
   ဌာနမှူးရဲ့ဇနီးသည်က [ကျွန်တော့်ကို] ဂျပန်ရိုးရာလက်ဖက်ရည်ဖျော်တာ[ကို] သင်ပေးခဲ့တယ်။

⑨ 部長が [わたしを] 駅まで 送って くださいました。
   ဌာနမှူးက [ကျွန်တော့်ကို] ဘူတာအထိ လိုက်ပို့ပေးခဲ့တယ်။

⑩ 部長が [わたしの] レポートを 直して くださいました。
   ဌာနမှူးက [ကျွန်တော့်ရဲ့] အစီရင်ခံစာကို ပြင်ပေးခဲ့တယ်။

၃) | Vて-ပုံစံ やります |

⑪ わたしは 息子に 紙飛行機を 作って やりました（あげました）。
   ကျွန်တော်[က] သားကို စက္ကူလေယာဉ် လုပ်(/ခေါက်)ပေးခဲ့တယ်။

⑫ わたしは 犬を 散歩に 連れて 行って やりました。
   ကျွန်တော်[က] ခွေး[ကို] လမ်းလျှောက်ဖို့ ခေါ်သွားပေးခဲ့တယ်။

⑬ わたしは 娘の 宿題を 見て やりました（あげました）。
   ကျွန်တော်[က] သမီးရဲ့ အိမ်စာတွေကို ကြည့်ပေးခဲ့တယ်။

၃. | Vて-ပုံစံ くださいませんか |

～て ください နှင့်ဆိုင်းယှဉ်လျှင် ယဉ်ကျေးမှုအတိုင်းအတာမြင့်သည် တောင်းဆိုမှုအသုံးအနှုန်း ဖြစ်သည်။ သင်ခန်း စာ-၂၆တွင် လေ့လာခဲ့ပြီးဖြစ်သည်～て いただけませんか ထက်စာလျှင် ယဉ်ကျေးမှုအတိုင်းအတာနိမ့်သည်။

⑭ コピー機の 使い方を 教えて くださいませんか。
   မိတ္တူကူးစက်[ရဲ့] အသုံးပြုပုံကို သင်ပေးလို့ရမလား။

⑮ コピー機の 使い方を 教えて いただけませんか。
   မိတ္တူကူးစက်[ရဲ့] အသုံးပြုပုံကို သင်ပေးလို့ရမလား။

၄. | Nに V |

အောက်ပါနမူနာဝါကျများတွင် အသုံးပြုထားသောဝိဘတ်にသည် ～၏အမှတ်အသား သို့မဟုတ် ～၏အထိမ်းအမှတ် ဟူသော အဓိပ္ပာယ်ကို ဖော်ပြသည်။

⑯ 田中さんが 結婚祝いに この お皿を くださいました。
   မစ္စတာတနကက မင်္ဂလာဆောင်လက်ဖွဲ့အနေနဲ့ ဒီပန်းကန်ကို ပေးခဲ့တယ်။

⑰ 北海道旅行の お土産に 人形を 買いました。
   ဟော်ကိုင်းဒိုးခရီးက အပြန်လက်ဆောင်အနေနဲ့ အရုပ်[ကို] ဝယ်ခဲ့တယ်။

103

41

သင်ခန်းစာ-၄၂

၁။ ဝေါဟာရများ

つつみます I	包みます	ထုပ်ပိုးသည်
わかします I	沸かします	ဆူအောင်တည်သည်
まぜます II	混ぜます	ရောသည်၊မွှေသည်၊သမသည်
けいさんします III	計算します	တွက်ချက်သည်
ならびます I	並びます	စီသည်၊တန်းစီသည်
じょうぶ[な]	丈夫[な]	ခိုင်မာသော၊တောင့်တင်းသော
アパート		အိမ်ခန်း၊တိုက်ခန်း
べんごし	弁護士	ရှေ့နေ
おんがくか	音楽家	ဂီတပညာရှင်
こどもたち	子どもたち	ကလေးများ
しぜん	自然	သဘာဝ
きょういく	教育	ပညာရေး
ぶんか	文化	ယဉ်ကျေးမှု
しゃかい	社会	လူမှုပတ်ဝန်းကျင်
せいじ	政治	နိုင်ငံရေး
ほうりつ	法律	ဥပဒေ
せんそう*	戦争	စစ်တိုက်ပွဲ
へいわ	平和	ငြိမ်းချမ်းရေး
もくてき	目的	ရည်မှန်းချက်၊ပန်းတိုင်
ろんぶん	論文	စာတမ်း
たのしみ	楽しみ	ပျော်စရာ၊ပျော်ရွှင်စွာစောင့်မျှော်ခြင်း
ミキサー		မွှေစက်၊ကြိတ်စက်
やかん		ရေနွေးအိုး၊ရေ(နွေး)ကရား
ふた		အဖုံး
せんぬき	栓抜き	အဆို့ဖောက်တံ
かんきり	缶切り	စည်သွတ်ဘူးဖောက်တံ
かんづめ	缶詰	စည်သွတ်ဘူး
のしぶくろ	のし袋	ဂုဏ်ပြုချီးမြှင့်ငွေထည့်သောစာအိတ်၊မင်္ဂလာလက်ဖွဲ့စာ အိတ်
ふろしき		ပါကင်ပိတ်စ
そろばん		ပေသီး၊ပေသီးခုံ
たいおんけい	体温計	ကိုယ်အပူချိန်တိုင်းကိရိယာ
ざいりょう	材料	ပါဝင်ပစ္စည်း
ある 〜		တချို့ 〜

104

42

いっしょうけんめい　一生懸命	အားသွန်ခွန်စိုက်၊အပတ်တကုတ်
なぜ	ဘာကြောင့်၊အဘယ်ကြောင့်
どのくらい	ဘယ်လောက်လောက်(ပမာဏ၊အရေအတွက်ကိုမေးမြန်းသည့်အမေးစကားလုံး)
※国連（こくれん）	ကုလသမဂ္ဂ
※エリーゼの　ために	အဲရီးဇ်အတွက်
※ベートーベン	ဘီသိုဗင်(ဂျာမနီမှသီချင်းရေးဆရာ(၁၇၇၀-၁၈၂၇))
※こどもニュース	ကလေးများအတွက်သတင်း(စိတ်ကူးသက်သက်ဖြင့်အမည်တပ်ထားသောသတင်း)

〈会話（かいわ）〉

出（で）ますⅡ［ボーナスが～］	ထွက်သည်[အပိုဆုကြေး၊ဘောနပ်～]
半分（はんぶん）	တစ်ဝက်
ローン	အရစ်ကျပေးသွင်းရန်ကျန်ငွေ

〈読み物（よみもの）〉

カップめん	ခေါက်ဆွဲခြောက်ဘူး
世界初（せかいはつ）	ကမ္ဘာ့ပထမဦးဆုံး
～に　よって	～မှ၊～က (အပြုခံဝါကျမှပြုလုပ်သူကိုဖော်ပြသည်(～မှ/က တီထွင်ခဲ့ပါသည်))
どんぶり	ဟင်းပုံထမင်း
めん	ခေါက်ဆွဲ
広（ひろ）めますⅡ	ပြန့်သည်
市場調査（しじょうちょうさ）	ဈေးကွက်လေ့လာစစ်ဆေးရေး
割（わ）りますⅠ	ခွဲသည်
注（そそ）ぎますⅠ	လောင်းချသည်
※チキンラーメン	ကြက်သားခေါက်ဆွဲ (ခေါက်ဆွဲခြောက်တံဆိပ်အမည်)
※安藤百福（あんどうももふく）	အန်းဒိုမိုမိုဖုခု (ဂျပန်မှစက်မှုကုန်ထုတ်စီးပွားရေးပညာရှင်(၁၉၁၀-၂၀၀၇))

၂။ ဘာသာပြန်

ဝါကျပုံစံများ

၁. အနာဂတ်မှာ ကိုယ်ပိုင်ဆိုင်ရှိဖို့အတွက်၊ ပိုက်ဆံစုနေပါတယ်။
၂. ဒီဖိနပ်က တောင်ပေါ်မှာ လမ်းလျှောက်ဖို့အတွက် ကောင်းပါတယ်။

နမူနာဝါကျများ

၁. ဘွန်းအကမှာ ပါဝင်ဖို့အတွက်၊ နေ့တိုင်း လေ့ကျင့်နေပါတယ်။
......ဟုတ်လား။ ပျော်စရာကြီးနော်။
၂. ဘာဖြစ်လို့ တစ်ယောက်တည်း တောင်ပေါ်တက်မှာလဲ။
......တစ်ယောက်တည်းနေပြီး စဉ်းစားတွေးတောဖို့အတွက် တောင်ပေါ်တက်မှာပါ။
၃. ကျန်းမာရေးအတွက်၊ တစ်ခုခု လုပ်နေလား။
......မလုပ်ပါဘူး။ ဒါပေမဲ့၊ နောက်အပတ်ကစပြီး မနက်တိုင်း ပြေးမယ်လို့ စိတ်ကူးထားပါတယ်။
၄. လှပငြိမ့်ညောင်းတဲ့ တီးလုံးပဲနော်။
......"အဲရီးဇဲ အတွက်" လေ။ ဘီသိုဗင်က မိန်းကလေးတစ်ယောက်အတွက်၊ ရေးထားတဲ့ တီးလုံးပါ။
၅. ဒါက ဘာအတွက်(/ဘယ်မှာ) သုံးရတာလဲ။
......ဝိုင်ကို ဖောက်ဖို့အတွက်(/ဖောက်တဲ့နေရာမှာ) သုံးရတာပါ။
၆. ၂ရက်၃ရက် တာဝန်နဲ့ခရီးထွက်ဖို့အတွက်(/တာဝန်နဲ့ခရီးထွက်တဲ့အခါသုံးဖို့) အဆင်ပြေမယ့်အိတ် ရှိလား။
......ဒီဟာလေး(ဆိုရင်) ဘယ်လိုပါလဲ။ ကွန်ပျူတာလည်း ဆံ့တော့၊ အဆင်ပြေတာပေါ့။
၇. ဒီတံတားကို ဆောက်တာ ဘယ်နှနှစ် ကြာခဲ့လဲ။
......၁၂နှစ် ကြာခဲ့ပါတယ်။

စကားပြော

အပိုဆုကြေး(ဘောနပ်)ကို ဘာအတွက်(/ဘယ်မှာ) သုံးမှာလဲ

ဆူဇူကီး - မစ္စဟယရှိ၊ အပိုဆုကြေး(ဘောနပ်)က ဘယ်တော့ ရမှာလဲ။
ဟယရှိ - နောက်အပတ်မှာပါ။ မစ္စတာဆူဇူကီးရဲ့ ကုမ္ပဏီကကော။
ဆူဇူကီး - မနက်ဖြန်ပါ။ ပျော်စရာကြီးနော်။
ဟယရှိ - အင်း။ မစ္စတာဆူဇူကီးက ဘာအတွက်(/ဘယ်မှာ) သုံးမှာလဲ။
ဆူဇူကီး - အရင်ဆုံး စက်ဘီးအသစ်ကို ဝယ်မယ်၊ ပြီးတော့ ခရီးသွားမယ်......။
အိုဂါဝ - ပိုက်ဆံမစုဘူးလား။
ဆူဇူကီး - ကျွန်တော်က သိပ်ပြီး မစဉ်းစားဖူးဘူး။
ဟယရှိ - ကျွန်မက တစ်ဝက်ကို စုဖို့ ရည်ရွယ်ထားတယ်။
ဆူဇူကီး - ဟင်၊ တစ်ဝက်တောင် စုမလို့လား။
ဟယရှိ - အင်း၊ တစ်နေ့နေ့ အင်္ဂလန်ကို ပညာတော်သင်သွားမယ်လို့ စိတ်ကူးနေတာ။
အိုဂါဝ - အင်း၊ လူလွတ်တွေကတော့ ကောင်းတယ်နော်။ အားလုံး ကိုယ့်အတွက် သုံးနိုင်တာ။ ကျွန်တော်က အိမ်ဖိုးအရစ်ကျငွေကို ပေးချေပြီး၊ ကလေးရဲ့ပညာရေးအတွက်စုလိုက်ရင်၊ တော်တော်များများ မကျန်တော့ဘူးလေ။

၃။ ကိုးကားစကားလုံးများနှင့်အချက်အလက်များ

事務用品・道具　ရုံးသုံးပစ္စည်းများ

とじる ပိတ်သည်	挟む／とじる တွဲသည်/ညှပ်သည်	留める (နံရံ၌)တွဲကပ်သည်	切る ဖြတ်သည်/လှီးသည်/ညှပ်သည်
ホッチキス စတပ်ပလာ/(စက္ကူ)ချုပ်စက်	クリップ ကလစ်	画びょう သံမှို	カッター　　はさみ ဖြတ်ဓား　　ကတ်ကြေး
はる ကပ်သည်		削る ချွန်(အောင်လုပ်)သည်	ファイルする ဖိုင်တွဲသည်
セロテープ　　ガムテープ　　のり ဆယ်လိုတိပ်　　ပါကင်တိပ်　　ကော်		鉛筆削り ခဲတံချွန်စက်	ファイル ဖိုင်
消す ဖျက်သည်	[穴を]開ける (အပေါက်)ဖောက်သည်	計算する တွက်ချက်သည်	[線を]引く／測る မျဉ်းသားသည်/တိုင်းတာသည်
消しゴム　　修正液 ခဲဖျက်　　မင်ဖျက်ဆေး	パンチ (စက္ကူ) အပေါက်ဖောက်စက်	電卓 ဂဏန်းပေါင်းစက်	定規(物差し) ပေတံ
切る ဖြတ်သည်	[くぎを]打つ (သံ)ရိုက်သည်	挟む／曲げる／切る ကြားညှပ်သည်/ခွေသည်/ ကွေးသည်/ဖြတ်သည်	[ねじを]締める／緩める ဝက်အူလှည့်သည်/ (ဖြေ)လျှော့သည်
のこぎり လွှ	金づち သံတူ	ペンチ ပလာယာ	ドライバー ဝက်အူလှည့်

107

42

၄။ သဒ္ဒါရှင်းလင်းချက်

၁.

V-အဘိဓာန်ပုံစံ		
V-အဘိဓာန်ပုံစံ	ために、～	V ဖို့အတွက်
N の		N အတွက်

ために သည် ရည်ရွယ်ချက်ကို ဖော်ပြသည်။ N の ために ကို N ၏ အကျိုးအမြတ်အတွက်ဟူသော အဓိပ္ပါယ်ဖြင့် လည်း အသုံးပြုသည်။

① 自分の 店を 持つ ために、貯金して います。
　　ကိုယ်ပိုင်ဆိုင် ရှိဖို့အတွက် ပိုက်ဆံစုနေတယ်။

② 引っ越しの ために、車を 借ります。
　　အိမ်ပြောင်းဖို့အတွက် ကား[ကို] ငှားမယ်။

③ 健康の ために、毎朝 走って います。
　　ကျန်းမာရေးအတွက် မနက်တိုင်း ပြေးနေတယ်။

④ 家族の ために、うちを 建てます。
　　မိသားစုအတွက် အိမ်[ကို] ဆောက်မယ်။

[မှတ်ချက်-၁] ဆင်တူသည့် အသုံးအနှုန်းအဖြစ် သင်ခန်းစာ-၃၆တွင် ～ように ကို လေ့လာခဲ့ပြီးဖြစ်သည်။ ために ၏ရှေ့တွင် စိတ်ဆန္ဒပါသောကြိယာ၏ အဘိဓာန်ပုံစံကို အသုံးပြုပြီး ように ၏ရှေ့တွင်မူ စိတ်ဆန္ဒမပါသောကြိယာ၏ အဘိဓာန်ပုံစံနှင့် ကြိယာ၏အငြင်းပုံစံတို့ကို အသုံးပြုသည်။

အောက်ပါ ဝါကျနှစ်ခုကို နှိုင်းယှဉ်သော် ①သည် စိတ်ဆန္ဒဖြင့် "ကိုယ်ပိုင်ဆိုင်ရှိရမယ်"ဟူသည့်အရာကို ရည်ရွယ်ချက် အဖြစ်ထား၍ ငွင်းကိုရည်မှန်းပြီး ပိုက်ဆံစုနေသည်ဟူသော အဓိပ္ပါယ်ဖြစ်ပြီး ⑤မှာမူ ရလဒ်အဖြစ် "ကိုယ်ပိုင်ဆိုင်ရှိနိုင် မယ်"ဟူသောအခြေအနေကို ရည်ရွယ်ချက်အဖြစ်ထား၍ ပိုက်ဆံစုနေသည်ဟူသော အဓိပ္ပါယ်ဖြစ်၍ အဓိပ္ပါယ်ကွာ ခြားမှုရှိသည်။

① 自分の 店を 持つ ために、貯金して います。
　　ကိုယ်ပိုင်ဆိုင် ရှိဖို့အတွက် ပိုက်ဆံစုနေတယ်။

⑤ 自分の 店が 持てる ように、貯金して います。
　　ကိုယ်ပိုင်ဆိုင် ရှိနိုင်ဖို့အတွက် ပိုက်ဆံစုနေတယ်။

[မှတ်ချက်-၂] なります ကို စိတ်ဆန္ဒပါသောကြိယာနှင့်ဖြစ်စေ၊ စိတ်ဆန္ဒမပါသောကြိယာနှင့်ဖြစ်စေ အသုံးပြုနိုင်သည်။

⑥ 弁護士に なる ために、法律を 勉強して います。
　　ရှေ့နေဖြစ်ဖို့ ဥပဒေပညာရပ်ကို လေ့လာနေတယ်။

⑦ 日本語が 上手に なる ように、毎日 勉強して います。
　　ဂျပန်စာတော်လာအောင် နေ့တိုင်း လေ့လာနေတယ်။ (သင်ခန်းစာ-၃၆)

၂.

V-အဘိဓာန်ပုံစံ の	に ～	
N		

၍ဝါကျပုံစံကိုつかいます။いいです။べんりです။やくに たちます။[じかん]が かかります၏သည် တို့နှင့်အတူတွဲ၍ အသုံးပြုပြီး အသုံးပြုသည့်နေရာနှင့် ရည်ရွယ်ချက်ကို ဖော်ပြရာတွင် အသုံးပြုသည်။

⑧ この はさみは 花を 切るのに 使います。
　　ဒီကတ်ကြေးကို ပန်းညှပ်ဖို့အတွက်(/တဲ့နေရာမှာ) သုံးတယ်။

⑨ この かばんは 大きくて、旅行に 便利です。
　　ဒီအိတ်က ကြီးတော့ ခရီးအဟွက်(/ခရီးသွားတဲ့အခါမှာသုံးဖို့) အဆင်ပြေတယ်။

⑩ 電話番号を 調べるのに 時間が かかりました。
　　ဖုန်းနံပါတ်ကို စုံစမ်းတာ အချိန်ကြာသွားတယ်။

၃．　 ပမာဏပြစကားလုံး は／も

Ｖဘက် は ကို ပမာဏပြစကားလုံးနှင့်တွဲလျှင် ပြောသူမှ ခန့်မှန်းထားသည့် အနိမ့်ဆုံး အတိုင်းအတာကို ဖော်ပြသည်။
Ｖဘက် も ကို ပမာဏပြစကားလုံးနှင့်တွဲလျှင် ပြောသူအနေဖြင့် ၎င်းအရေအတွက်ပမာဏကို များသည်ဟု ခံစားသည်ကို
ဖော်ပြသည်။

⑪　 わたしは ［ボーナスの］ 半分は 貯金する つもりです。

　　 ……えっ、半分も 貯金するんですか。

　　 ကျွန်တော်[အပိုဆုကြေး(ဘောနပ်)ရဲ့]တစ်ဝက်ကိုစုဖို့ ရည်ရွယ်ထားတယ်။

　　 ……ဟင်၊ တစ်ဝက်တောင် စုမှာလား။

၄．　 ～に よって

တီထွင်ဖန်တီးမှုနှင့်ရှာဖွေတွေ့ရှိမှုများကို ဖော်ပြသည့် ကြိယာ(ဥပမာ-かきます、はつめいします、はっけんします စသည်)ကို ခံရခြင်းပြပုံစံဖြင့်အသုံးပြုသည့်အခါ၌ ပြုမှုသူကို に ဖြင့်မဟုတ်ဘဲ に よって ဖြင့်ဖော်ပြသည်။

⑫　 チキンラーメンは 1958年に 安藤百福さんに よって 発明されました。

　　 (အသင့်စား)ကြက်သားခေါက်ဆွဲကို ၁၉၅၈ခုနှစ်မှာ မစ္စတာအန်းဒိုမိုမိဖုခုက တီထွင်ခဲ့တယ်။

သင်ခန်းစာ-၄၃

၁။ ဝေါဟာရများ

ふえますⅡ	増えます	တိုးသည်၊ပွားသည်၊များလာသည် [ပြည်ပပို့ကုန် က ～]
[ゆしゅつが～]	[輸出が～]	
へりますⅠ	減ります	လျော့ပါးသည်၊နည်းလာသည် [ပြည်ပပို့ကုန် က ～]
[ゆしゅつが～]	[輸出が～]	
あがりますⅠ	上がります	မြင့်တက်သည် [ဈေးနှုန်း က ～]
[ねだんが～]	[値段が～]	
さがりますⅠ*	下がります	ကျဆင်းသည် [ဈေးနှုန်း က ～]
[ねだんが～]	[値段が～]	
きれますⅡ	切れます	ပြတ်သည် [ကြိုး က ～]
[ひもが～]		
とれますⅡ		ပြုတ်သည် [ကြယ်သီး က ～]
[ボタンが～]		
おちますⅡ	落ちます	ကျသည် [အထုပ် က ～]
[にもつが～]	[荷物が～]	
なくなりますⅠ		ကုန်သည်၊ပျောက်ဆုံးသည်[ဓာတ်ငွေ့/လောင်စာဆီ က ～]
[ガソリンが～]		

へん[な]	変[な]	ဖြစ်ရိုးဖြစ်စဉ်မဟုတ်သော၊သာမန်မဟုတ်သော
しあわせ[な]	幸せ[な]	ပျော်ရွှင်ချမ်းမြေ့သော
らく[な]	楽[な]	သက်သာသော

うまい*	အရသာကောင်းသော
まずい	အရသာမကောင်းသော
つまらない	ပျင်းရိငြီးငွေ့ဖွယ်ကောင်းသောစိတ်ဝင်စားဖွယ်မကောင်း သော၊အဓိပ္ပာယ်မရှိသော (ဥပမာ-အဓိပ္ပာယ်မရှိတဲ့ကိစ္စနဲ့ ရန်ဖြစ်တယ်။)

やさしい	優しい	သဘောကောင်းသော

ガソリン		ဓာတ်ငွေ့၊လောင်စာ
ひ	火	မီး
パンフレット		လက်ကမ်းစာစောင်

いまにも	今にも	အခု(ချက်ချင်း)ပဲ (အပြောင်းအလဲဖြစ်ခါနီးအခြေအနေကို ထင်ဟပ်စေလိုသည့်အခါမျိုးတွင်သုံးသည်) ＊今にも 雨が降りそうです。＊အခုပဲမိုးရွာတော့မယ့်ပုံပဲ။

わあ	ဟယ်၊ဟယ်တော့

110

43

〈読み物〉

ばら	နှင်းဆီပန်း
ドライブ	ကားမောင်းခြင်း
理由 _{りゆう}	အကြောင်းပြချက်
謝_{あやま}りますⅠ	တောင်းပန်သည်
知_しり合_あいますⅠ	သိကျွမ်းသည်

၂။ ဘာသာပြန်

ဝါကျပုံစံများ

၁. အခုပဲ မိုးရွာတော့မယ့်ပုံပဲ။

၂. ခဏ လက်မှတ် သွားဝယ်မယ်။

နမူနာဝါကျများ

၁. အခွေးထည်က ကြယ်သီး ပြုတ်ထွက်တော့မယ့်ပုံ။
......အမလေး၊ ဟုတ်တယ်တော့။ ကျေးဇူးအများကြီးတင်ပါတယ်။

၂. နွေးလာပြီနော်။
......အင်း၊ မကြာခင် ချယ်ရီပန်း ပွင့်တော့မယ့်ပုံပဲ။

၃. ဂျာမနီရဲ့ ပန်းသီးကိတ်မုန့်ပါ။ စားပါဦး။
......တယ်၊ စားလို့ကောင်းမယ့်ပုံ။ စားပါတော့မယ်။

၄. ဒီအချိန်ပိုင်းအလုပ် ကောင်းမယ့်ပုံပဲနော်။ လစာလည်းကောင်းပြီး၊ အလုပ်လည်းပျော်စရာကောင်းမယ့်ပုံ။
......ဒါပေမဲ့၊ ညာ၂နာရီကနေ မနက်၆နာရီအထိနော်။

၅. စာရွက်စာတမ်းတွေ မပြည့်စုံဘူးနော်။
......ဟယ်နဲ့ရွက်လဲ။ ချက်ချင်း မိတ္တူကူးလာပါမယ်။

၆. ခဏ အပြင်ထွက်လိုက်ဦးမယ်။
......ဘယ်နဲ့နာရီလောက် ပြန်လာမလဲ။
၄နာရီမတိုင်ခင်(/မထိုးခင်) ပြန်လာဖို့ ရည်ရွယ်ထားတယ်။

စကားပြော

နေ့တိုင်း ပျော်နေတဲ့ပုံပါပဲ

ဟယရှီ   -   ဒါ၊ ဘယ်သူ့ရဲ့ ပုံလဲ။

ရှုမစ်   -   သားလေးဟန်ဆုပါ။ အားကစားပွဲတုန်းက၊ ရိုက်ထားတဲ့ပုံပါ။

ဟယရှီ   -   ကျန်းမာသွက်လက်တဲ့ပုံပဲနော်။

ရှုမစ်   -   အင်း။ ဟန်ဆုက ပြေးတာ မြန်တယ်ဗျ။
ဂျပန်မှုလတန်းကျောင်းနဲ့လည်း အသားကျလာပြီး၊ သူငယ်ချင်းလည်း ရလာတော့နေ့တိုင်း ပျော်နေတဲ့ပုံပါပဲ။

ဟယရှီ   -   ကောင်းတာပေါ့။
ဒီဘက်ကပုဂ္ဂိုလ်က ဇနီးသည်လား။ လုပတဲ့သူပဲ။

ရှုမစ်   -   ကျေးဇူးတင်ပါတယ်။
ဇနီးသည်က အကြောင်းအရာအမျိုးမျိုးကို စိတ်ဝင်စားတတ်ပြီး၊ အတူတူ နေရင် စိတ်ဝင်စားဖို့ကောင်းတယ်။

ဟယရှီ   -   ဟုတ်လား။

ရှုမစ်   -   အထူးသဖြင့် သမိုင်းကို နှစ်သက်ပြီး၊ အချိန်ရရင်မြို့ဟောင်းတွေကို လျှောက်လည်တတ်တယ်။

၃။ ကိုးကားစကားလုံးများနှင့်အချက်အလက်များ

性格・性質（せいかく・せいしつ）　အမူအကျင့်နှင့် သဘာ၀

明るい（あか） သွက်လက်ဖော်ရွေသော	暗い（くら） သုန်သုန်မှုန်မှုန်ရှိသော	活発[な]（かっぱつ） သွက်လက်ချက်ချာသော	

誠実[な]（せいじつ）　ရိုးသားဖြောင့်မတ်သော

優しい（やさ）　ကြင်နာတတ်သော

わがまま[な]　တစ်ကိုယ်ကောင်းဆန်သော

おとなしい　လူကြီးဆန်သော

まじめ[な]　ふまじめ[な]
ရိုးသားတည်ကြည်သော　ရိုးသားတည်ကြည်မှုမရှိသော

冷たい（つめ）　အေးတိအေးစက်နိုင်သော

厳しい（きび）　စည်းကမ်းကြီးသော

気が長い（き・なが）　စိတ်ရှည်သော

頑固[な]（がんこ）　ခေါင်းမာသော

気が短い（き・みじか）　စိတ်မရှည်သော

素直[な]（すなお）　ရိုးသားပွင့်လင်းသော

気が強い（き・つよ）　気が弱い（き・よわ）
စိတ်ကြီးသော　စိတ်ပျော့သော

意地悪[な]（いじわる）　စိတ်ထားမကောင်းသော

勝ち気[な]（か・き）　အနိုင်လိုစိတ်ရှိသော

神経質[な]（しんけいしつ）　စိတ်ဂနာမငြိမ်ဖြစ်တတ်သော၊
ဇီဇာကြောင်သော

၄။ သဒ္ဒါရှင်းလင်းချက်

၁. ┌─────────┐
～そうです │ V မယ့်ပုံပဲ

၁) │ **Vます-ပုံそうです** │

ကျွန်ုပ်ဝါကျပုံစံသည် Vမှဖော်ပြသည့် လုပ်ရှားမှုနှင့်ပြောင်းလဲမှုများ ဖြစ်ပေါ်မည့်အလားအလာကို ဖော်ပြသည်။ ရင်းလှုပ်ရှားမှုနှင့် ပြောင်းလဲမှုဖြစ်ပေါ်မည့် အချိန်ကာလကို ဖော်ပြသည့် いまにも၊ もうすぐ၊ これから စသည့် ကြိယာဝိသေသနများနှင့်အတူ တွဲ၍ အသုံးပြုနိုင်သည်။

① 今にも 雨が 降りそうです。　　　　အခုပဲ မိုးရွာတော့မယ့်ပုံပဲ။
② もうすぐ 桜が 咲きそうです。　　　 မကြာခင် ချယ်ရီပန်း ပွင့်မယ့်ပုံပဲ။
③ これから 寒く なりそうです。　　　 အခုကစပြီး အေးလာမယ့်ပုံပဲ။

၂) │ **い-adj (～ⅰ)** │
　　　│ **な-adj [な]** │ **そうです**

လက်တွေ့အတည်ပြုထားခြင်းမရှိသော်လည်း အပြင်ပန်းမှကြည့်၍ ရင်း၏ဂုဏ်သတ္တိကို ခန့်မှန်းဖော်ပြ၍ပြောသည့် ပြောနည်းဖြစ်သည်။

④ この 料理は 辛そうです。　　　　　　ဒီဟင်းက စပ်မယ့်ပုံပဲ။
⑤ 彼女は 頭が よさそうです。　　　　　သူက ဉာဏ် ကောင်းမယ့်ပုံပဲ။
⑥ この 机は 丈夫そうです。　　　　　　ဒီစာရေးခုံက ခိုင်မယ့်ပုံပဲ။

[မှတ်ချက်] အခြားသူ၏စိတ်ခံစားချက်ကိုဖော်ပြသည့်အခါစိတ်ခံစားချက်ကိုဖော်ပြသည့်နာမဝိသေသနများ(うれしい၊ かなしい၊ さびしい စသည်)ကိုရင်းတို့၏မူလပုံသဏ္ဌာန်အတိုင်းအသုံးမပြုနိုင်ပေ။ そうです ကိုတွဲကာ အပြင်ပန်းမှကြည့်၍ ခန့်မှန်းဖော်ပြသည့် ပြောနည်းကို အသုံးပြုသည်။

⑦ うれしそうですね。
　　……ええ、実は きのう 結婚を 申し込まれたんです。
　　ပျော်နေတဲ့ပုံပဲနော်။
　　……အင်း၊တကယ်တော့ မနေ့က လက်ထပ်ခွင့်အတောင်းခံရလို့။

၂. │ **Vて-ပုံစံ 来ます** │

၁) Vて-ပုံစံ きますသည် နေရာတစ်ခုသို့သွား၍ ပြုမှုလုပ်ဆောင်မှုတစ်ခုကိုပြုလုပ်ပြီး မူလနေရာသို့ ပြန်လာသည်ဟူသည့် အဓိပ္ပာယ်ကိုဖော်ပြသည်။

⑧ ちょっと たばこを 買って 来ます。　　ခဏလောက် ဆေးလိပ် သွားဝယ်လိုက်ဦးမယ်။

⑧သည် (၁)ဆေးလိပ်ရောင်းသည့်နေရာသို့သွားခြင်း၊ (၂)ရင်းနေရာ၌ဆေးလိပ်ဝယ်ခြင်း၊ (၃)မူလနေရာသို့ပြန်လာခြင်း ဟူသည့် ပြုမှုလုပ်ဆောင်မှုသုံးခုကို ဖော်ပြနေသည်။

⑨ကဲ့သို့ V て-ပုံစံမှဖော်ပြသည့် ပြုမူလုပ်ဆောင်မှုပြုလုပ်သည့်နေရာကို て ဖြင့်ဖော်ပြသော်လည်း ⑩ကဲ့သို့ を ဖြင့် ဖော်ပြထားသည့်ပစ္စည်းထွက်ပေါ်သည့်နေရာ(ပစ္စည်းမှုလရှိရာ)အဖြစ်မှတ်ယူနိုင်သည့်အခါမျိုးတွင် から ကိုအသုံးပြု သည်။ から ကိုအသုံးပြုသည့်ကြိယာတွင် とって きます အပြင် もって きます, はこんで きます တို့လည်းရှိ သည်။

⑨ スーパーで 牛乳 を 買って 来ます。　　　　စူပါးမားကက်မှာ နွားနို့ သွားဝယ်လာခဲ့မယ်။

⑩ 台所 から コップ を 取って 来ます。　　　　မီးဖိုချောင်ကနေ ခွက်[ကို] သွားယူလာခဲ့မယ်။

၂) N(နေရာ)へ 行って 来ます

きます ၏ရှေ့၌ いきます ကြိယာ၏ て-ပုံစံကို အသုံးပြု၍ နေရာတစ်ခုသို့သွားပြီး ပြန်လာသည်ဟူသည့် အဓိပ္ပာယ်ကို ဖော်ပြသည်။ သွားခဲ့သည့်နေရာတွင် ပြုလုပ်ပဲ့ခဲ့သည့် ပြုမူလုပ်ဆောင်မှုအကြောင်းကို အထူးတလည် မပြောသည့်အခါ မျိုးတွင် အသုံးပြုသည်။

⑪ 郵便局 へ 行って 来ます。　　　　စာတိုက်ကို သွားလိုက်ဦးမယ်။

၃) 出かけて 来ます

きます ၏ရှေ့၌ でかけます ကြိယာ၏ て-ပုံစံကိုအသုံးပြု၍ တစ်နေရာရာသို့သွားပြီးပြန်လာသည်ဟူသည့် အဓိပ္ပာယ် ကိုဖော်ပြသည်။ သွားမည့်နေရာကိုဖြစ်စေ၊ ရည်ရွယ်ချက်ကိုဖြစ်စေ အထူးတလည် မပြောသည့်အခါမျိုးတွင် အသုံး ပြုသည်။

⑫ ちょっと 出かけて 来ます。　　　　ခဏ အပြင်သွားလိုက်ဦးမယ်။

၃. | V て-**ပုံစံ** くれませんか | V ပေးပါလား

〜て ください ထက် ယဉ်ကျေးသည့်တောင်းဆိုမှုအသုံးအနှုန်းဖြစ်သော်လည်း 〜て いただけませんか (သင်ခန်းစာ-၂၆)နှင့် 〜て くださいませんか(သင်ခန်းစာ-၄၃)နှင့်စာလျှင်မူ ယဉ်ကျေးသည့်အသုံးအနှုန်း မဟုတ် ချေ။ မိမိနှင့်ရာထူး(သို့မဟုတ်)အသက်တူညီသူ၊ မိမိထက်ရာထူးနိမ့်သူ(သို့မဟုတ်)အသက်ငယ်သူနှင့် ပြောဆိုရာတွင် သင့်လျော်သည့် အသုံးအနှုန်းဖြစ်သည်။

⑬ コンビニへ 行って 来ます。

　　　　……じゃ、お弁当 を 買って 来て くれませんか。

　　　　၂၄နာရီစတိုးကို သွားလိုက်ဦးမယ်။

　　　　……ဒါဆို့ ထမင်းဘူး ဝယ်လာပေးပါလား။

သင်ခန်းစာ-၄၄

၁။ ဝေါဟာရများ

なきます I	泣きます	ငိုသည်
わらいます I	笑います	ရယ်သည်
ねむります I	眠ります	အိပ်ပျော်သည်
かわきます I	乾きます	ခြောက်သည်[ရှပ်အင်္ကျီက～]
［シャツが～］		
ぬれます II *		စိုသည်[ရှပ်အင်္ကျီက～]
［シャツが～］		
すべります I	滑ります	ချောသည်(ဥပမာ-နှင်းလမ်းကြောင်းမှာလျှောစီးသည်။)
おきます II	起きます	ဖြစ်ပွားသည် [မတော်တဆမှု က～]
［じこが～］	［事故が～］	
ちょうせつします III	調節します	ညှိသည်
あんぜん［な］	安全［な］	အန္တရာယ်ကင်းသော၊ဘေးကင်းလုံခြုံသော
きけん［な］*	危険［な］	အန္တရာယ်ရှိသော
こい	濃い	အရသာလေးသော၊ပျစ်သော၊ပြင်းသော (အရသာ၊အရောင်နှင့်ပတ်သက်ရာတွင်သုံးသည့်အဓိပ္ပါယ်၂မျိုးသက်ရောက်သည်)
うすい	薄い	အရသာပေါ့သော၊ကျဲသော၊မိန့်သော၊ပါးသော (အရသာ၊ အရောင်၊အထူအပါးနှင့်ပတ်သက်ရာတွင်သုံးသည့်အဓိပ္ပါယ်၃မျိုးသက်ရောက်သည်)
あつい	厚い	ထူသော
ふとい	太い	ဝသော၊တုတ်သော
ほそい*	細い	ပိန်သော
くうき	空気	လေထု
なみだ	涙	မျက်ရည်
わしょく	和食	ဂျပန်အစားအစာ
ようしょく	洋食	အနောက်တိုင်းစာ
おかず*		ဟင်း၊ဟင်းလျာ
りょう	量	ပမာဏ
－ばい	－倍	－ဆ
シングル		တစ်ယောက်အိပ်
ツイン		နှစ်ယောက်အိပ်

116

44

せんたくもの	洗濯物	လျှော်စရာ၊လျှော်စရာအဝတ်
DVD		ဒွီဗွီဒွီ

※ホテルひろしま	ဟိုတယ်ဟီရိုရှီးမား (စိတ်ကူးသက်သက်ဖြင့်အမည်တပ်ထား
	သောဟိုတယ်အမည်)

〈会話〉

どう なさいますか。	ဘယ်လိုလုပ်ချင်ပါသလဲ။ (လေးစားသမှုပြုသောအသုံး)
カット	ညှပ်၊ဆံပင်ညှပ်ခြင်း
シャンプー	လျှော်၊ခေါင်းလျှော်ခြင်း (〜を します : 〜ကို လုပ်သည်)
どういうふうに なさいますか。	ဘယ်လိုပုံစံလုပ်ချင်ပါသလဲ။ (လေးစားသမှုပြုသောအသုံး)
ショート	အတို (ဆံပင်ပုံစံအတို)
〜みたいに して ください。	〜ပုံစံလိုမျိုးလုပ်ပေးပါ။
これで よろしいでしょうか。	ဒီလောက်ဆို ရပြီလား။ (ယဉ်ကျေးသောအသုံး)
[どうも] お疲れさまでした。	ပင်ပန်းသွားပြီနော်။ (ကျေးဇူးတင်ပါတယ်ဟူသော
	အဓိပ္ပာယ်ဖြင့်ဆိုင်ဝန်ထမ်းမှပြောသည့်အခါတွင်သုံးသည်။)

〈読み物〉

嫌がりますⅠ	မကြည်မဖြူ‖ဖြစ်သည်၊မနှစ်မမြို့ဖြစ်သည်
また	နောက်ထပ်၊တစ်ဖန်
うまく	ကျွမ်းကျွမ်းကျင်ကျင်၊ကျွမ်းကျင်စွာ
順序	အစီအစဉ်
安心[な]	စိတ်ချရသော
表現	ဖော်ပြမှု
例えば	ဥပမာအားဖြင့်
別れますⅡ	ကွဲကွာသည်
これら	ဒါတွေ
縁起が 悪い	ကံကြမ္မာ(က)ဆိုးသော၊နိမိတ်(က)မကောင်းသော

၂။ ဘာသာပြန်

ဝါကျပုံစံများ

၁. မနေ့ညက အရက်[ကို] အသောက်လွန်သွားတယ်။
၂. ဒီကွန်ပျူတာက သုံးရလွယ်ကူတယ်။
၃. ဘောင်းဘီကို တိုအောင် လုပ်ပေးပါ။

နမူနာဝါကျများ

၁. ငိုနေတာလား။
......ဟင့်အင်း၊ အရယ်လွန်ပြီး မျက်ရည်ထွက်လာတာပါ။
၂. အခုနောက်ပိုင်းက ကား(တွေ)က ကိုင်တွယ်ရတဲ့ပုံ[က] လွယ်တယ်နော်။
......အင်း၊ ဒါပေမဲ့၊ လွယ်လွန်းပြီး မောင်းရတာ စိတ်ဝင်စားဖို့မကောင်းတော့ဘူး။
၃. ရွာနဲ့ မြို့နဲ့ ဘယ်ဟာ နေရလွယ်ကူလဲ။
......ရွာက နေရလွယ်ကူတယ်လို့ ထင်ပါတယ်။
ကုန်ဈေးနှုန်းလည်း သက်သာပြီး၊ လေထုလည်း သန့်လို့ပါ။
၄. ဒီခွက်က ခိုင်ပြီး ကွဲခဲ(/အကြမ်းခံ)တယ်လေ။
......ကလေးတွေ သုံးဖို့အတွက် အန္တရာယ်ကင်းတော့၊ ကောင်းတာပေါ့။
၅. ည နောက်ကျနေပြီမို့လို့၊ တိတ်တိတ်လေး နေပေးလို့ရမလား။
......ဟုတ်ကဲ့။ တောင်းပန်ပါတယ်။
၆. သောက်စရာက ဘာသောက်မလဲ။
......ဘီယာ[ကို] သောက်ပါမယ်။

စကားပြော

ဒီဓာတ်ပုံထဲကပုံစံလိုမျိုး လုပ်ပေးပါ

အလှပြင်ဆရာ - ကြိုဆိုပါတယ်။ ဒီနေ့ ဘယ်လို လုပ်ချင်ပါသလဲ။
လီ - ညှပ်ပေးပါ။
အလှပြင်ဆရာ - ဒါဆို၊ ခေါင်းလျှော်ရမှာမို့လို့၊ ဒီဘက်ကို လာပေးပါ။
....
အလှပြင်ဆရာ - ညှပ်တာက ဘယ်လိုပုံစံ လုပ်ချင်ပါသလဲ။
လီ - အတို လုပ်ချင်တာ......။
ဒီဓာတ်ပုံထဲကပုံစံလိုမျိုး လုပ်ပေးပါ။
အလှပြင်ဆရာ - အင်း၊ လှတယ်နော်။
....
အလှပြင်ဆရာ - ရှေ့ဘက်ရဲ့ အရှည်က ဒီလောက်နဲ့ အဆင်ပြေလား။
လီ - ဘယ်လိုပြောရမလဲ။ နောက်ထပ် နည်းနည်း တိုအောင် လုပ်ပေးပါ။
....
အလှပြင်ဆရာ - ပင်ပန်းသွားပြီနော်။
လီ - ကျေးဇူးတင်ပါတယ်။

美容院・理髪店　အလှပြင်ဆိုင်/ဆံသဆိုင်
びよういん　りはつてん

カット	(ဆံပင်)ညှပ်
パーマ	(ဆံပင်)ကောက်
シャンプー	ခေါင်းလျှော်
トリートメント	ဆံပင်ပေါင်းတင်
ブロー	လေမှုတ်
カラー	(ဆံပင်)ဆေးဆိုး
エクステ	ဆံပင်ဖြောင့်
ネイル	လက်သည်းသန့်စင်
フェイシャルマッサージ	မျက်နှာနှိပ်
メイク	မိတ်ကပ်အလှပြင်
着付け	အဝတ်အစားဝတ်ဆင်ပေးခြင်း
きっ	

119

耳が見えるくらいに		နားရွက်ပေါ် ရုံလောက်
肩にかかるくらいに		ပခုံးအကျလောက်
まゆが隠れるくらいに	切ってください。	မျက်ခုံးဖုံးရုံလောက်
1センチくらい	ညှပ်ပေးပါ	၁စင်တီမီတာလောက်
この写真みたいに		ဓာတ်ပုံအတိုင်း

髪をとかす	ဆံပင်သပ်သည်၊ ခေါင်းဖြီးသည်		ひげ／顔をそる	မုတ်ဆိတ်ရိတ်သည်
髪を分ける	ဆံပင်ခွဲသည်		化粧／メイクする	အလှပြင်သည်/မိတ်ကပ်ပြင်သည်
髪をまとめる	ဆံပင်စည်းသည်		三つ編みにする	ကျစ်ဆံမြီးကျစ်သည်
髪をアップにする	ဆံပင်ကိုပင့်တင်သည်		刈り上げる	(ဆံပင်)တိသည်/ညှပ်သည်
髪を染める	ဆံပင်ဆေးဆိုးသည်		パーマをかける	ဆံပင်ကောက်သည်

44

၄။ သဒ္ဒါရှင်းလင်းချက်

၁.

V ます-ပုံစံ
い-adj (～ぃ/✗) ⟩ すぎます
な-adj [な]

～すぎます သည် အပြုအမူနှင့်အခြေအနေ၏အတိုင်းအတာလွန်ကဲသည်ကို ဖော်ပြသည်။ သာမန်တွင် ၎င်းအပြု အမူနှင့်အခြေအနေကို မနှစ်သက်သည့်အခါမျိုး၌ အသုံးပြုသည်။

① ゆうべ お酒を 飲みすぎました。　　　　မနေ့ညက အရက်[ကို] အသောက်လွန်သွားတယ်။

② この セーターは 大きすぎます。　　　　ဒီဆွယ်တာက ကြီးလွန်းတယ်။

[မှတ်ချက်] ～すぎます သည် ကြိယာအုပ်စု-၂အဖြစ်ဖြင့် သဒ္ဒါပြောင်းလဲမှုပြုသည်။

 ၃ပမာ- のみすぎる　　のみすぎ(ない)　　のみすぎた

③ 最近の 車は 操作が 簡単すぎて、運転が おもしろくないです。

အခုနောက်ပိုင်းက ကား(တွေ)က ကိုင်တွယ်ရတဲ့ပုံ[က] လွယ်လွန်းပြီး မောင်းရတာစိတ်ဝင်စားဖို့မကောင်းတော့ ဘူး။

④ いくら 好きでも、飲みすぎると、体に 悪いですよ。

ဘယ်လောက်ကြိုက်ကြိုက် အသောက်လွန်ရင် ခန္ဓာကိုယ်(/ကျန်းမာရေး)အတွက် မကောင်းဘူးနော်။

၂.

V ます-ပုံစံ	やすいです
	にくいです

၁) V ます-ပုံစံ သည် စိတ်ဆန္ဒပါသောကြိယာဖြစ်သည့်အခါ၌ ～やすい သည် ၎င်းပြုမူလုပ်ဆောင်မှုကိုလုပ်ဆောင်ခြင်း သည် လွယ်ကူသည်ဟူသည် အဓိပ္ပာယ်ဖြစ်၍ ～にくい သည် ၎င်းပြုမူလုပ်ဆောင်မှုကိုလုပ်ဆောင်ခြင်းသည် ခက်ခဲသည်ဟူသည့် အဓိပ္ပာယ်ဖြစ်သည်။

⑤ この パソコンは 使いやすいです。　　　ဒီကွန်ပျူတာက သုံးရလွယ်ကူတယ်။

⑥ 東京は 住みにくいです。　　　　တိုကျိုက နေထိုင်ရခက်ခဲတယ်။

⑤သည် ကွန်ပျူတာသည် လွယ်ကူစွာအသုံးပြုနိုင်သည်ဟူသောအရည်အသွေးကိုပိုင်ဆိုင်ထားသည်ကို ဖော်ပြပြီး⑥ သည် တိုကျိုဟူသောမြို့၌နေထိုင်ရာတွင် ခက်ခဲမှုရှိသည်ဟူသည့်အကြောင်းကို ဖော်ပြနေသည်။

၂) V ます-ပုံစံသည် စိတ်ဆန္ဒမပါသောကြိယာဖြစ်သည့်အခါ ～やすい သည် ၎င်းပြုမူလုပ်ဆောင်မှုသည် လွယ်ကူစွာ ဖြစ်ပေါ်ကြောင်းကိုဖော်ပြ၍၊ ～にくい သည် ၎င်းပြုမူလုပ်ဆောင်မှုသည် တော်ရုံဖြင့် ဖြစ်ပေါ်ရန်ခဲယဉ်းကြောင်းကို ဖော်ပြသည်။

⑦ 白い シャツは 汚れやすいです。　　　အဖြူရောင်ရှပ်အင်္ကျီက ညစ်ပတ်လွယ်တယ်။

⑧ 雨の 日は 洗濯物が 乾きにくいです。

မိုးရွာတဲ့နေ့ဆို လျှော်ထားတဲ့အဝတ်တွေ တော်တော်နဲ့ မခြောက်ဘူး။

[မှတ်ချက်] ～やすい、～にくい သည်ぃ-adj နှင့်သဒ္ဒါပြောင်းလဲမှု တူညီသည်။

⑨ この 薬は 砂糖を 入れると、飲みやすく なりますよ。

ဒီဆေးက သကြားထည့်ရင် သောက်ရ လွယ်တယ်လေ။

⑩ この コップは 割れにくくて、安全ですよ。

ဒီခွက်က ကွဲခဲလို့(/အကြမ်းခံလို့) အန္တရာယ်ကင်းတယ်လေ။

၃.

$$N_1 \, を \, \begin{cases} \text{い-adj}(\sim\cancel{い}) \to \sim く \\ \text{な-adj}[\cancel{な}] \to \sim に \\ N_2 \, に \end{cases} \, \text{します}$$

သင်ခန်းစာ-၁၉တွင် လေ့လာခဲ့ပြီးဖြစ်သည့် ～く／～に　なりますသည် အမိကပုဒ်၏ပြောင်းလဲမှုကို ဖော်ပြသည့် အသုံးအနှုန်းဖြစ်ပြီး ～く／～に　します သည် ကံပုဒ်(N1)အား ပြောင်းလဲစေခြင်းကို ဖော်ပြသည့် အသုံးအနှုန်းဖြစ် သည်။

⑪ 音を 大きく します。　　　　　　အသံ ကျယ်အောင် လုပ်မယ်။

⑫ 部屋を きれいに します。　　　　အခန်းကို သပ်ရပ်အောင် လုပ်မယ်။

⑬ 塩の 量を 半分に しました。　　ဆားပမာဏကို တစ်ဝက် လုပ်လိုက်တယ်။

၄. | N に します |

ကျွါဝါကျပုံစံသည် ရွေးချယ်ချက်နှင့် ဆုံးဖြတ်ချက်ကို ဖော်ပြသည်။

⑭ 部屋は シングルに しますか、ツインに しますか。

အခန်းက တစ်ယောက်ခန်း ယူမလား၊ နှစ်ယောက်ခန်း ယူမလား။

⑮ 会議は あしたに します。　　　　အစည်းအဝေးကို မနက်ဖြန် လုပ်ပါမယ်။

44

သင်ခန်းစာ-၄၅

၁။ ဝေါဟာရများ

しんじます II	信じます	ယုံကြည်သည်
キャンセルします III		ပယ်ဖျက်သည်
しらせます II	知らせます	အသိပေးသည်၊အကြောင်းကြားသည်
ほしょうしょ	保証書	အာမခံစာရွက်
りょうしゅうしょ	領収書	ငွေလက်ခံဖြတ်ပိုင်း၊ဘောက်ချာ
キャンプ		ယာယီစခန်း၊ကမ့်
ちゅうし	中止	ရပ်ဆိုင်းသည်
てん	点	အမှတ်၊ရမှတ်
うめ	梅	တရုတ်ဆီး (တရုတ်ဆီးပန်း/သီး/ပင်)
110 ばん	110 番	အရေးပေါ် ရဲစခန်းဖုန်းနံပါတ်၁၁၀
119 ばん	119 番	အရေးပေါ် မီးသတ်ဖုန်းနံပါတ်၁၁၉
きゅうに	急に	ရုတ်တရက်
むりに	無理に	မရမကလွန်ကဲစွာ
たのしみに して います いじょうです。	楽しみに して います 以上です。	ပျော်ရွှင်စွာနဲ့ စောင့်မျှော် နေပါတယ်။ ဒါပါပဲ။ကြျမျသာ။ (ဟောပြောမှု၊တင်ပြမှုများ၏အဆုံး တွင် ပြောသောစကား)

122

45

〈会話〉

係員 タ၀န်ရှိသူ၊သက်ဆိုင်သူ

コース လမ်းကြောင်း

スタート စတင်ခြင်း၊အစ

一位 －နေရာ၊－အဆင့်

優勝 しますⅢ အနိုင်ရသည်

〈読み物〉

悩み ပူပန်စရာ၊စိတ်ညစ်စရာ

目覚まし[時計] နှိုးစက်[နာရီ]

目が 覚めますⅡ နိုးသည်၊မျက်လုံးပွင့်သည်

大学生 တက္ကသိုလ်ကျောင်းသား

回答 အဖြေ (～します : ～ဖြေသည်)

鳴りますⅠ (အသံ)မြည်သည်

セットしますⅢ ချိန်သည်၊ချိန်ကိုက်သည်၊နေရာချသည် (ဥပမာ- နှိုးစက်ကို
၇နာရီမှာ(မြည်အောင်)ချိန်သည်။)

それでも အဲဒါတောင်မှ

45

၂။ ဘာသာပြန်

ဝါကျပုံစံများ

၁. ကတ်ပျောက်သွားတဲ့အခါမျိုးမှာ၊ ချက်ချင်း ကတ်ကုမ္ပဏီကို ဆက်သွယ်ပါ။

၂. ချိန်းထားတာကို၊ သူမလာဘူး။

နမူနာဝါကျများ

၁. လျှော်ကြောင့် ရထား[က]ရပ်သွားတဲ့အခါမျိုးမှာ၊ မရမက ပြန်ဖို့ မကြိုးစားဘဲ ကုမ္ပဏီမှာပဲ တည်းပါ။
......ဟုတ်ကဲ့၊ နားလည်ပါပြီ။

၂. ဒါက ဒီကွန်ပျူတာရဲ့ အာမခံစာရွက်ပါ။
အခြေအနေမကောင်းတဲ့အခါမျိုးမှာ၊ ဒီနံပါတ်ကို ဆက်သွယ်ပါ။
......ဟုတ်ကဲ့၊ နားလည်ပါပြီ။

၃. ဟို၊ ဒီစာကြည့်တိုက်မှာ မိတ္တူကူးတာရဲ့ပြေစာကို ရနိုင်မလား။
......အင်း။ လိုအပ်တဲ့အခါမျိုးမှာ၊ ပြောပါ။

၄. မီးလောင်တာ၊လျှော်လှုပ်တာတွေဖြစ်တဲ့အခါ ဓာတ်လှေကားကိုမသုံးပါနဲ့။
......ဟုတ်ကဲ့၊ နားလည်ပါပြီ။

၅. ဟောပြောတာ(/စကားပြောပြိုင်တာ) အဆင်ပြေခဲ့ရဲ့လား။
......ဟင့်အင်း။ ကြိုးစားလေ့ကျင့်ပြီး မှတ်ထားတာကို၊ ပြောနေတုန်း မေ့သွားတယ်။

၆. ဆောင်းရာသီ(ကြီး)ကို၊ ချယ်ရီ(တွေ) ပွင့်နေတယ်နော်။
......ဟင်၊ အဲဒါ ချယ်ရီပန်း မဟုတ်ပါဘူး။ တရုတ်ဆီးပန်းပါ။

124

စကားပြော

လမ်းကြောင်းကို မှားသွားတဲ့အခါမျိုးမှာ၊ ဘယ်လိုလုပ်ရမလဲ

တာဝန်ရှိသူ	-	အားလုံးပဲ၊ ဒီမာရသွန်က ကျန်းမာရေးမာရသွန် ဖြစ်လို့ မနိုင်ဝန်ကို မထမ်းပါနဲ့။ တကယ်လို့ စိတ်လက်မအီမသာ ဖြစ်ရင်၊ တာဝန်ရှိသူတွေကို ပြောပါ။
ပါဝင်သူအားလုံး	-	ဟုတ်ကဲ့ပါ။
ပါဝင်သူ(၁)	-	တစ်ဆိတ်လောက်။ လမ်းကြောင်း မှားသွားတဲ့အခါမျိုးမှာ၊ ဘယ်လို လုပ်ရမလဲ။
တာဝန်ရှိသူ	-	မူလနေရာကို ပြန်သွားပြီး၊ ဆက်ပြေးပါ။
ပါဝင်သူ(၂)	-	ဟို၊ တစ်ဝက်တစ်ပျက်နဲ့ ရပ်ချင်တဲ့အခါ(ဆိုရင်)ကော။
တာဝန်ရှိသူ	-	အဲဒီအခါမျိုးမှာ၊ အနီးနားက တာဝန်ရှိသူကို နာမည်ပြောပြီး ပြန်ပါ။ ဒါဆို၊ စတင်ဖို့ အချိန်ရောက်ပါပြီ။

....

ဆူဇူကီး	-	မစ္စတာမီလာ၊ မာရသွန်က ဘယ်လိုလဲ။
မီလာ	-	ဒုတိယပါ။
ဆူဇူကီး	-	ဒုတိယလား။ ကောင်းလိုက်တာနော်။
မီလာ	-	ဟင့်အင်း၊ ကြိုးစားလေ့ကျင့်ထားတာကို၊ အနိုင်မရလို့ဝမ်းနည်းတယ်။
ဆူဇူကီး	-	နောက်ထပ် နောက်နှစ် ရှိသေးတယ်လေ။

၃။ ကိုးကားစကားလုံးများနှင့်အချက်အလက်များ

<ruby>病院<rt>びょういん</rt></ruby>　ဆေးရုံ

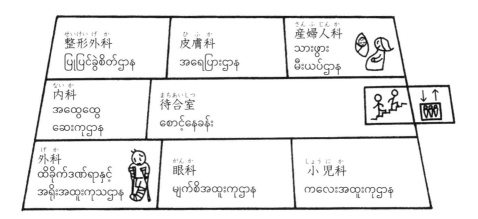

みんなの<ruby>病院<rt>びょういん</rt></ruby>

<ruby>整形外科<rt>せいけいげか</rt></ruby> ပြုပြင်ခွဲစိတ်ဌာန	<ruby>皮膚科<rt>ひふか</rt></ruby> အရေပြားဌာန	<ruby>産婦人科<rt>さんふじんか</rt></ruby> သားဖွားနှင့် မီးယပ်ဌာန
<ruby>内科<rt>ないか</rt></ruby> အထွေထွေ ဆေးကုဌာန	<ruby>待合室<rt>まちあいしつ</rt></ruby> စောင့်နေခန်း	
<ruby>外科<rt>げか</rt></ruby> ထိခိုက်ဒဏ်ရာနှင့် အရိုးအထူးကုသဌာန	<ruby>眼科<rt>がんか</rt></ruby> မျက်စိအထူးကုဌာန	<ruby>小児科<rt>しょうにか</rt></ruby> ကလေးအထူးကုဌာန

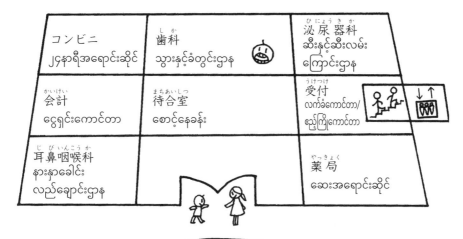

コンビニ ၂၄နာရီအရောင်းဆိုင်	<ruby>歯科<rt>しか</rt></ruby> သွားနှင့်ခံတွင်းဌာန	<ruby>泌尿器科<rt>ひにょうきか</rt></ruby> ဆီးနှင့်ဆီးလမ်း ကြောင်းဌာန
<ruby>会計<rt>かいけい</rt></ruby> ငွေရှင်းကောင်တာ	<ruby>待合室<rt>まちあいしつ</rt></ruby> စောင့်နေခန်း	<ruby>受付<rt>うけつけ</rt></ruby> လက်ခံကောင်တာ/ ညွှန့်ကြိုကောင်တာ
<ruby>耳鼻咽喉科<rt>じびいんこうか</rt></ruby> နား၊နာ၊ခေါင်း၊ လည်ချောင်းဌာန		<ruby>薬局<rt>やっきょく</rt></ruby> ဆေးအရောင်းဆိုင်

<ruby>診察<rt>しんさつ</rt></ruby>する	စမ်းသပ်သည်	<ruby>処方箋<rt>しょほうせん</rt></ruby>	ဆေးစာ
<ruby>検査<rt>けんさ</rt></ruby>する	စစ်ဆေးသည်	カルテ	ဆေးမှတ်တမ်း
<ruby>注射<rt>ちゅうしゃ</rt></ruby>する	ဆေးထိုးသည်	<ruby>保険証<rt>ほけんしょう</rt></ruby>	(ကျန်းမာရေး)အာမခံကတ်
レントゲンを<ruby>撮<rt>と</rt></ruby>る	ဓာတ်မှန်ရိုက်သည်	<ruby>診察券<rt>しんさつけん</rt></ruby>	လူနာကတ်
<ruby>入院<rt>にゅういん</rt></ruby>／<ruby>退院<rt>たいいん</rt></ruby>する	ဆေးရုံတက်/ဆေးရုံဆင်းသည်		
<ruby>手術<rt>しゅじゅつ</rt></ruby>する	ခွဲစိတ်သည်	<ruby>薬<rt>くすり</rt></ruby>の<ruby>種類<rt>しゅるい</rt></ruby>	ဆေးအမျိုးအစား
<ruby>麻酔<rt>ますい</rt></ruby>する	မေ့ဆေးပေးသည်	<ruby>痛<rt>いた</rt></ruby>み<ruby>止<rt>ど</rt></ruby>め／<ruby>湿布薬<rt>しっぷやく</rt></ruby>／<ruby>解熱剤<rt>げねつざい</rt></ruby>	

အနာသက်သာဆေး/ကပ်ဆေး/အပူကျဆေး

<ruby>錠剤<rt>じょうざい</rt></ruby>／<ruby>粉薬<rt>こなぐすり</rt></ruby>／カプセル

(ဆေး)အပြား/အမှုန့်/အတောင့်

45

၄။ သဒ္ဒါရှင်းလင်းချက်

၁.

V-အဘိဓာန်ပုံစံ	
Vない-**ပုံစံ**ない	
Vた-**ပုံစံ**	場合は、〜
い-**adj**(〜い)	
な-**adj**な	
Nの	

ばあいသည် အခြေအနေတစ်ခုကို တွေးတောခန့်မှန်း၍ကြိုတင်ယာယီသတ်မှတ်သည့်အသုံးအနှုန်းဖြစ်သည်။ ၎င်း
နောက်တွင် တွဲ၍လိုက်သည့် ဝါကျသည် ၎င်း၏ဖြေရှင်းနည်း(သို့မဟုတ်) ဤကဲ့သို့ဖြစ်မည်ဟူသော ရလဒ်ကို ဖော်ပြ
သည်။ တွဲဆက်သည့်ပုံစံမှာ ばあいသည် နာမ်ဖြစ်သောကြောင့် နာမ်အထူးပြုတွဲဆက်ပုံစံနှင့်တူညီသည်။

① 会議に 間に 合わない 場合は、連絡して ください。
အစည်းအဝေးကို မမီတဲ့အခါမျိုးမှာ၊ အကြောင်းကြားပါ။

② 時間に 遅れた 場合は、会場に 入れません。
အချိန်နောက်ကျတဲ့အခါမျိုးမှာ၊ ခန်းမထဲကို ဝင်လို့မရပါဘူး။

③ パソコンの 調子が 悪い 場合は、どう したら いいですか。
ကွန်ပျူတာ[ရဲ့]အခြေအနေမကောင်းတဲ့အခါမှာမျိုးမှာ၊ ဘယ်လိုလုပ်ရမလဲ။

④ 領収書が 必要な 場合は、言って ください。
ပြေစာ လိုအပ်တဲ့အခါမျိုးမှာ၊ ပြောပါ။

⑤ 火事や 地震の 場合は、エレベーターを 使わないで ください。
မီးလောင်တာ၊လျင်လှုပ်လှုပ်တာတွေဖြစ်တဲ့အခါမျိုးမှာ၊ ဓာတ်လှေကားကိုမသုံးပါနဲ့။

၂.

V	ရိုးရိုးပုံစံ	
い-**adj**	ရိုးရိုးပုံစံ	のに、〜
な-**adj**	ရိုးရိုးပုံစံ	
N	〜だ→〜な	

のにကို ရှေ့အဆစ်အပိုင်းမှ မူလခန့်မှန်းထားသည့်အကြောင်းအရာနှင့် ကွဲလွဲသည့်အရာကို နောက်အဆစ်အပိုင်းတွင်
ဖော်ပြသည့်အခါမျိုးတွင် အသုံးပြုသည်။ များသောအားဖြင့် (မမျှော်လင့်ထားသောအရာမျိုး ဖြစ်ပေါ်လာ၍) ထင်မှတ်
မထားသည့်စိတ်ခံစားချက်နှင့် အလိုမကျသည့်စိတ်ခံစားချက်တို့ကို ဖော်ပြသည်။

⑥ 約束を したのに、彼女は 来ませんでした。
ချိန်းထားတာကို သူမလာဘူး။

⑦ きょうは 日曜日なのに、働かなければ なりません。
ဒီနေ့တနင်္ဂနွေနေ့ကြီးကို အလုပ်လုပ်ရမယ်။

ဥပမာဆိုရသော် ⑥တွင် "ချိန်းထားသည်"ဟူသော ရှေ့အဆစ်အပိုင်း၏နောက်တွင် မူလအားဖြင့်ခန့်မှန်းရင်သော
"လာမည်"ဟူသော ခန့်မှန်းချက်သည် မျှော်လင့်ထားသည့်အတိုင်းဖြစ်ပေါ်မလာ၍ ၎င်းအပေါ် ခံစားရသည့် စိတ်ခံစား
ချက်ကို ဖော်ပြထားသည်။ ထိုပြင်⑦တွင် တနင်္ဂနွေနေ့ဟူသော ရှေ့အဆစ်အပိုင်း၏နောက်တွင် မူလအားဖြင့် အနားယူ
၍ရမည်ဟူသောအရာလိုက်ရမည်ဖြစ်သော်လည်း အလုပ်လုပ်ရမည်ဖြစ်သည့်အတွက်のにကိုသုံး၍ အလိုမကျသည့်
စိတ်ခံစားချက်ကို ဖော်ပြထားသည်။

[မှတ်ချက်-၁] 〜のにနှင့်〜がၰ၏ကွာခြားမှု

45

⑥⑦မှ の に ကိုが့သို့ အစားထိုးပြောင်းလဲလျှင်မှု (မမျှော်လင့်ထားသောအရာမျိုး ဖြစ်ပေါ်လာ၍) ထင်မှတ်မထားသည့် စိတ်ခံစားချက်နှင့် အလိုမကျသည့်စိတ်ခံစားချက်တို့ကို မဖော်ပြနိုင်ပေ။

⑧ 約束を しましたが、彼女は 来ませんでした。
   ချိန်းထားပေမယ့် သူမလာဘူး။

⑨ きょうは 日曜日ですが、働かなければ なりません。
   ဒီနေ့တနင်္ဂနွေနေ့ဖြစ်ပေမယ့် အလုပ်လုပ်ရမယ်။

[မှတ်ချက်-၂] ～のに နှင့်～ても ၏ကွာခြားမှု
～のにသည် ဖြစ်ပေါ် ပြီးသည့်အရာနှင့်ပတ်သက်သည့် ပြောသူ၏စိတ်ခံစားချက်ကို ဖော်ပြသည့်ပုံစံဖြစ်ပြီး～ても ကဲ့သို့ မဖြစ်သေးသည့်အရာဖြစ်သည့် ဆန့်ကျင်ဘက်ဆက်စပ်မှုကို မဖော်ပြနိုင်ပေ။

⑩ あした 雨が 降っても、サッカーを します。
   မနက်ဖြန်မိုးရွာလည်း ဘောလုံးကန်မယ်။

   ×あした 雨が 降るのに、サッカーを します。

45

သင်ခန်းစာ-၄၆

၁။ ဝေါဟာရများ

わたします I	渡します	(လက်ဆင့်)ကမ်းပေးသည်
かえって きます III	帰って 来ます	ပြန်လာသည်
でます II	出ます	ထွက်သည် [ဘတ်စ်ကားက～]
[バスが～]		
とどきます I	届きます	ပို့လာသည်၊ရောက်သည် [အထုပ်အပိုး(က)～]
[にもつが～]	[荷物が～]	
にゅうがくします III	入学します	ကျောင်းဝင်သည် [တက္ကသိုလ်ကို～]
[だいがくに～]	[大学に～]	
そつぎょうします III	卒業します	ကျောင်းပြီးသည်၊ဘွဲ့ရသည် [တက္ကသိုလ်မှ～]
[だいがくを～]	[大学を～]	
やきます I	焼きます	ဖုတ်သည်၊ကင်သည်
やけます II	焼けます	ဖုတ်၍ကျက်လာသည်၊ကင်၍ကျက်လာသည်
[パンが～]		[ပေါင်မုန့်(က)～]
[にくが～]	[肉が～]	[အသား(က)～]
るす	留守	လူမရှိခြင်း၊အစောင့်မရှိခြင်း
たくはいびん	宅配便	အရောက်ပို့စနစ်သုံးပစ္စည်းသယ်ယူပို့ဆောင်ရေးဝန်ဆောင်မှု၊ အရောက်ပို့ဝန်ဆောင်မှုဖြင့်ပို့လာသောပစ္စည်း
げんいん	原因	အကြောင်းအရင်း၊အကြောင်းတရား
こちら		ဒီဘက်၊ကျွန်ုပ်၏ဘက်
～の ところ	～の 所	～ရဲ့ နေရာ၊～ဆီ(ဥပမာ-ဒါတ်လှေ့ခါးနေရာ၊ဌာနမှူးဆီ)
はんとし	半年	နှစ်ဝက်
ちょうど		အနေတော်၊အဆင်သင့်
たったいま	たった今	အခုလေးတင် (အတိတ်ပုံစံနှင့်တွဲ၍သုံးသည်၊ပြီးဆုံးမှုကို ဖော်ညွှန်းသည်။)
いま いいですか。	今 いいですか。	အခု(အချိန်)ရသလား။အခုအဆင်ပြေသလား။

〈会話〉

ガスサービスセンター	ဂက်စ်ဝန်ဆောင်မှုစင်တာ
ガスレンジ	ဂက်စ်မီးဖို
具合	အခြေအနေ
申し訳ありません。	တောင်းပန်ပါတယ်။/စိတ်မကောင်းပါဘူး။
どちら様でしょうか。	ဘယ်သူများပါလဲ။/ဘယ်ကများပါလဲ။
お待たせしました。	စောင့်နေရတဲ့အတွက်တောင်းပန်ပါတယ်။/ စောင့်နေရတဲ့အတွက်စိတ်မကောင်းပါဘူး။
向かいますⅠ	ဦးတည်သည်၊သွားသည်၊လာသည်

〈読み物〉

ついて いますⅡ	ကံကောင်းသည်
床	ကြမ်းပြင်
転びますⅠ	လိမ့်ကျသည်၊လဲကျသည်
ベル	ဘဲလ်
鳴りますⅠ	(အသံ)မြည်သည်၊အော်သည်
慌てて	ကမန်းကတန်း၊ကပျာကယာ၊ရေးကြီးသုတ်ပျာ၊ အလောတကြီးအလျင်စလို
順番に	အလှည့်ကျ၊အစီအစဉ်အတိုင်း
出来事	အဖြစ်အပျက်

129

၂။ ဘာသာပြန်

ဝါကျပုံစံများ

၁. အစည်းအဝေးက အခုပဲ စတော့မလို့။
၂. သူက သုံးလပိုင်းကမှ တက္ကသိုလ်က ဘွဲ့ရထားတာပါ။
၃. မစ္စတာမီလာ[က] အစည်းအဝေးခန်းမှာ ရှိမှာ(/ရှိဖို့များတယ်)။

နမူနာဝါကျများ

၁. ဟဲလို၊ မစ္စတာတနကပါ၊ အခု စကားပြောလို့ရပါသလား။
......တောင်းပန်ပါတယ်။ ရထားစီးတော့မလို့လုပ်နေတာ။
နောက်မှ ဒီဘက်ကနေ ဖုန်းခေါ်လိုက်ပါ့မယ်။
၂. ပျက်စီးမှုရဲ့ အကြောင်းရင်းကို သိပြီလား။
......ဟင့်အင်း၊ အခု စုံစမ်းနေတုန်းပါ။
၃. မစ္စဝါတနဘဲ ရှိပါသလား။
......အာ့၊ အခုလေးတင်ပဲ ပြန်သွားတယ်။
ဓာတ်လှေကားနေရာမှာ ရှိချင် ရှိနိုင်သေးတယ်။
၄. အလုပ်က ဘယ်လိုလဲ။
......အရင်လကမှ ကုမ္ပဏီကို ဝင်ထားတာမို့လို့၊ ကောင်းကောင်း နားမလည်သေးပါဘူး။
၅. ဒီဗီဒီယိုကင်မရာ၊ အရင်ပတ်ကမှ ဝယ်ထားတာကို အလုပ်မလုပ်ဘူး။
......ဒါဆို၊ ပြပါဦး။
၆. မစ္စတာမီလာ မလာသေးဘူးလား။
......အခုန ဘူတာကနေ ဖုန်းဆက်ထားတော့၊ မကြာခင် ရောက်မှာပါ။

စကားပြော

အရင်ပတ်ကမှ ပြင်ပေးထားတာကို၊ ထပ်ပြီး......

တာဝန်ရှိသူ - ဟုတ်ကဲ့၊ ဂက်စ်ဝန်ဆောင်မှုစင်တာကပါခင်ဗျာ။
တာဝါပွန် - ဟို၊ ဂက်စ်မီးဖိုရဲ့ အခြေအနေက တစ်မျိုးဖြစ်နေလို့......။
တာဝန်ရှိသူ - ဘယ်လို အခြေအနေပါလဲခင်ဗျာ။
တာဝါပွန် - အရင်ပတ်ကမှ ပြင်ပေးထားတာကို၊ ထပ်ပြီး မီးငြိမ်းသွားတာ။ အန္တရာယ်ရှိလို့၊ ချက်ချင်း လာကြည့်ပေးလို့ရမလား။
တာဝန်ရှိသူ - နားလည်ပါပြီ။ ၅နာရီလောက်မှာ လာနိုင်မယ်လို့ ထင်ပါတယ်။
လိပ်စာနဲ့ နာမည်ကို ပြောပြပေးပါ။
....
တာဝါပွန် - ဟဲလို၊ ၅နာရီလောက်မှာ ဂက်စ်မီးဖိုကို လာကြည့်ပေးရမှာ၊ မလာသေးဘူးလားခင်ဗျ။
တာဝန်ရှိသူ - တောင်းပန်ပါတယ်။ ဘယ်သူပါလဲခင်ဗျာ။
တာဝါပွန် - တာဝါပွန်ပါ။
တာဝန်ရှိသူ - ခဏလောက်စောင့်ပေးပါ။ တာဝန်ရှိသူကို ဆက်သွယ်လိုက်ပါမယ်။
....
တာဝန်ရှိသူ - စောင့်ခိုင်းမိလို့အားနာပါတယ်။ အခု အဲဒီကို လာနေတုန်းပါ။ နောက်၁၀မိနစ်လောက် စောင့်ပေးပါ။

၃။ ကိုးကားစကားလုံးများနှင့်အချက်အလက်များ

かたかな語のルーツ　ခတခနစကားလုံးများ၏မူရင်း

ဂျပန်ဝေါဟာရများတွင်မွေးစားစကားလုံးများစွာရှိပြီး၊ ၎င်းတို့ကိုရေးသားသောအခါခတခနစကားလုံးကိုအသုံးပြုသည်။ မွေးစားစကားလုံးများသည်များသောအားဖြင့်အင်္ဂလိပ်ဘာသာမှဆင်းသက်လာကြသော်လည်း၊ပြင်သစ်၊ဟော်လန်၊ဂျာမနီ၊ ပေါ်တူဂီစသည့်ဘာသာတို့မှရယူထားသည့်စကားလုံးများလည်းရှိသည်။ ထိုပြင်ဂျပန်၌တီထွင်ထားသည့်ခတခနစကားလုံး များလည်းရှိသည်။

	食べ物・飲み物 စားစရာ၊သောက်စရာ	服飾 အဝတ်အစား	医療関係 ဆေးကုသမှုဆိုင်ရာ	芸術 အနုပညာ	その他 အခြား
英語	ジャム ယို ハム ဝက်ပေါင်ခြောက် クッキー ကွတ်ကီး チーズ ဒိန်ခဲ	エプロン ရှေ့ဖုံးခါးစည်း スカート စကတ် スーツ အနောက်တိုင်းဝတ်စုံ	インフルエンザ တုပ်ကွေး၊အင်ဖလူ အန်ဇာ ストレス စိတ်ဖိစီးမှု	ドラマ ဇာတ်လမ်း コーラス သံပြိုင်သီဆိုခြင်း メロディー တေးသွား	スケジュール အချိန်ဇယား၊အစီအစဉ်ဇယား ティッシュペーパー တစ်ရှူး トラブル ပြဿနာ レジャー အနားယူခြင်း၊အပန်းဖြေခြင်း
フランス語	コロッケ မုန့်မုန်ကပ်၍ ကြော်ထားသော အာလူးလုံးစသည် オムレツ ကြက်ဥခေါက်ကြော်အုပ်ထမင်း	ズボン ဘောင်းဘီ ランジェリー အမျိုးသမီးအတွင်းခံ		バレエ ဘဲလေးအက アトリエ စတူဒီယို	アンケート စစ်တမ်း コンクール ပြိုင်ပွဲ
ドイツ語	フランクフルト [ソーセージ] ဝက်အူချောင်းတစ်မျိုး		レントゲン ဓာတ်မှန် アレルギー ယားယံခြင်း	メルヘン ဒဏ္ဍာရီပုံပြင်	アルバイト အချိန်ပိုင်းအလုပ် エネルギー စွမ်းအင် テーマ ခေါင်းစဉ်
オランダ語	ビール ဘီယာ コーヒー ကော်ဖီ	ホック ချိတ် ズック ပတ္တူ၊ဖိနပ်	メス ခွဲစိတ်ဆရာဝန်သုံး ဓား၊စကောဘာ ピンセット ဇာဂနာ	オルゴール တီးလုံးသေတ္တာ	ゴム　သားရေ ペンキ (သုတ်/မှုတ်/ပန်းချီ)ဆေး ガラス ဖန်
ポルトガル語	パン ပေါင်မုန့် カステラ ကိတ်မုန့်ပွ	ビロード ကတ္တီပါ ボタン ကြယ်သီး			カルタ ကတ်
イタリア語	マカロニ အခေါင်းပွအီတလီခေါက်ဆွဲ パスタ အရွယ်စုံစုံစီစီအီတလီခေါက်ဆွဲ スパゲッティ နန်းလုံးအီတလီခေါက်ဆွဲ			オペラ အော်ပရာ	

131

၄။ သဒ္ဒါရှင်းလင်းချက်

၁.

V-အဘိဓာန်ပုံစံ		
V て-ပုံစံ いる	}	ところです
V た-ပုံစံ		

ကျွကဏ္ဍတွင် လေ့လာမည့်ところကို ပြုမူလုပ်ဆောင်မှုတစ်ခု သို့မဟုတ် အဖြစ်အပျက်တစ်ခု၏အခြေအနေကို ဖော်ပြသည့်အခါမျိုး၌ အသုံးပြုသည်။

၁) V-အဘိဓာန်ပုံစံ ところです

ပြုမူလုပ်ဆောင်မှု၏ မစတင်မီ(ကပ်လျက်)အချိန်ကို ဖော်ပြသည်။ これから၊ [ちょうど]いまから စသည့် ကြိယာဝိသေသနများနှင့်အတူ တွဲ၍ အသုံးများသည်။

① 昼ごはんは もう 食べましたか。

……いいえ、これから 食べる ところです。

နေ့လယ်စာ[ကို] စားပြီးပြီလား။

......ဟင့်အင်း၊ အခုပဲ စားမလို့လုပ်နေတာ။(/အခုမှ စားမလို့ လုပ်တုန်း။)

② 会議は もう 始まりましたか。

……いいえ、今から 始まる ところです。

အစည်းအဝေးက စနေပြီလား။

......ဟင့်အင်း၊ အခုပဲ စတော့မလို့ပါ။(/အခုမှ စမှာ။)

၂) V て-ပုံစံ いる ところです

ပြုမူလုပ်ဆောင်မှုဆောင်ရွက်နေဆဲဖြစ်ကြောင်းကို ဖော်ပြသည်။ いま နှင့်အတူ တွဲ၍ အသုံးများသည်။

③ 故障の 原因が わかりましたか。

……いいえ、今 調べて いる ところです。

ပျက်စီးမှုရဲ့ အကြောင်းရင်းကို သိပြီလား။

......ဟင့်အင်း၊ အခု စုံစမ်းနေတုန်းပါ။

၃) V た-ပုံစံ ところです

ပြုမူလုပ်ဆောင်မှု၏ ပြီးမြောက်ပြီးစအချိန်ဖြစ်ကြောင်းကို ဖော်ပြသည်။ たったいま စသည့် ကြိယာဝိသေသနနှင့် အတူ တွဲ၍ အသုံးများသည်။

④ 渡辺さんは いますか。

……あ、たった今 帰った ところです。

မစ္စတာဝါတနဘဲ ရှိပါသလား။

......အွာ၊ အခုလေးတင်ပဲ ပြန်သွားတယ်။

⑤ たった今 バスが 出た ところです。

အခုလေးတင်ပဲ ဘတ်စ်ကား[က] ထွက်သွားတယ်။

[မှတ်ချက်] ～ところですကို နာမ်ဝါကျအဖြစ် အမျိုးမျိုးသောဝါကျပုံစံနှင့် တွဲဆက်သည်။

⑥ もしもし 田中ですが、今 いいでしょうか。

……すみません。今から 出かける ところなんです。

ဟဲလို၊ မစ္စတာတာနကပါ၊ အခုစကားပြောလို့ရပါ့မလား။

......တောင်းပန်ပါတယ်။ အခုပဲ အပြင်ထွက်မလို့ပါ။

J. | **V た-ပုံစံ** ばかりです |

ကျွန်ုပ်ကျပုံစံသည်လည်း ပြုမှုလုပ်ဆောင်မှုများ သို့မဟုတ် အဖြစ်အပျက်များဖြစ်ပေါ် ပြီးသည်မှာ အချိန်ကာလ အထူးကြာမြင့်မှုမရှိသေးဟူသော ပြောသူ၏စိတ်သဘောထားကို ဖော်ပြသည်။ လက်တွေ့ကြာမြင့်သောအချိန် ကာလ၏ ရှည်ကြာမှု၊ တိုတောင်းမှုများနှင့် မသက်ဆိုင်ဘဲ ပြောသူသည် အချိန်ကာလတိုတောင်းသည်ဟု ယူဆပါက ကျွန်ုပ်ကျပုံစံကို အသုံးပြုနိုင်သည်။ ဤအချက်သည် V た-ပုံစံ ところ です နှင့် ကွာခြားသောအချက်ဖြစ်သည်။

⑦　さっき　昼ごはんを　食べた　ばかりです。

　　အခုနပဲ နေ့လယ်စာကို စားထားတာပါ။(/ခုနလေးတင် နေ့လယ်စာကို စားပြီးရုံပဲ ရှိသေးတယ်။)

⑧　木村さんは　先月　この　会社に　入った　ばかりです。

　　မစ္စတာခိမုရက အရင်လကမှ ဒီကုမ္ပဏီကို ဝင်ထားတာပါ။

[မှတ်ချက်] 〜ばかりです ကို နာမ်ဝါကျအဖြစ် အမျိုးမျိုးသောဝါကျပုံစံနှင့်တွဲဆက်သည်။

⑨　この　ビデオは　先週　買った　ばかりなのに、調子が　おかしいです。

　　ဒီဗီဒီယိုစက်က အရင်အပတ်ကမှ ဝယ်ထားတာကို (အခု) ကြောင်နေတယ်။

၃. | **V-အဘိစာန်ပုံစံ**
V ない-ပုံစံ ない
い-adj (〜い)
な-adj な
N の | } はずです |

ကျွန်ုပ်ကျပုံစံကို ပြောသူမှ အထောက်အထားတစ်စုံတစ်ခုပေါ်မူတည်၍ ကိုယ်တိုင်ထင်မြင်ယူဆထားသည့် သုံးသပ် ချက်ကို အခိုင်အမာယုံကြည်၍ ဖော်ပြသည့်အခါမျိုးတွင် အသုံးပြုသည်။

⑩　ミラーさんは　きょう　来るでしょうか。

　　……来る　はずですよ。きのう　電話が　ありましたから。

　　မစ္စတာမီလာ[က] ဒီနေ့ လာမှာလား။

　　......လာမှာပါ။ မနေ့က ဖုန်းဆက်ထားတယ်ဆိုတော့။

⑩တွင် "မနေ့ကဖုန်း"သည် သုံးသပ်ချက်၏အထောက်အထားဖြစ်ပြီး ၎င်းအထောက်အထားပေါ်မူတည်၍ ပြောသူ ကိုယ်တိုင်မှ "ဒီနေ့မစ္စတာမီလာလာမယ်"ဟု သုံးသပ်၍ ၎င်းသုံးသပ်ချက်အပေါ်တွင် အခိုင်အမာ ယုံကြည်လျက်ရှိ ကြောင်းကို 〜はずです ဖြင့် ဖော်ပြထားသည်။

သင်ခန်းစာ-၄၇

၁။ ဝေါဟာရများ

ふきます I	吹きます	တိုက်ခတ်သည်[လေ(က)～]
[かぜが～]	[風が～]	
もえます II	燃えます	လောင်သည်၊လောင်မြိုက်သည်၊လောင်ကျွမ်းသည်
[ごみが～]		[အမှိုက် က～]
なくなります I	亡くなります	ကွယ်လွန်သည်၊အနိစ္စရောက်သည်၊သေဆုံးသည်(しにます : သေသည် ၏ သွယ်ဝိုက်သောအသုံးစကား)
あつまります I	集まります	စုဝေးသည် [လူ(က)～]
[ひとが～]	[人が～]	
わかれます II	別れます	ကွဲကွာသည် [လူ(က)～]
[ひとが～]	[人が～]	
します III		ရသည်၊ရရှိသည် (ထိတွေ့ခံစားမှုအာရုံစသည်)
[おと／こえが～]	[音／声が～]	[အသံ(က)～ (အသံ ကြားရသည်)]
[あじが～]	[味が～]	[အရသာ(က)～ (အရသာ ရှိသည်)]
[においが～]		[အနံ့(က)～ (အနံ့ ရသည်)]
きびしい	厳しい	စည်းကမ်းကြီးသော၊တင်းကြပ်သော
ひどい		လွန်ကဲသော၊အလွန်အမင်းဖြစ်သော
こわい	怖い	ကြောက်သော၊ကြောက်စရာကောင်းသော
じっけん	実験	လက်တွေ့စမ်းသပ်မှု
データ		အချက်အလက်
じんこう	人口	လူဦးရေ
におい		အနံ့
かがく	科学	သိပ္ပံဘာသာရပ်
いがく*	医学	ဆေးပညာဘာသာရပ်
ぶんがく	文学	ဝိဇ္ဇာဘာသာရပ်
パトカー		ကင်းလှည့်ကား
きゅうきゅうしゃ	救急車	အရေးပေါ်လူနာတင်ယာဉ်
さんせい	賛成	ထောက်ခံခြင်း
はんたい	反対	ဆန့်ကျင်ခြင်း
だいとうりょう	大統領	သမ္မတ
～に よると		～အရကတော့(အကြောင်းအရာ၏အရင်းအမြစ်၊မူရင်း သတင်းကိုဖော်ညွှန်းသည်။)

〈会話〉

婚約します Ⅲ　　　　　　　　　　　　　　　　　　　　　စေ့စပ်သည်

どうも　　　　　　　　　　　　　　　　　　　　　　ဘယ်လိုတွေးတွေး၊～လိုပဲ (ခန့်မှန်းမှုကိုပြောရာတွင်သုံး
　　　　　　　　　　　　　　　　　　　　　　　　　　လေ့ရှိသည်)

恋人　　　　　　　　　　　　　　　　　　　　　　　ချစ်သူ၊ရည်းစား

相手　　　　　　　　　　　　　　　　　　　　　　　တစ်ဖက်လူ

知り合います Ⅰ　　　　　　　　　　　　　　　　　　သိကျွမ်းသည်

〈読み物〉

化粧　　　　　　　　　　　　　　　　　　　　　　　မျက်နှာအလှပြင်ခြင်း၊မိတ်ကပ်လိမ်းခြင်း (～ を します：
　　　　　　　　　　　　　　　　　　　　　　　　　　မျက်နှာအလှပြင်သည်၊မိတ်ကပ်လိမ်းသည်)

世話を します Ⅲ　　　　　　　　　　　　　　　　　ပြုစုစောင့်ရှောက်သည်။ကိစ္စကြီးငယ်ပြုသည်။
　　　　　　　　　　　　　　　　　　　　　　　　　　ဝေယျာဝစ္စအမှုကိုပြုသည်။

女性　　　　　　　　　　　　　　　　　　　　　　　အမျိုးသမီး၊မိန်းကလေး၊မ

男性　　　　　　　　　　　　　　　　　　　　　　　အမျိုးသား၊ယောက်ျားလေး၊ကျား

長生き　　　　　　　　　　　　　　　　　　　　　　အသက်ရှည်ခြင်း(～ します：အသက်ရှည်သည်)

理由　　　　　　　　　　　　　　　　　　　　　　　အကြောင်းပြချက်

関係　　　　　　　　　　　　　　　　　　　　　　　ပတ်သက်မှု၊ပတ်သက်ခြင်း၊ဆက်ဆံမှု၊ဆက်ဆံခြင်း

၂။ ဘာသာပြန်

ဝါကျပုံစံများ

၁။ မိုးလေဝသသတင်းအရ၊ မနက်ဖြန် အေးမယ့်တဲ့။

၂။ ဘေးကအခန်းမှာ တစ်ယောက်ယောက် ရှိတဲ့ပုံပဲ။

နမူနာဝါကျများ

၁။ သတင်းစာမှာ ဖတ်လိုက်ရတာတော့၊ တစ်လပိုင်းမှာ ဂျပန်စကားပြောပြိုင်ပွဲ ရှိတယ်ဆိုပဲ။
မစ္စတာမီလာလည်း ဝင်ပြိုင်ကြည့်ပါလား။
......အင်း၊ စည်းစားကြည့်ပါဦးမယ်။

၂။ မစ္စခုလာလာက ကလေးအရွယ်တုန်းကပြင်သစ်မှာ နေခဲ့တယ်တဲ့။
......အဲဒါကြောင့်၊ ပြင်သစ်စကားလည်း နားလည်တာပေါ့နော်။

၃။ ပါဝါလျှပ်စစ်ရဲ့ လျှပ်စစ်အဘိဓာန်က အရမ်း သုံးရလွယ်ကူပြီး ကောင်းတယ်တဲ့။
......အင်း၊ ကျွန်တော်က ဝယ်ပြီးပြီ။

၄။ ဆရာဝပ်က စည်းကမ်းကြီးတဲ့ဆရာဆိုပဲနော်။
......အင်း၊ ဒါပေမဲ့၊ အတန်းက အရမ်း စိတ်ဝင်စားဖို့ကောင်းတယ်။

၅။ ပျော်ပါးသိုက်ဝန်းတဲ့ အသံကြားရယ်နော်။
......အင်း၊ ပါတီတွေဘာတွေ လုပ်နေတဲ့ပုံနော်။

၆။ လူတွေ အများကြီး စုဝေး(/အုံ)နေတယ်နော်။
......အက်ဆီးဒင့်ဖြစ်နေတဲ့ပုံနော်။ (ကင်းလှည့်)ရဲ့ကားနဲ့ လူနာတင်ကားလည်း ရောက်နေတယ်။

စကားပြော

စေ့စပ်လိုက်တယ်ဆိုပဲ

ဝါတနဘဲ	-	အရင် ပြန်နှင့်ပါမယ်။
တကဟရှိ	-	အော့၊ မစ္စဝါတနဘဲ၊ ခဏ စောင့်ပါ။ ကျွန်တော်လည်း ပြန်မယ်။
ဝါတနဘဲ	-	တောင်းပန်ပါတယ်၊ နည်းနည်း အလျင်လိုနေလို့ပါ။

....

တကဟရှိ	-	မစ္စဝါတနဘဲ၊ အခုရက်ပိုင်း စောစော ပြန်တယ်နော်။
		ကြည့်ရတာ ရည်းစားရနေတဲ့ပုံပဲနော်။
ဟယရှိ	-	ဟင်၊ မသိဘူးလား။ ဟိုတလော စေ့စပ်လိုက်တယ်ဆိုပဲ။
တကဟရှိ	-	ဟင်၊ ဘယ်သူလဲ။ တစ်ဖက်လူက။
ဟယရှိ	-	IMC က မစ္စတာဆူဇူကီးလေ။
တကဟရှိ	-	ဟင်၊ မစ္စတာဆူဇူကီးလား။
ဟယရှိ	-	မစ္စတာဝပ်ရဲ့ မင်္ဂလာပွဲမှာ သိကြတာဆိုပဲ။
တကဟရှိ	-	ဟုတ်လား။
ဟယရှိ	-	စကားမစပ်၊ မစ္စတာတကဟရှိကကော။
တကဟရှိ	-	ကျွန်တော်လား။ ကျွန်တော်က အလုပ်က ရည်းစားပါ။

၃။ ကိုးကားစကားလုံးများနှင့်အချက်အလက်များ

擬音語・擬態語　မြည်သံစွဲနှင့်သဏ္ဌာန်စွဲစကားလုံး

ザーザー （降る） မိုးသည်းထန်စွာရွာသွန်းသံ	ピューピュー （吹く） ရှီးရှီး/ဝီးဝီး（လေပြင်းတိုက်သံ）	ゴロゴロ （鳴る） ဂျုန်းဂျုန်းဂျိုန်းဂျိုန်း（မိုးခြိမ်းသံ）
ワンワン （ほえる） ဝုတ်ဝုတ်（ခွေးဟောင်သံ）	ニャーニャー （鳴く） ညောင်ညောင်（ကြောင်အော်သံ）	カーカー （鳴く） ကျီးအာသံ
げらげら （笑う） ဟားတိုက်ရယ်သံ	しくしく （泣く） ငိုရှိုက်သံ	きょろきょろ （見る） မျက်စိဂနာမငြိမ်စွာလျှောက်ကြည့်ပုံ
ぱくぱく （食べる） မြိန်ရေရှက်ရေနှင့်အားပါးတရစားပုံ	ぐうぐう （寝る） တချူးချူးတခေါခေါနှင့်အိပ်မောကျနေပုံ	すらすら （読む） သွက်သွက်လက်လက်ပြောဆိုရေးဖတ်ပုံ
ざらざら （している） ခရော်ခရွတ်နှင့်ကြမ်းထော်ပုံ	べたべた （している） စေးကပ်ကပ်ဖြစ်ပုံ	つるつる （している） ချောမွေ့ညက်ညောပုံ

၄။ သဒ္ဒါရှင်းလင်းချက်

၁.

| ရိုးရိုးပုံစံ そうです | V တယ်/မယ့်တဲ့။ |

ပြောသူသည် မိမိ၏ထင်မြင်ချက်ကို မရောနှောဘဲ အခြားမှုရရှိသည့်သတင်းအချက်အလက်ကို ကြားနာသူအား ပြော သည့် အသုံးအနှုန်းဖြစ်သည်။ သတင်းအချက်အလက်၏ ရင်းမြစ်ကို ဖော်ပြသည့်အခါ၌ ～に よると ဟူသောပုံစံဖြင့် ဝါကျရှေ့ဆုံး၌ ထား၍အသုံးပြုသည်။

① 天気予報に よると、あしたは 寒く なるそうです。
   မိုးလေဝသသတင်းအရ မနက်ဖြန် အေးမယ့်တဲ့။

② クララさんは 子どもの とき、フランスに 住んで いたそうです。
   မစ္စခလာလာက ငယ်ငယ်တုန်းက ပြင်သစ်မှာနေခဲ့တယ်တဲ့။

③ パリは とても きれいだそうです。
   ဘာလီကျွန်းက တော်တော် လှတယ်တဲ့။

[မှတ်ချက်-၁] သင်ခန်းစာ-၄၃တွင် လေ့လာခဲ့ပြီးဖြစ်သည့်～そうですနှင့် အဓိပ္ပာယ်အရဖြစ်စေ တွဲဆက်သည့်နည်း အရဖြစ်စေ ကွာခြားသောကြောင့် သတိပြုရန်လိုအပ်သည်။

④ 雨が 降りそうです。   မိုးရွာမယ့်ပုံပဲ။ (သင်ခန်းစာ-၄၃)
⑤ 雨が 降るそうです。   မိုးရွာမယ်တဲ့။
⑥ この 料理は おいしそうです。   ဒီဟင်းက စားလို့ကောင်းမယ့်ပုံပဲ။ (သင်ခန်းစာ-၄၃)
⑦ この 料理は おいしいそうです。   ဒီဟင်းက စားလို့ကောင်းတယ်တဲ့။

[မှတ်ချက်-၂] ～そうです(တစ်ဆင့်စကား)နှင့် ～と いって いました(သင်ခန်းစာ-၃၃)၏ကွာခြားမှု

⑧ ミラーさんは あした 京都へ 行くそうです。
   မစ္စတာမီလာက မနက်ဖြန် ကျိုတိုကို သွားမယ့်တဲ့။

⑨ ミラーさんは あした 京都へ 行くと 言って いました。
   မစ္စတာမီလာက မနက်ဖြန် ကျိုတိုကို သွားမယ်လို့ ပြောသွားတယ်။

⑨တွင် သတင်းအရင်းအမြစ်သည် မစ္စတာမီလာဖြစ်သော်လည်း ⑧တွင်မူ သတင်းအရင်းအမြစ်သည် မစ္စတာမီလာ မဟုတ်သည့် အခါမျိုးလည်း ရှိသည်။

၂.

V	ရိုးရိုးပုံစံ	
い-adj	ရိုးရိုးပုံစံ	
な-adj	ရိုးရိုးပုံစံ ～だ→～な	ようです
N	ရိုးရိုးပုံစံ ～だ→～の	

V တဲ့ပုံပဲ။

～ようですသည် ပြောသူက စကားပြောဖြစ်ပေါ်သည့်လက်ရှိအချိန်၏အခြေအနေနေမှ သုံးသပ်သည့်အကြောင်းအရာ ကို ဖော်ပြသည့် အသုံးအနှုန်းဖြစ်သည်။ "ပြတ်ပြတ်သားသား ဆုံးဖြတ်ချက်မချနိုင်သော်လည်း" ဟူသောအဓိပ္ပာယ်ကို ဖော်ပြသော ကြိယာဝိသေသန どうも ကိုတွဲ၍ အသုံးပြုသည့်အခါမျိုးလည်းရှိသည်။

⑩ 人が 大勢 集まって いますね。
   ……事故のようですね。パトカーと 救急車が 来て いますよ。
   လူတွေ အများကြီး စုဝေး(/အုံ)နေတယ်နော်။
   ……အက်ဆီးဒင့်ဖြစ်နေတဲ့ပုံပဲ။ (ကင်းလှည့်)ရဲကားနဲ့ လူနာတင်ကားလည်း ရောက်နေတယ်။

⑪ せきも 出るし、頭も 痛い。どうも かぜを ひいたようだ。
   ချောင်းလည်းဆိုးပြီး ခေါင်းလည်းကိုက်တယ်။ ကြည့်ရတာ အအေးမိတဲ့ပုံပဲ။

[မှတ်ချက်] ～そうです(သင်ခန်းစာ-၄၃) နှင့် ～ようです၏ကွာခြားချက်

⑫　ミラーさんは 忙しそうです。　　　　　မစ္စတာမီလာ[က] အလုပ်များနေတဲ့ပုံပဲ။

⑬　ミラーさんは 忙しいようです。　　　　မစ္စတာမီလာ[က] အလုပ်များနေတဲ့ပုံပဲ။

⑫သည် မစ္စတာမီလာ၏ အပြင်ပန်းဟန်ပန်နှင့်ပတ်သက်၍ ဖော်ပြရုံသက်သက်ဖြစ်သောပြောနည်းဖြစ်သော်လည်း

⑬သည် ပြောသူမှ အခြေအနေတစ်ခု (”တော်တော်နဲ့အဆက်အသွယ်မရဘူး” ”စီစဉ်ထားတဲ့ပါတီကိုမလာဘူး”စသည့်)
ပေါ်မူတည်၍ ထင်မြင်ယူဆထားသည့် သုံးသပ်ချက်ကို ဖော်ပြထားသည်။

၃.　| 声／音／におい／味が します |

⑭　にぎやかな 声が しますね。　　　　　ပျော်ပါးသိုက်ဝန်းတဲ့ အသံကြားရတယ်နော်။

ခန္ဓာကိုယ်၏အာရုံခံအင်္ဂါမှတစ်ဆင့်ဖြတ်သန်း၍ အသံ၊ အနံ့၊ အရသာ စသည်တို့ကို ခံစားရခြင်းကို ဖော်ပြသည်။

သင်ခန်းစာ-၄၈

၁။ ဝေါဟာရများ

おろします I	降ろします、下ろします	ချသည်၊အောက်သို့ချသည်
とどけます II	届けます	ပို့သည်
せわを します III	世話を します	ကိစ္စကြီးငယ်ပြုသည်
ろくおんします III	録音します	အသံသွင်းသည်
いや[な]	嫌[な]	မနှစ်မြို့သော၊မကြိုက်သော၊မကြည်ဖြူသော
じゅく	塾	ကျူရှင်
せいと	生徒	တပည့်၊ကျောင်းသား/သူ
ファイル		ဖိုင် (စာရေးကိရိယာ)
じゆうに	自由に	လွတ်လပ်စွာ၊လွတ်လွတ်လပ်လပ်
～かん	～間	～(အချိန်)ကြာ
いい ことですね。		ကောင်းတဲ့ကိစ္စပဲ။သတင်းကောင်းပဲ။

48

140

〈会話〉

お忙しいですか。　　　　　　　　　　　　　　アルプမများနေပါသလား။（アルထက်လူကြီးအားစတင်စကား
　　　　　　　　　　　　　　　　　　　　　　　　ခေါ်ရာတွင်သုံးသည်）

営業　　　　　　　　　　　　　　　　　　　　စီးပွားရေးလုပ်ငန်း၊အရောင်း

それまでに　　　　　　　　　　　　　　　　　အဲဒီအချိန်အထိ၊ထိုအချိန်ကိုနောက်ဆုံးထား၍

かまいません。　　　　　　　　　　　　　　　ရပါတယ်။ကိစ္စမရှိပါဘူး။

楽しみますⅠ　　　　　　　　　　　　　　　　ပျော်ရွှင်စွာခံစားသည်။ကြည်ကြည်နူးနူးခံစားသည်။
　　　　　　　　　　　　　　　　　　　　　　　　မွေ့လျော်သည်။

〈読み物〉

親　　　　　　　　　　　　　　　　　　　　　မိဘ

小学生　　　　　　　　　　　　　　　　　　မူလတန်းကျောင်းသားကျောင်းသူ၊မူလတန်းကလေး

ーパーセント　　　　　　　　　　　　　　　ーရာခိုင်နှုန်း

その次　　　　　　　　　　　　　　　　　　　အဲဒါပြီးနောက်၊နောက်တစ်ခုက

習字　　　　　　　　　　　　　　　　　　　　လက်ရေးလေ့ကျင့်ခြင်း

普通の　　　　　　　　　　　　　　　　　　　ပုံမှန်ရိုးရိုး

၂။ ဘာသာပြန်

ဝါကျပုံစံများ

၁. သားလေးကို အင်္ဂလန်ကို ပညာတော်သင်သွားခိုင်းမယ်။

၂. သမီးလေးကို စန္ဒယား သင်ခိုင်းမယ်။

48

နမူနာဝါကျများ

၁. ဒီဘောလုံးအတန်းက လေ့ကျင့်တာ ပြင်းထန်တဲ့ပုံပဲနော်။
......အင်း၊ နေ့တိုင်း ကလေးတွေကို တစ်ကီလို ပြေးခိုင်းနေတယ်။

၂. ပြန်ပါတော့မယ်။
......အာ့၊ ခဏ စောင့်ပါ။ သားလေးကို ဘူတာအထိ လိုက်ပို့ခိုင်းမှာမို့လို့။

၃. ဟန်ဆုက ကျောင်းစာအပြင်၊ တခြား တစ်ခုခုကို သင်(ယူ)နေလား။
......အင်း၊ ဂျူဒို[ကို] ကစားချင်တယ်လို့ ပြောလို့၊ ဂျူဒိုသင်တန်း တက်ခိုင်းထားပါတယ်။

၄. ဆရာမအိတိုးက ဘယ်လို ဆရာမလဲ။
......ကောင်းတဲ့ ဆရာမပါ။ တပည့်တွေကို ကြိုက်တဲ့စာအုပ် ဖတ်ခိုင်းပြီး၊ လွတ်လွတ်လပ်လပ် ထင်မြင်ချက်တွေကို ပြောခိုင်းတယ်။

၅. တစ်ဆိတ်လောက်။ ဒီမှာ ခဏလောက် ကားပေးရပ်လို့ရမလား။
......ရပါတယ်။

စကားပြော

နားခွင့်ပေးလို့ရမလား

မီလာ	-	ဌာနခွဲမှူး၊ အခု အလုပ်များနေလားခင်ဗျ။
ဌာနခွဲမှူးနာကမုရ	-	ဟင့်အင်း။ ပြောပါ။
မီလာ	-	ခဏလောက် တောင်းဆိုစရာ ရှိလို့ပါ......။
ဌာနခွဲမှူးနာကမုရ	-	ဘာများလဲ။
မီလာ	-	ဟို၊ နောက်လ ၇ရက်နေ့ကနေ ၁၀ရက်လောက် နားရက်ယူခွင့်ပေးလို့ရမလား။
ဌာနခွဲမှူးနာကမုရ	-	၁၀ရက်လား။
မီလာ	-	တကယ်တော့ အမေရိကကသူငယ်ချင်းက မင်္ဂလာဆောင်မှာမို့ပါ။
ဌာနခွဲမှူးနာကမုရ	-	ဟုတ်လား။ အင်း၊ နောက်လ ၂၀ရက်နေ့မှာ အရောင်းဌာနရဲ့အစည်းအဝေး ရှိတယ်(ဆိုတော့)၊ အဲဒီမတိုင်ခင် ပြန်လာနိုင်တယ်နော်။
မီလာ	-	ဟုတ်ကဲ့။
ဌာနခွဲမှူးနာကမုရ	-	ဒါဆို၊ ရပါတယ်။ ပျော်ခဲ့ပါ။
မီလာ	-	ကျေးဇူးတင်ပါတယ်။

၃။ ကိုးကားစကားလုံးများနှင့်အချက်အလက်များ

しつける・鍛える　ထိန်းသိမ်းကြပ်မတ်သည်

子どもに何をさせますか。　ကလေးကို ဘာလုပ်စေချင်သလဲ။

●自然の中で遊ぶ
သဘာဝပတ်ဝန်းကျင်မှာကစားသည်

●スポーツをする
အားကစားလုပ်သည်

●一人で旅行する
တစ်ယောက်တည်းခရီးထွက်သည်

●いろいろな経験をする
အတွေ့အကြုံအမျိုးမျိုးရယူသည်

●いい本をたくさん読む
များစွာသောစာအုပ်ကောင်းများကိုဖတ်သည်

●お年寄りの話を聞く
သက်ကြီးရွယ်အိုတို့၏စကားကိုနားထောင်သည်

●ボランティアに参加する
ပရဟိတလုပ်ငန်းများတွင်ပါဝင်သည်

●うちの仕事を手伝う
အိမ်အလုပ်ကိုဝိုင်းကူလုပ်သည်

●弟や妹、おじいちゃん、おばあちゃんの世話をする
မောင်လေးညီမလေးနှင့်အဘိုးအဘွားတို့ကိုစောင့်ရှောက်သည်

●自分がやりたいことをやる
ကိုယ်လုပ်ချင်သောအရာကိုလုပ်သည်

●自分のことは自分で決める
ကိုယ့်ကိစ္စကိုကိုယ်တိုင်ဆုံးဖြတ်သည်

●自信を持つ
(မိမိကိုယ်ကို)ယုံကြည်မှုရှိသည်

●責任を持つ
တာဝန်ယူမှုတာဝန်ခံမှုရှိသည်

●我慢する
သည်းခံသည်

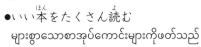

●塾へ行く
ကျူရှင်သွားသည်

●ピアノや英語を習う
စန္ဒရားနှင့်အင်္ဂလိပ်စာသည်တို့ကိုသင်ယူသည်

143

၄။ သဒ္ဒါရှင်းလင်းချက်

၁. ခိုင်းစေခြင်းပြကြိယာ

		ခိုင်းစေခြင်းပြကြိယာ	
		ယဉ်ကျေးသည့်ပုံစံ	ရိုးရိုးပုံစံ
I	いきます	いかせます	いかせる
II	たべます	たべさせます	たべさせる
III	きます	こさせます	こさせる
	します	させます	させる

(ပင်မဖတ်စာအုပ်၏သင်ခန်းစာ-၄၈မှလေ့ကျင့်ခန်းA1ကိုမိမိပြန်မြန်းရန်)

ခိုင်းစေခြင်းပြကြိယာသည် ကြိယာအုပ်စု-၂ အဖြစ်ဖြင့် သဒ္ဒါပြောင်းလဲမှုပြုသည်။

ဥပမာ- かかせます　　かかせる　　かかせ（ない）　　かかせて

၂. ခိုင်းစေခြင်းပြကြိယာဝါကျ

ခိုင်းစေခြင်းပြကြိယာတွင် ပြုမှုလုပ်ဆောင်သူကို を ဖြင့်ဖော်ပြသည့်အခါနှင့်に ဖြင့်ဖော်ပြသည့်အခါရှိသည်။ အခြေခံ စည်းမျဉ်းသတ်မှတ်ချက်အရ အောက်ပါနမူနာဝါကျ-၁ကဲ့သို့ မူလကြိယာသည် ဖြစ်ခြင်းပြကြိယာဖြစ်သည့်အခါ၌ を ဖြင့် ဖော်ပြပြီး နမူနာဝါကျ-၂ကဲ့သို့ ပြုခြင်းပြကြိယာဖြစ်သည့်အခါ၌မူ に ဖြင့် ဖော်ပြသည်။

၁) | N(လူ)を ခိုင်းစေခြင်းပြကြိယာ(ဖြစ်ခြင်းပြကြိယာ)　V(ဖြစ်ခြင်းပြကြိယာ) ခိုင်းတယ်။ |

① 部長 は ミラーさんを アメリカへ 出張 させます。

ဌာနမှူးက မစ္စတာမီလာကို အမေရိကကို တာဝန်နဲ့ခရီးထွက်ခိုင်းတယ်။

② わたしは 娘を 自由に 遊ばせました。

ကျွန်တော်က သမီးကို လွတ်လွတ်လပ်လပ် ပေးကစားတယ်။

[မှတ်ချက်] ဖြစ်ခြင်းပြကြိယာတွင် "N(နေရာ) を" ကို အသုံးပြုသည့်အခါ၌ ပြုမှုလုပ်ဆောင်သူကို に ဖြင့် ဖော်ပြသည်။

③ わたしは 子どもに 道の 右側を 歩かせます。

ကျွန်တော်က ကလေးကို လမ်းရဲ့ညာဘက်ခြမ်းကနေ လျှောက်ခိုင်းတယ်။

၂) | N₁(လူ)に N₂を ခိုင်းစေခြင်းပြကြိယာ(ပြုခြင်းပြကြိယာ)　V(ပြုခြင်းပြကြိယာ) ခိုင်းတယ်။ |

④ 朝は 忙しいですから、 娘に 朝ごはんの 準備を 手伝わせます。

မနက်က အလုပ်များလို့ သမီးကို မနက်စာပြင်ဆင်ဖို့ ဝိုင်းကူခိုင်းတယ်။

⑤ 先生は 生徒に 自由に 意見を 言わせました。

ဆရာမက တပည့်ကို လွတ်လွတ်လပ်လပ်နဲ့ ထင်မြင်ချက်ကို ပြောခိုင်းခဲ့တယ်။

၃. ခိုင်းစေခြင်းပြကြိယာအသုံးပြုပုံ

ခိုင်းစေခြင်းပြကြိယာသည် အတင်းခိုင်းစေခြင်း သို့မဟုတ် လက်ခံခွင့်ပြုခြင်းကို ဖော်ပြသည်။ ဥပမာဆိုရသော် မိဘမှ သားသမီးအား၊ အစ်ကိုမှညီလေးအား၊ အထက်လူကြီးမှအောက်လက်ငယ်သားအားစသည်ဖြင့် အသက်သို့မဟုတ် ရာထူးကြီးမြင့်သူမှ အသက်ငယ်သူသို့မဟုတ်ရာထူးအဆင့်နိမ့်သူအား အပြုအမူတစ်ခုကို အတင်းခိုင်းစေသည့်အခါ သို့မ ဟုတ် အသက်ငယ်သူသို့မဟုတ်ရာထူးအဆင့်နိမ့်သူ၏အပြုအမှုကို လက်ခံခွင့်ပြုပေးသည့်အခါမျိုး၌ အသုံးပြုသည်။ အထက်ပါ①③④သည် အတင်းခိုင်းစေခြင်း၏ နမူနာဝါကျဖြစ်၍ ②နှင့်⑤သည် လက်ခံခွင့်ပြုခြင်း၏ နမူနာဝါကျဖြစ် သည်။

[မှတ်ချက်] သာမန်အားဖြင့် အသက်သို့မဟုတ်ရာထူးကြီးမြင့်သူမှပေါ် အတင်းခိုင်းစေခြင်း သို့မဟုတ် လက်ခံခွင့်ပြု ခြင်းတို့ကိုပြုလုပ်ရန်အနေအထားမဟုတ်သည့်အတွက် ခိုင်းစေခြင်းပြကြိယာအသုံးပြုသည့်ပြောနည်းကို အသုံးမပြုပေ။ အကြောင်းအရာတစ်ခုကို(အောက်ပါ⑥တွင် せつめいします) အခြားလူ၏လုပ်ဆောင်မှုဖြင့် (⑥တွင် ぶちょう) အကောင်အထည်ဖော်ခြင်းကို ဖော်ပြရန် Vて-ပုံစံ いただきます နှင့် Vて-ပုံစံ もらいます စသည့် ကျေးဇူးတရား ကိုဖော်ပြသည့် ပြောနည်းကို အသုံးပြုသည်။ ⑤ပြောနည်းကို ⑦ကဲ့သို့ အသက်သို့မဟုတ်ရာထူးအဆင့်တူ၊ညီသူ သို့မ ဟုတ် အသက်ငယ်သူသို့မဟုတ်ရာထူးအဆင့်နိမ့်သူတို့ထံ ကျေးဇူးတရားလက်ခံရရှိကြောင်းကို ဖော်ပြရာတွင် အသုံး ပြုနိုင်သည်။

⑥ わたしは 部長に 説明して いただきました。
ကျွန်တော့်ကို ဌာနမူးက ရှင်းပြပေးခဲ့ပါတယ်။

⑦ わたしは 友達に 説明して もらいました。
ကျွန်တော့်ကို သူငယ်ချင်းက ရှင်းပြပေးခဲ့ပါတယ်။

၄. ခိုင်းစေခြင်းပြကြိယာて-ပုံစံ いただけませんか V လို့ရမလား။

သင်ခန်းစာ-၂၆တွင် Vて-ပုံစံ いただけませんかကို လေ့လာခဲ့ပြီးဖြစ်သည်။ ၎င်းသည် အပြုအမူတစ်ခုပြုလုပ်ရန် တစ်ဖက်လူအား တောင်းဆိုသည့်ပြောနည်းဖြစ်ကာ ပြောသူသည် မိမိအပြုအမှုကို လက်ခံခွင့်ပြုပေးရန် တောင်းဆို သည့်အခါမျိုးတွင်မူ ခိုင်းစေခြင်းပြကြိယာて-ပုံစံ いただけませんかကို အသုံးပြုသည်။

⑧ いい 先生を 紹介して いただけませんか。
ကောင်းတဲ့ ဆရာနဲ့ မိတ်ဆက်ပေးလို့ ရမလား။ (သင်ခန်းစာ-၂၆)

⑨ 友達の 結婚式が あるので、早く 帰らせて いただけませんか。
သူငယ်ချင်းရဲ့မင်္ဂလာဆောင်ပွဲ ရှိလို့ စောစော ပြန်လို့ရမလား။(/ပြန်ခွင့်ပေးလို့ရမလား။)

⑧တွင်しょうかいしますလုပ်မည့်သူသည် ကြားနာသူဖြစ်သော်လည်း ⑨တွင်မူ かえりますလုပ်မည့်သူသည် ပြောသူဖြစ်သည်။

သင်ခန်းစာ-၄၉

၁။ ဝေါဟာရများ

りようします Ⅲ	利用します	အသုံးချသည်
つとめます Ⅱ	勤めます	အလုပ်လုပ်သည်၊တာဝန်ထမ်းသည် [ကုမ္ပဏီမှာ~]
[かいしゃに~]	[会社に~]	
かけます Ⅱ	掛けます	ထိုင်သည်၊ချိတ်သည် [ထိုင်ခုံမှာ~]
[いすに~]		
すごします Ⅰ	過ごします	ကုန်လွန်စေသည်
いらっしゃいます Ⅰ		ရှိသည်၊သွားသည်၊လာသည် (います、いきます、きます၏ ရှိသေလေးစားသောအသုံး)
めしあがります Ⅰ	召し上がります	စားသည်၊သောက်သည် (たべます、のみます၏ ရှိသေလေးစားသောအသုံး)
おっしゃいます Ⅰ		ပြောသည်၊ (နာမည် က~လို့)ခေါ်ပါတယ်။ (いいます၏ ရှိသေလေးစားမှုကိုဖော်ပြသောအသုံး)
なさいます Ⅰ		လုပ်သည် (します၏ ရှိသေလေးစားသောအသုံး)
ごらんに なります Ⅰ	ご覧に なります	ကြည့်သည်၊မြင်သည် (みます၏ ရှိသေလေးစားသော အသုံး)
ごぞんじです	ご存じです	သိသည် (しって います၏ ရှိသေလေးစားသောအသုံး)
あいさつ		နှုတ်ဆက်စကား၊အမှာစကား (~を します : ပြော (ကြား)သည်)
りょかん	旅館	တည်းခိုခန်း
バスてい	バス停	ဘတ်စ်ကားမှတ်တိုင်
おくさま	奥様	(သူတစ်ပါး၏)ဇနီး (おくさん၏ ရှိသေလေးစားသော အသုံး)
~さま	~様	ဦး~၊ ဒေါ်~(~さん၏ ရှိသေလေးစားသောအသုံး)
たまに		တစ်ခါတလေရံဖန်ရံခါ
どなたでも		ဘယ်သူပဲဖြစ်ဖြစ်(だれでも၏ ရှိသေလေးစားသော အသုံး)
~と いいます		~လို့ခေါ်ပါတယ်၊~ဟုခေါ်ပါသည်

〈会話〉

一年一組　　　　　　　　　　　　　　　　－နှစ်－အတန်း

出しますⅠ［熱を～］　　　　　　　　　　ထုတ်သည် [အပူကို～(ကိုယ်ပူသည်)]

よろしく　お伝え　ください。　　　　　　ကျေးဇူးပြု၍တစ်ဆင့်ပြောပေးပါ။

失礼いたします。　　　　　　　　　　　　ခွင့်ပြုပါဦး။(しつれいします၏ နိမ့်ချသောအသုံး)

※ひまわり小学校　　　　　　　　　　　　နေကြာပန်းမူလတန်းကျောင်း (စိတ်ကူးသက်သက်ဖြင့်
　　　　　　　　　　　　　　　　　　　　　　အမည်တပ်ထားသောမူလတန်းကျောင်းအမည်)

〈読み物〉

経歴　　　　　　　　　　　　　　　　　　ကိုယ်ရေးရာဇဝင်၊ကိုယ်ရေးသမိုင်းကြောင်း

医学部　　　　　　　　　　　　　　　　　ဆေးပညာမဟာဌာန

目指しますⅠ　　　　　　　　　　　　　　ရည်မှန်းသည်

進みますⅠ　　　　　　　　　　　　　　　တက္ကသိုလ်ဆက်တက်သည်၊ဘွဲ့လွန်တန်းသို့ဆက်တက်
　　　　　　　　　　　　　　　　　　　　　　သည်

iPS細胞　　　　　　　　　　　　　　　　iPSဆဲလ်

開発しますⅢ　　　　　　　　　　　　　　တီထွင်ဖော်ထုတ်သည်၊ဖွံ့ဖြိုးတိုးတက်အောင်လုပ်
　　　　　　　　　　　　　　　　　　　　　　ဆောင်သည်

マウス　　　　　　　　　　　　　　　　　ကြွက်

ヒト　　　　　　　　　　　　　　　　　　လူ

受賞しますⅢ　　　　　　　　　　　　　　ဆုရသည်

講演会　　　　　　　　　　　　　　　　　ဟောပြောသရုပ်ပြပွဲ

※山中伸弥　　　　　　　　　　　　　　　ယာမနက ရှင်းယ(ဂျပန်မှဆေးပညာရှင်၁၉၆၂-)

※ノーベル賞　　　　　　　　　　　　　　နိုဗယ်ဆု

147

၂။ ဘာသာပြန်

ဝါကျပုံစံများ

၁. ဌာနခွဲမှူးက ပြန်သွားပါပြီ။
၂. ကုမ္ပဏီဥက္ကဌက ပြန်သွားပါပြီ။
၃. ဌာနမှူးက အမေရိကကို တာဝန်နဲ့ခရီးထွက်ပါမယ်။
၄. ခဏလောက် စောင့်ပေးပါ။

နမူနာဝါကျများ

၁. ဒီစာအုပ်ကို ဖတ်ပြီးပြီလား။
......အင်း၊ ဖတ်ပြီးပြီ။
၂. ဌာနမှူးက ဘယ်မှာပါလဲ။
......အခုန အပြင်ထွက်သွားပါတယ်။
၃. ခဏခဏ ရုပ်ရှင်ကို ကြည့်ပါသလား။
......ဘယ်လိုပြောရမလဲ။ တစ်ခါတလေ ဇနီးသည်နဲ့ သွားကြည့်ပါတယ်။
၄. မစ္စအိုဂါဝရဲ့သားလေးက ဆာကူရာတက္ကသိုလ်[ကို] ဝင်ခွင့်အောင်တာကို သိပါသလား။
......ဟင့်အင်း၊ မသိလိုက်ဘူး။
၅. နာမည်က ဘယ်လို ခေါ်ပါသလဲ။
......ဝပ် လို့ခေါ်ပါတယ်။
၆. ဘာအလုပ်လုပ်ပါသလဲ။
......ဘဏ်ဝန်ထမ်းပါ။ အက်ပဲလ်/အပ်ပုရုဘဏ်မှာတာဝန်ထမ်းဆောင်နေပါတယ်။
၇. ဌာနမှူးမာဆုမိုတို ရှိပါသလား။
......ဟုတ်ကဲ့၊ ဒီဘက်ကအခန်းပါ။ ဝင်ပါ။

စကားပြော

ပြောပေးပါရှင်

ဆရာ - ဟုတ်ကဲ့၊ နေကြာပန်းမူလတန်းကျောင်းကပါ။
ခုလာလာ - မင်္ဂလာနံနက်ခင်းပါ။
ပဉ္စမနှစ်အတန်း-၂က ရှူမစ်ဟန်ဆုရဲ့ အမေပါ၊ ဆရာမအိတိုး ရှိပါသလား။
ဆရာ - မရောက်သေးပါဘူး......။
ခုလာလာ - ဒါဆို၊ ဆရာမအိတိုးကို ပြောပေးစေချင်ပါတယ်......။
ဆရာ - ဟုတ်ကဲ့၊ ဘာများပါလဲ။
ခုလာလာ - တကယ်တော့ ဟန်ဆုက မနေ့ညက ကိုယ်ပူတာ၊ ဒီနေ့မနက်အထိ မကျသေးလို့ပါ။
ဆရာ - အဲဒါဆို စိတ်ပူနေမှာပဲနော်။
ခုလာလာ - အဲဒါကြောင့် ဒီနေ့ ကျောင်းကို ခွင့်ယူခိုင်းမှာမို့လို့၊ ဆရာမကို ကျေးဇူးပြုပြီးတစ်ဆင့်ပြောပေးပါရှင်။
ဆရာ - နားလည်ပါပြီ။ မြန်မြန်နေပြန်ကောင်းပါစေနော်။
ခုလာလာ - ကျေးဇူးတင်ပါတယ်။ ဖုန်းချလိုက်ပါတော့မယ်ရှင်။

၃။ ကိုးကားစကားလုံးများနှင့်အချက်အလက်များ

季節の行事　ရာသီအလိုက်လုပ်ငန်းဆောင်တာများ

お正月　နှစ်သစ်ကူး

1月1日～3日

နှစ်တစ်နှစ်၏အစဦးဆုံးချိန်၌ဆုတောင်းမှု။နတ်နန်းနှင့်ဘုရားကျောင်းများသို့သွား၍တစ်နှစ်တာလုံးကျန်းမာပျော်ရွှင်စေရန်တောင်းဆုပြုခြင်း။

豆まき　ပဲပေါက်ခြင်း

2月3日ごろ

setsubun(ဂျပန်ပြက္ခဒိန်၏ဆောင်းရာသီကုန်ဆုံးရက်)၏ည၌"မကောင်းဆိုးဝါးတွေအပြင်၊ကံကောင်းခြင်းတွေအတွင်း"ဟုအော်၍ပဲစေ့များကိုပစ်ပေါက်ခြင်း။

ひな祭り
ကလေးမိန်းကလေး
များပွဲတော်

3月3日

မိန်းကလေးရှိသောအိမ်ထောင်စုများတွင်Hinaအရုပ်ဖြင့်ခင်းကျင်းအလှဆင်သည်။

5月5日

こどもの日　ကလေးများနေ့

ကလေးများထွားကျိုင်းကျန်းမာစေရန်ဆုတောင်းပေးသောနေ့။ယခင်မူလကယောက်ျားလေးများကိုထွားကျိုင်းသန်မာစေရန်ဆုတောင်းသောနေ့ဖြစ်သည်။

149

7月7日

七夕　ကြယ်တာရာပွဲတော်

နဂါးငွေ့တန်း၏အရှေ့နှင့်အနောက်ဘက်တွင်ရှိသော Altairကြယ်နှင့်Vegaကြယ်တို့ကိုတစ်နှစ်လျှင်တစ်ကြိမ်တွေ့ဆုံသည်ဟူသောတရုက်ဒဏ္ဍာရီပုံပြင်မှဆင်းသက်သည်။

8月13日～15日

ဘိုးဘွားတို့၏ဝိညာဉ်များကိုကြိုဆို၍ကောင်းမှုပြုပေးသောဗုဒ္ဓဘာသာပွဲတော်။သချိုင်းကန်တော့ခြင်းများပြုလုပ်သည်။

お盆
ဘွန်းအကပွဲတော်

9月15日ごろ

お月見　လကြည့်ပွဲတော်

လှပသောလပြည့်ဝန်းကြီးကိုကြည့်ရှု၍ကြည်နူးမှုကိုခံစားသည်။

大みそか　နှစ်သစ်မကူးခင်ည

တစ်နှစ်တာ၏နောက်ဆုံးရက်။အကြီးစားသန့်ရှင်းရေးလုပ်ခြင်း၊osechi(နှစ်သစ်ကူးဟင်းလျာများ)ချက်ပြုတ်ခြင်းဖြင့်နှစ်သစ်အတွက်ပြင်ဆင်မှုများကိုပြုလုပ်သည်။ည၁၂နာရီထိုးခါနီးတွင်ဘုရားကျောင်းမှခေါင်းလောင်းမြည်သံကြားရမည်။

12月31日

၄။ သဒ္ဒါရှင်းလင်းချက်

၁. 敬語(အရိုအသေပြစကား)

အရိုအသေပြစကားဟူသည်မှာ ကြားနာသူသို့မဟုတ် အဓိကလူနှင့်ပတ်သက်၍ ရှိသေလေးစားမှုကို ဖော်ပြသည့် အသုံးအနှုန်းဖြစ်သည်။ အရိုအသေပြစကားကို အသုံးပြုမည်၊ မပြုမည်ကို တစ်ဖက်လူ၊ အဓိကလူနှင့် အခြေအနေစသည်တို့ အပေါ်မူတည်၍ ဆုံးဖြတ်ရသည်။ အခြေခံအားဖြင့် (၁) ရာထူးနှင့်အသက်အရွယ်ကြီးမြင့်သောသူ၊ သူစိမ်း သို့မဟုတ် ရင်းနှီးမှုမရှိသောသူတို့နှင့် စကားပြောဆိုသည့်အခါ၊ (၂) ရာထူးနှင့်အသက်အရွယ်ကြီးမြင့်သောသူ နှင့်ပတ်သက်၍ ပြောဆိုသည့်အခါ၊ (၃) လူအများရှေ့တွင်စကားပြောဆိုသည့်အခါ စသည့်အချိန်အခါမျိုး၌ အသုံးပြုသည်။ ဤဖတ်စာ အုပ်၏ သင်ခန်းစာ-၄၉တွင် မြှင့်ပြောအရိုအသေပြစကားကိုလည်းကောင်း သင်ခန်းစာ-၅၀တွင် နှိမ့်ချစကားကိုလည်း ကောင်း လေ့လာသွားမည်။

၂. 尊敬語(မြှင့်ပြောအရိုအသေပြစကား)

"မြှင့်ပြောအရိုအသေပြစကား"သည် "ပြုမူလုပ်ဆောင်မှု" သို့မဟုတ် "အခြေအနေ"၏ အဓိကပုဒ်နှင့်ပတ်သက်၍ ရှိသေလေးစားမှုကို ဖော်ပြသည်။

၁) ကြိယာ

ငင်းပြုမူလုပ်ဆောင်မှုကို ဆောင်ရွက်သည့်လူအပေါ် ရှိသေလေးစားမှုကို ဖော်ပြသည်။

(၁) မြှင့်ပြောအရိုအသေပြကြိယာ (ပင်မဖတ်စာအုပ်၏သင်ခန်းစာ-၄၉မှလေ့ကျင့်ခန်းA1ကိုမှီငြမ်းရန်)

ခံရခြင်းပြကြိယာနှင့် ပုံစံတူညီ၍ ကြိယာအုပ်စု-၂အဖြစ်ဖြင့် သဒ္ဒါပြောင်းလဲမှုပြုသည်။

 ၃ပုံမှ- かかれます　　かかれる　　かかれ(ない)　　かかれて

① 中村さんは 7時に 来られます。　　　　　မစ္စတာနကမုရက ၇နာရီမှာ လာပါမယ်။

② お酒を やめられたんですか。　　　　　အရက်ကို ဖြတ်လိုက်တာလား။

၁၅၀

(၂) おVます-ပုံစံに なります

ဤပုံစံကို ယေဘုယျအားဖြင့် (၁)၏ မြှင့်ပြောအရိုအသေပြကြိယာထက်ပို၍ ယဉ်ကျေးသည်ဟူ၍ ယူဆကြသည်။ みます၊ ねます စသည့် ますပုံစံသည် ဝဏ္ဏ ၁လုံးဖြစ်နေသည့်ကြိယာနှင့် ကြိယာအုပ်စု-၃တို့တွင်မူ ဤပုံစံမျိုးမရှိပေ။ တစ်ဖန် အောက်ပါ(၃)တွင် ဖော်ပြထားသည့် အထူးသီးသန့်မြှင့်ပြောအရိုအသေပြစကားရှိသောကြိယာမျိုးဖြစ်လျှင်မူ ငင်းပုံစံကို အသုံးပြုသည်။

③ 社長は もう お帰りに なりました。　　　ကုမ္ပဏီဥက္ကဋ္ဌက ပြန်သွားပါပြီ။

(၃) အထူးသီးသန့်မြှင့်ပြောစကား (ပင်မဖတ်စာအုပ်၏သင်ခန်းစာ-၄၉မှလေ့ကျင့်ခန်းA4ကိုမှီငြမ်းရန်)

အချို့ကြိယာများတွင် အထူးသီးသန့်မြှင့်ပြောအရိုအသေပြစကား ရှိသည်။ (၂)နှင့်တူညီသော ရှိသေလေးစားမှုအတိုင်း အတာကို ဖော်ပြသည်။

④ ワット先生は 研究室に いらっしゃいます。

　　ဆရာဝပ်က သုတေသနအခန်းထဲမှာ ရှိပါတယ်။

⑤ どうぞ 召し上がって ください。　　　　　သုံးဆောင်ပါ။

[မှတ်ချက်-၁] いらっしゃいます(အဘိဓာန်ပုံစံ: いらっしゃる)၊ なさいます(အဘိဓာန်ပုံစံ: なさる)၊ ください ます(အဘိဓာန်ပုံစံ: くださる)၊ おっしゃいます(အဘိဓာန်ပုံစံ: おっしゃる)စသည်တို့သည် ကြိယာအုပ်စု-၁ ဖြစ်၍ သဒ္ဒါပြောင်းလဲမှုပြုသည့်အခါ၌ သတိပြုရမည်။

　၃ပုံမှ- いらっしゃ<u>い</u>ます(×いらっしゃ<u>り</u>ます)　　いらっしゃる

　　　いらっしゃらない　　いらっしゃった　　いらっしゃらなかった

(၄) お／ご～ ください

ဤဝါကျပုံစံသည် Vて-ပုံစံ ください (မှီငြမ်းရန်: သင်ခန်းစာ-၁၄)၏ မြှင့်ပြောအရိုအသေပြစကားပုံစံဖြစ်သည်။ ကြိယာအုပ်စု-၁နှင့်၂သည်おVます-ပုံစံ ください ဖြစ်၍ ကြိယာအုပ်စု-၃(Nします)သည်ご N ください ပုံစံဖြစ် မည်။

⑥ どうぞ お入_{はい}り ください。 ကြွပါ။

⑦ 忘_{わす}れ物_{もの}に ご注_{ちゅう}意_い ください。 မေ့ကျန်ပစ္စည်းမရှိအောင် ဂရုစိုက်ပါ။

みます၊ ねますစသည် ますပိုစံသည်ဧကဝုစ္စ ၁လုံးဖြစ်သည့်ကြိယာတွင် ⑦ပုံစံကိုအသုံးမပြုပေ။ အထက်ပါ(၃)တွင် ဖော်ပြထားသည့် အထူးသီးသန့်မြှင့်ပြောအရိုအသေပြစကား ရှိသောကြိယာဖြစ်လျှင် ၎င်းစကား၏ て-ပုံစံ ください ပုံစံကို အသုံးပြုသည်။

⑧ また いらっしゃって ください。 နောက်လည်း လာခဲ့ပါဦး။

၂) နာမ်၊ နာမဝိသေသန၊ ကြိယာဝိသေသန

နာမ်၊ နာမဝိသေသနနှင့် ကြိယာဝိသေသနတို့၌ お သို့မဟုတ် ご ကိုတွဲ၍ ၎င်းနာမ်၏ပိုင်ဆိုင်သူသို့မဟုတ် ၎င်းအခြေ အနေ၌ရှိနေသူအား ရှိသေလေးစားမှုကို ဖော်ပြသည်။ お နှင့် ご နှစ်ခုတွင် မည်သည့်တစ်ခုကိုတွဲရမည်ဆိုသည်မှာ စကား လုံးကိုလိုက်၍ သတ်မှတ်ချက်ရှိသည်။ ယေဘုယျအားဖြင့် お သည် ဂျပန်စာကိုယ်ပိုင်စကားလုံးနှင့်အတွဲများ၍ ご သည် တရုတ်စာမှဝင်လာသည့်စကားလုံးနှင့်အတွဲများသည်။

お နှင့်တွဲသောနမ္မူနာစကားလုံး		ご နှင့်တွဲသောနမ္မူနာစကားလုံး	
နာမ်	お国_{くに}၊ お名前_{なまえ}၊ お仕事_{しごと}	နာမ်	ご家族_{かぞく}၊ ご意見_{いけん}၊ ご旅行_{りょこう}
	お約束_{やくそく}၊ お電話_{でんわ}		
な-နာမဝိသေသန	お元気_{げんき}၊ お上手_{じょうず}၊ お暇_{ひま}	な-နာမဝိသေသန	ご熱心_{ねっしん}၊ ご親切_{しんせつ}
い-နာမဝိသေသန	お忙_{いそが}しい၊ お若_{わか}い	ကြိယာဝိသေသန	ご自由_{じゆう}に

အရိုအသေပြစကားကို အသုံးပြုသည့်အခါ၌ ကြိယာသာမကဘဲ ၎င်းဝါကျတွင်အသုံးပြုထားသည့် အခြားစကားလုံး များကိုလည်း အရိုအသေပြစကားအဖြစ်သို့ပြောင်း၍ အသုံးပြုသည့်အခါကများသည်။

⑨ 部長_{ぶちょう}の 奥様_{おくさま}も <u>ごいっしょに</u> ゴルフに <u>行_いかれます</u>。
ဌာနမှူးရဲ့ဇနီးသည်လည်း အတူတူ ဂေါက်ကစားဖို့ သွားပါမယ်။

၃. **အရိုအသေပြစကားနှင့်ဝါကျ(ရေး/ပြော)ဟန်အမျိုးအစား**

151

အဓိကလူနှင့်ပတ်သက်၍ ရှိသေလေးစားမှုကိုဖော်ပြသော်လည်း ကြားနာသူထံသို့ ရှိသေလေးစားမှုကိုဖော်ပြရန် မလိုအပ်ပါက ⑩ကဲ့သို့ အရိုအသေပြစကားကို ရိုးရိုးပုံစံဝါကျတွင် အသုံးပြုသည်။

⑩ 部長_{ぶちょう}は 何時_{なんじ}に いらっしゃる? ဌာနမှူးက ဘယ်နှနာရီမှာ လာမလဲ။

၄. **～まして**

ယဉ်ကျေးစွာပြောဆိုလိုသည့်အခါ၌ Vて-ပုံစံကို Vます-ပုံစံまして ဟု၍ ပုံစံ ပြောင်းသည့်အခါလည်းရှိသည်။

⑪ ハンスが ゆうべ 熱_{ねつ}を 出_だしまして、けさも まだ 下_さがらないんです。
(သားလေး)ဟန်ဆုက မနေ့ညက ကိုယ်ပူတာ၊ ဒီနေ့မနက်အထိ မကျသေးလို့ပါ။

၅. **～ますので**

ရိုးရိုးပုံစံの で ကို ပို၍ယဉ်ကျေးစေလိုသည့်အခါ ယဉ်ကျေးသည့်ပုံစံの で ကို အသုံးပြုနိုင်သည်။

⑫ きょうは 学校_{がっこう}を 休_{やす}ませますので、先生_{せんせい}に よろしく お伝_{つた}え ください。
ဒီနေ့ ကျောင်းကို ခွင့်ယူခိုင်းမှာမို့လို့ ဆရာမကို ကျေးဇူးပြု၍တစ်ဆင့်ပြောပေးပါ။

49

သင်ခန်းစာ-၅၀

၁။ ဝေါဟာရများ

まいります I	参ります	သွားသည်၊လာသည်(いきます、きます၏ နှိမ့်ချသောအသုံး)
おります I		ရှိသည် (います၏ နှိမ့်ချသောအသုံး)
いただきます I		စားသည်၊သောက်သည်၊လက်ခံရယူသည်(たべます、 のみます、もらいます၏ နှိမ့်ချသောအသုံး)
もうします I	申します	ပြောသည်၊လျှောက်(ထား)သည် (နာမည်က～လို့ခေါ်ပါ တယ်။) (いいます၏ နှိမ့်ချသောအသုံး)
いたします I		လုပ်သည် (します၏ နှိမ့်ချသောအသုံး)
はいけんします III	拝見します	ကြည့်သည်၊မြင်သည် (みます၏ နှိမ့်ချသောအသုံး)
ぞんじます II	存じます	သိသည် (しります၏ နှိမ့်ချသောအသုံး)
うかがいます I	伺います	မေးသည်၊သွားသည် (ききます、いきます၏ နှိမ့်ချသောအသုံး)
おめに かかります I	お目に かかります	တွေ့သည် (あいます၏ နှိမ့်ချသောအသုံး)
いれます II ［コーヒーを～］		ထည့်သည်၊ ဖျော်သည် [ကော်ဖီကို～] (ရေနွေးလောင်း ထည့်၍ကော်ဖီဖျော်သည်ဟုအဓိပ္ပာယ်ရသည်)
よういします III	用意します	ကြိုတင်ပြင်ဆင်သည်
わたくし	私	ကျွန်ုပ်၊ကျွန်တော်၊ကျွန်မ (わたし၏ နှိမ့်ချသောအသုံး)
ガイド		လမ်းညွှန်သူ၊ဂိုက်
メールアドレス		အီးမေးလ်လိပ်စာ
スケジュール		အချိန်ဇယား၊အစီအစဉ်ဇယား
さらいしゅう*	さ来週	နောက်အပတ်ရဲ့နောက်တစ်ပတ်
さらいげつ	さ来月	နောက်လရဲ့နောက်တစ်လ
さらいねん*	さ来年	နောက်နှစ်ရဲ့နောက်တစ်နှစ်
はじめに	初めに	ပထမဦးဆုံးအနေဖြင့်၊ဦးစွာပထမ
※江戸東京博物館		အဲဒိုတိုကျိုပြတိုက်

〈会話〉

緊張します Ⅲ　　　　　　　　　　　စိတ်အိုက်သည်၊စိတ်ကျဉ်းကျပ်သည်

賞金　　　　　　　　　　　　　　ဆုကြေးငွေ

きりん　　　　　　　　　　　　　သစ်ကုလားအုပ်

ころ　　　　　　　　　　　　　　အရွယ်၊ဘဝ (ဥပမာ-ကလေးအရွယ်၊ကျောင်းသား
　　　　　　　　　　　　　　　　　　ဘဝတုန်းက)

かないます Ⅰ［夢が～］　　　ဆန္ဒပြည့်သည်၊အကောင်အထည်ပေါ်သည် [ရည်မှန်းချက်၊
　　　　　　　　　　　　　　　　　　အိပ်မက်၊စိတ်ကူးက ～]

応援します Ⅲ　　　　　　　　　アားပေးသည်

心 から　　　　　　　　　　　　　စိတ်ထဲမှ၊နှလုံးသားထဲမှ

感謝します Ⅲ　　　　　　　　　ကျေးဇူးတင်သည်

〈読み物〉

お礼　　　　　　　　　　　　　　ကျေးဇူးတုံ့ပြန်ခြင်း

お元気で いらっしゃいますか。　　နေကောင်းပါသလား။ကျန်းမာပါသလား။(おげんきです
　　　　　　　　　　　　　　　　　か၏ ရိုသေလေးစားသောအသုံး)

迷惑を かけます Ⅱ　　　　　　アနှောင့်အယှက်ပေး(မိ)သည်

生かします Ⅰ　　　　　　　　　アသုံးချသည် (ဥပမာ-အတွေ့အကြုံကိုအသုံးချသည်။)

※ミュンヘン　　　　　　　　　　မြူးနစ်မြို့(ဂျာမနီနိုင်ငံမှ)

50

153

၂။ ဘာသာပြန်

ဝါကျပုံစံများ

၁. ဒီလရဲ့ အချိန်ဇယားကို ပို့ပါမယ်။

၂. မနက်ဖြန် ၃နာရီမှာ လာပါမယ်။

၃. ကျွန်တော်က အမေရိကကနေ လာတာပါ။

နမူနာဝါကျများ

၁. လေးမယ့်ပုံပဲနော်။ သယ်ပေးရမလား။
......ကျေးဇူးတင်ပါတယ်။ ကူညီပေးပါ။

၂. လမ်းညွှန်ဆရာ၊ ဒီနေရာကို ကြည့်ပြီးရင်၊ ဘယ်ကို သွားမှာလဲ။
......အဲ့ဒိုတိုကျို့ပြတိုက်ကို လိုက်ပြပေးပါမယ်။

၃. မစ္စတာဂုပုတ ရောက်မှာက ၂နာရီနော်။ ဘယ်သူ[က] သွားကြိုမှာလဲ။
......ဟုတ်ကဲ့၊ ကျွန်တော် သွားပါမယ်။

၄. ခဏ လက်မှတ် ကြည့်ပါမယ်။
......ဟုတ်ကဲ့။
ကျေးဇူးအများကြီးတင်ပါတယ်။

၅. ဒီဘက်က မစ္စတာမီလာပါ။
......တွေ့ရတာဝမ်းသာပါတယ်။ မီလာ လို့ခေါ်ပါတယ်။
ရင်းရင်းနှီးနှီးဆက်ဆံပါ။

၆. မိသားစုက ဘယ်မှာ ရှိနေပါသလဲ။
......နယူးယောက်မှာ ရှိနေပါတယ်။

စကားပြော

အထူး ကျေးဇူးတင်ပါတယ်

အခမ်းအနားမှူး	-	အနိုင်ရတာကို ဂုဏ်ယူဝမ်းမြောက်ပါတယ်။
		ကောင်းတဲ့ စကားပြော(/မိန့်ခွန်း)ပါ။
မီလာ	-	ကျေးဇူးတင်ပါတယ်။
အခမ်းအနားမှူး	-	စိတ်လှုပ်ရှားခဲ့ပါသလား။
မီလာ	-	ဟုတ်ကဲ့၊ အရမ်း စိတ်လှုပ်ရှားခဲ့ပါတယ်။
အခမ်းအနားမှူး	-	လေ့ကျင့်ရတာ ပင်ပန်းခဲ့ပါသလား။
မီလာ	-	ဟုတ်ကဲ့။ အလုပ်ရှုပ်ပြီး၊ တော်တော်နဲ့ လေ့ကျင့်ဖို့အချိန် မရှိခဲ့ပါဘူး။
အခမ်းအနားမှူး	-	ဆုငွေကို ဘာအတွက် သုံးမှာပါလဲ။
မီလာ	-	အင်း၊ ကျွန်တော်က တိရစ္ဆာန်တွေကို ချစ်တတ်ပြီးတော့၊ ကလေးအရွယ်ကစပြီး
		အာဖရိကကို သွားဖို့က အိပ်မက်ဖြစ်ခဲ့ပါတယ်။
အခမ်းအနားမှူး	-	ဒါဆို၊ အာဖရိကကို သွားမှာလား။
မီလာ	-	ဟုတ်ကဲ့။ အာဖရိကရဲ့သဘာဝ(တောတောင်)ထဲမှာ သစ်ကုလားအုတ်တို့၊ ဆင်တို့ကို
		ကြည့်ချင်ပါတယ်။
အခမ်းအနားမှူး	-	ကလေးအရွယ်တုန်းက အိပ်မက်က အကောင်အထည်ပေါ်တော့မှာပေါ့နော်။
မီလာ	-	ဟုတ်ကဲ့။ (အဲဒီအတွက်) ပျော်နေပါတယ်။
		အားပေးခဲ့ကြတဲ့ လူအားလုံးအပေါ် အထူး ကျေးဇူးတင်ပါတယ်။
		ကျေးဇူးအများကြီးတင်ပါတယ်ခင်ဗျာ။

၃။ ကိုးကားစကားလုံးများနှင့်အချက်အလက်များ

封筒・はがきのあて名の書き方 စာအိတ်နှင့်ပို့စ်ကတ်စသည်တို့တွင်လိပ်စာရေးနည်း

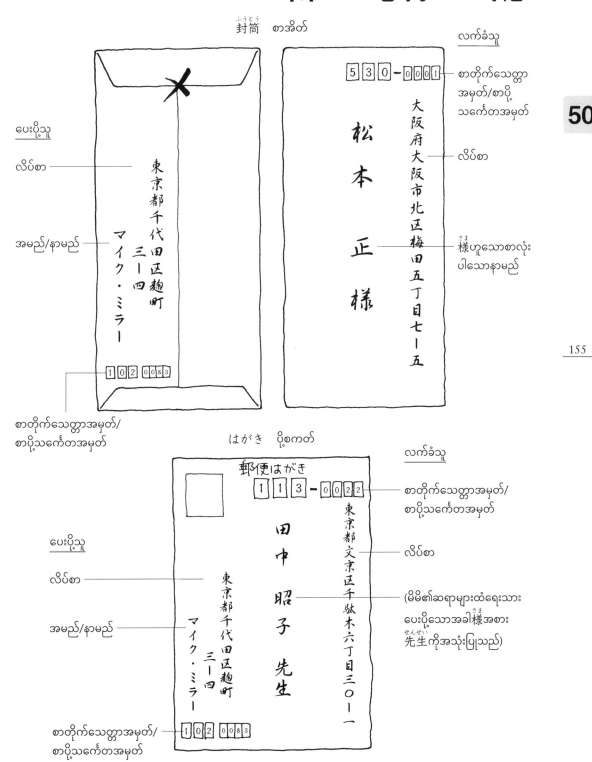

၄။ သဒ္ဒါရှင်းလင်းချက်

၁. 謙譲語 I (နှိမ့်ချစကား-၁(ကြိယာ))

နှိမ့်ချစကား-၁ဟူသည်မှာ ပြောသူ သို့မဟုတ် ပြောသူဘက်မှလူက ပြုလုပ်သော ပြုမူလုပ်ဆောင်မှု၏ အခြားတစ်ဖက်ရှိ တစ်ဖက်လူ သို့မဟုတ် တစ်ဖက်လူဘက်မှလူပုဂ္ဂိုလ်ထံ ရိုသေလေးစားမှုကို ဖော်ပြရန်အတွက် ပြောသူ သို့မဟုတ် ပြောသူဘက်မှလူ၏ ပြုမူလုပ်ဆောင်မှုကို နှိမ့်ချ၍ ဖော်ပြသည့်အသုံးအနှုန်းဖြစ်သည်။

၁) お／ご～します

(၁) おV (အုပ်စု-၁နှင့်၂) ますပုံစံ します

① 重そうですね。お持ちしましょうか。
လေးမယ့်ပုံပဲနော်။ သယ်ပေးရမလား။

② 私が 社長に スケジュールを お知らせします。
ကျွန်တော်[က] ကုမ္ပဏီဥက္ကဋ္ဌဆီကို အချိန်ဇယားကို အသိပေးပါမယ်။

③ 兄が 車で お送りします。
အစ်ကိုက ကားနဲ့ ပို့ပေးပါလိမ့်မယ်။

①တွင် (အထုပ်အပိုးကို) သယ်ဆောင်သည့်တစ်ဖက်လူ (အထုပ်အပိုး၏ပိုင်ရှင်၊ ဤအခါမျိုး၌ကြားနာသူ)ထံသို့ ②တွင် "အသိပေးတယ်"ဟူသော ပြုမူလုပ်ဆောင်မှု၏ အခြားတစ်ဖက်ရှိ ကုမ္ပဏီဥက္ကဋ္ဌထံသို့ ③တွင်ကားဖြင့်ပို့ဆောင်ခံရမည့်တစ်ဖက်လူ (ဤအခါမျိုး၌ကြားနာသူ)ထံသို့ ပြောသူ၏ရိုသေလေးစားမှုကို ဖော်ပြသည်။
ထို့ပြင် ဤပုံစံကို みます၊ いますကဲ့သို့သော ますပုံစံသည် ဝဏ္ဏာ၁လုံးဖြစ်သည့်ကြိယာများတွင် အသုံးမပြုနိုင်ပေ။

(၂) ごV (အုပ်စု-၃)

④ 江戸東京博物館へ ご案内します。
အဲဒိုတိုကျိုပြတိုက်ကို လိုက်ပြပေးပါ့မယ်။

⑤ きょうの 予定を ご説明します。
ဒီနေ့ရဲ့အစီအစဉ်ကို ရှင်းပြပေးပါ့မယ်။

ဤပုံစံကို ကြိယာအုပ်စု-၃တွင် အသုံးပြုသည်။ အထက်ပါနမူနာကြိယာများအပြင် しょうかいします၊ しょうたいします၊ そうだんします၊ れんらくしますစသည်တို့လည်း ရှိသည်။ သို့သော် でんわします၊ やくそくしますစသည်တို့ကို ခြွင်းချက်အနေဖြင့် ごနှင့်မဟုတ်ဘဲ おနှင့်တွဲရသည်။

၂) အထူးသီးသန့်ပုံစံနှိမ့်ချစကား(ပင်မဖတ်စာအုပ်၏သင်ခန်းစာ-၅၀မှလေ့ကျင့်ခန်းA3ကိုမှီငြမ်းရန်)
အချို့သောကြိယာများတွင် အထူးသီးသန့်ပုံစံနှိမ့်ချစကားရှိသည်။

⑥ 社長の 奥様に お目に かかりました。
ကုမ္ပဏီဥက္ကဋ္ဌရဲ့ဇနီးသည်နဲ့ တွေ့ခဲ့ပါတယ်။

⑦ あしたは だれが 手伝いに 来て くれますか。
……私が 伺います。
မနက်ဖြန် ဘယ်သူ[က] ကူညီဖို့ လာပေးမလဲ။
......ကျွန်တော် လာပေးပါမယ်။

၂. 謙譲語 II (**နှိမ့်ချစကား-၂(ကြိယာ)**)

ပြောသူ သို့မဟုတ် ပြောသူဘက်မှလူ၏ ပြုမူလုပ်ဆောင်မှုကို တစ်ဖက်လူထံ ယဉ်ကျေးစွာ ပြောဆိုသည့်ပြောနည်း။

⑧   私 は ミラーと 申 します။   ကျွန်တော်က မီလာလို့ ခေါ်ပါတယ်။

⑨   アメリカから 参 りました။   အမေရိကကနေ လာတာပါ။

⑧တွင် いいます အစား もうします ကို ⑨တွင် きました အစား まいりました ကို အသုံးပြုခြင်းဖြင့် ပြောသူသည် မိမိ၏အပြုအမူကို တစ်ဖက်လူထံ ယဉ်ကျေးစွာ ပြောဆိုခြင်းကို ဖော်ပြနေသည်။

ဤကဲ့သို့သော နှိမ့်ချစကားတွင် အခြား いたします၊ (～て) おります စသည်တို့လည်း ရှိသည်။

監修　ကြီးကြပ်သူများ
鶴尾能子（ဆရာအို ရော်ရှိကို）　石沢弘子（အီရှိဇာဝါ ဟိရောကို）

執筆協力　ပါဝင်ရေးသားသူများ
田中よね（တာနာက ရော်နဲ）　澤田幸子（ဆာဝါဒါ ဆချိကို）　重川明美（ရှိဂဲဝါ အာခဲမိ）
牧野昭子（မာခိနို အာခိကို）　御子神慶子（မိကိုဂါမိ ခေးကို）

ビルマ語翻訳監修　မြန်မာဘာသာပြန်ကြီးကြပ်သူ
岡野賢二（အိုကာနို ခန်းဂျိ）

ビルマ語翻訳協力　ဘာသာပြန်ပူးပေါင်းကူညီသူ
သူဇာလှိုင်

ビルマ語翻訳　မြန်မာဘာသာပြန်
ကျိုင်ငိုက်လျှန်း

本文イラスト　သရုပ်ဖော်ပန်းချီ
向井直子（မုကအိ နအိုကို）　山本和香（ရာမမိုတို ဝါက）　佐藤夏枝（ဆတိုး နာဆုအဲ）

装丁・本文デザイン　မျက်နှာဖုံးနှင့်အတွင်းဒီဇိုင်း
山田武（ရာမဒ တာကဲရှိ）

みんなの日本語　初級 II　第 2 版
翻訳・文法解説　ビルマ語版

2020 年 9 月 4 日　初版第 1 刷発行
2024 年 8 月 1 日　第 4 刷 発 行

編著者　スリーエーネットワーク
発行者　藤嵜政子
発　行　株式会社スリーエーネットワーク
　　　　〒102-0083　東京都千代田区麹町 3 丁目 4 番
　　　　　　　　　　トラスティ麹町ビル 2F
　　　　電話　営業　03（5275）2722
　　　　　　　編集　03（5275）2725
　　　　https://www.3anet.co.jp/
印　刷　萩原印刷株式会社

ISBN978-4-88319-852-8 C0081

落丁・乱丁本はお取替えいたします。
本書の全部または一部を無断で複写複製（コピー）することは著作権
法上での例外を除き、禁じられています。
「みんなの日本語」は株式会社スリーエーネットワークの登録商標です。

みんなの日本語シリーズ

みんなの日本語 初級Ⅰ 第2版

● 本冊（CD付） ················ 2,750円（税込）
● 本冊 ローマ字版（CD付） ···· 2,750円（税込）
● 翻訳・文法解説 ············· 各2,200円（税込）
英語版／ローマ字版【英語】／中国語版／韓国語版／
ドイツ語版／スペイン語版／ポルトガル語版／
ベトナム語版／イタリア語版／フランス語版／
ロシア語版(新版)／タイ語版／インドネシア語版／
ビルマ語版／シンハラ語版／ネパール語版
● 教え方の手引き ·············· 3,080円（税込）
● 初級で読めるトピック25 ···· 1,540円（税込）
● 聴解タスク25 ··············· 2,200円（税込）
● 標準問題集 ····························· 990円（税込）
● 漢字 英語版 ····················· 1,980円（税込）
● 漢字 ベトナム語版 ············· 1,980円（税込）
● 漢字練習帳 ····················· 990円（税込）
● 書いて覚える文型練習帳 ···· 1,430円（税込）
● 導入・練習イラスト集 ······· 2,420円（税込）
● CD 5枚セット ················ 8,800円（税込）
● 会話DVD ····················· 8,800円（税込）
● 会話DVD　PAL方式 ······ 8,800円（税込）
● 絵教材CD-ROMブック ···· 3,300円（税込）

みんなの日本語 初級Ⅱ 第2版

● 本冊（CD付） ················ 2,750円（税込）
● 翻訳・文法解説 ············· 各2,200円（税込）
英語版／中国語版／韓国語版／ドイツ語版／
スペイン語版／ポルトガル語版／ベトナム語版／
イタリア語版／フランス語版／ロシア語版(新版)／
タイ語版／インドネシア語版／ビルマ語版／
ネパール語版
● 教え方の手引き ·············· 3,080円（税込）

● 初級で読めるトピック25 ···· 1,540円（税込）
● 聴解タスク25 ··············· 2,640円（税込）
● 標準問題集 ····························· 990円（税込）
● 漢字 英語版 ····················· 1,980円（税込）
● 漢字 ベトナム語版 ············· 1,980円（税込）
● 漢字練習帳 ····················· 1,320円（税込）
● 書いて覚える文型練習帳 ···· 1,430円（税込）
● 導入・練習イラスト集 ······· 2,640円（税込）
● CD 5枚セット ················ 8,800円（税込）
● 会話DVD ····················· 8,800円（税込）
● 会話DVD　PAL方式 ······ 8,800円（税込）
● 絵教材CD-ROMブック ···· 3,300円（税込）

みんなの日本語 初級 第2版

● やさしい作文 ··················· 1,320円（税込）

みんなの日本語 中級Ⅰ

● 本冊（CD付） ················ 3,080円（税込）
● 翻訳・文法解説 ············· 各1,760円（税込）
英語版／中国語版／韓国語版／ドイツ語版／
スペイン語版／ポルトガル語版／フランス語版／
ベトナム語版
● 教え方の手引き ·············· 2,750円（税込）
● 標準問題集 ····················· 990円（税込）
● くり返して覚える単語帳 ···· 990円（税込）

みんなの日本語 中級Ⅱ

● 本冊（CD付） ················ 3,080円（税込）
● 翻訳・文法解説 ············· 各1,980円（税込）
英語版／中国語版／韓国語版／ドイツ語版／
スペイン語版／ポルトガル語版／フランス語版／
ベトナム語版
● 教え方の手引き ·············· 2,750円（税込）
● 標準問題集 ····················· 990円（税込）
● くり返して覚える単語帳 ······ 990円（税込）

● 小説 ミラーさん
　 —みんなの日本語初級シリーズ—
● 小説 ミラーさんⅡ
　 —みんなの日本語初級シリーズ —
　 ··························· 各1,100円（税込）

スリーエーネットワーク　　ウェブサイトで新刊や日本語セミナーをご案内しております。
https://www.3anet.co.jp/

9784883198528

1920081020003

ISBN978-4-88319-852-8
C0081 ¥2000E

客注　　　　　　　　　　　｜＋税
書店CD：187280　　29
コメント：81　　　　　　　ク
受注日付：241204
受注No：126733
ISBN：9784883198528
　　　　　　　　　1／1
　12　　　　ココからはがして下さい

Minna no Nihongo